KB160870

임의제출물 압수에 관한 연구

■ 김환권

학력
서울대학교 법과대학 졸업
서울대학교 대학원 법학과 석사 졸업(형사법 전공)
서울대학교 대학원 법학과 박사 졸업(형사법 전공)

경력
제53회 사법시험 합격
제43기 사법연수원 수료
법무관
검사
판사(현재)

임의제출물 압수에 관한 연구

초판 1쇄 인쇄 ㅣ 2023년 07월 05일
초판 1쇄 발행 ㅣ 2023년 07월 12일

지 은 이   김환권

발 행 인   한정희
발 행 처   경인문화사
편   집   유지혜 김지선 한주연 이다빈 김윤진
마 케 팅   전병관 하재일 유인순
출판번호   제406-1973-000003호
주   소   경기도 파주시 회동길 445-1 경인빌딩 B동 4층
전   화   031-955-9300 팩   스   031-955-9310
홈페이지   www.kyunginp.co.kr
이 메 일   kyungin@kyunginp.co.kr

ISBN   978-89-499-6721-9 93360
값 23,000원

임의제출물 압수에 관한 연구

김 환 권 지음

경인문화사

국문초록

임의제출물 압수는 실무상 빈번하게 이루어지는데 그 동안 관련 논의가 확장 및 성숙되지 않은 면이 있다. 이 책에서는 한국의 임의제출의 현실과 나아갈 길에 대하여 논의해 보았다. 한마디로 정리하자면, "임의제출은 그 '임의성(자발성)'이라는 특수성 상 영장주의 예외 제도로 규정되어 있기에, 제출자나 피의자, 피고인의 임의성과 예측가능성을 보장하는 방향으로 해석·개선되어야 한다"는 것이다. 필자의 생각으로는, 임의제출은 애초에 '임의성'에 근거하여 영장 없는 압수가 가능했던 것이기에, 전자정보 임의제출 시 '범죄사실', '압수할 물건', '압수수색검증을 요하는 사유' 등이 기재되어 수사에 대한 예측이 가능한 영장에 의한 전자정보의 압수보다 더 엄격하게 해당 범죄와의 관련성 등을 따져야 한다.

현행 형사소송법 제218조에 의하면 임의제출의 효력은 법문상 명백한 '압수'이며, 즉 강제수사의 효과를 가지고 있다(임의제출에 '압수'의 효과를 부여하지 않으면 그 존재 가치가 퇴색되므로 일단은 '압수'의 효과가 부여되어야 한다). 그러나 사후영장 발부를 요구받지 않는다. 이는 '임의성'이라는 특수성에 있다. 결국 사후영장의 통제도 받지 않는 임의제출에서 임의성이 인정되려면 수사기관에 의한 엄격한 임의성 증명이 있어야 할 것이다. 또한 영장주의의 중요성을 고려할 때, 영장주의의 예외는 엄격하게 인정되어야 한다. 이상과 같은 이유로 수사기관이 임의제출을 받을 때 임의제출 거부권 고지가 필요하다고 할 것이며, 이 점을 법문에도 명확하게 규정할 필요가 있다(본문에 개정안 제시).

한편 최근 많이 문제시 되는 대용량 정보 저장장치 임의제출 시 그 정보 탐색 가능 범위와 관련하여, 제출 시 문제된 범죄사실과 관련된 정보에 대한 압수수색은 적법하다고 보아야 할 것이지만, 위 범죄사실과는 다른 내용의 혐의 관련 정보에 대해서는, 원칙적으로 압수수색, 복원, 분석이 불가능하다고 보아야 한다. 즉 제출자가 자발적으로 동의한 범위 내에서 압수수색 할 수 있다고 보는 것이 타당하다. 이와 관련하여 최근인 2022. 5. 9. 법률 제18862호로 신설된 형사소송법 제198조 제4항은 합리적 근거 없는 별개 사건 부당 수사와, 무관 사건에 대한 진술 강요를 금지하고 있기도 하다.

대법원은 2021. 11. 18. 선고 2016도348 전원합의체 판결로 대용량 정보 저장장치 임의제출 시 그 정보 탐색 가능 범위에 대하여 입장을 밝혔다. 그러나 그 후속 판례들에 비추어 보면, 대법원은 제출 시 문제된 범죄사실과 관련된 정보(관련성)를 너무 넓게 인정하여 그에 대한 압수수색을 적법하다고 보고 있고, 참여권 및 전자정보 압수목록 교부의 보장도 약화시키고 있다. 이러한 대법원의 태도는 영장주의 원칙, 법적안정성, 예측가능성을 저해할 우려가 있다.

따라서 대법원과 같이 판단하는 것은 지양해야 하고, 임의제출에 의한 압수의 관련성은 원칙적으로 '당해 사건'에 한정된다고 보아야 한다. 당해 사건과 밀접한 시간 내의 행위는 관련성을 부여하자는 논의도 있을 수 있으나 그 '밀접한 시간'의 판단은 어렵다. 다만 피해자가 있는 범죄의 경우, 같은 피해자에 대한 증거라면 피해자 보호의 측면에서 압수할 수 있도록 하는 것이 바람직하다. 명확성과 예측가능성을 위하여 이러한 관련 입법이 가능하다면 하여도 좋을 것이다(본문에 개정안 제시). 또한 참여권 및 전자정보 압수목록 교부도 높은 수준으로 보장하여야 한다.

또한 대법원은 적법한 전자정보 탐색 과정에서 별도의 범죄혐의와 관련된 전자정보를 우연히 발견한 경우라면, 법원으로부터 별도의 범죄혐의에 대한 압수수색영장을 발부받으면 별도의 범죄혐의와 관련된 정보에 대하여도 압수수색을 할 수 있다고 하는데, 이때 '우연히 발견한 경우'에 대하여는 엄격하게 판단하여야 하고, 수사기관이 우연히 발견한 경우였다는 것을 입증하여야 할 것이다.

나아가 현행법상으로는 인정하기 어렵지만, 개정을 통하여 '임의제출 후 탐색 중단·폐기권 내지 회수권(철회권)'도 일정 범위에서 인정하는 것이 타당할 것이다(본문에 개정안 제시).

이상과 같이 '한국 임의제출 제도의 운용현실과 나아갈 길'에 대하여 논의해 보았다. 결론적으로 인권 존중에 뿌리를 둔 영장주의와 적법절차의 이념을 공고히 지킴과 아울러, 법 자체와 법 해석(판례)을 정비하여 임의제출의 '임의성'을 보장하고, 전자정보에 대한 임의제출 및 압수의 범위를 명확히 하여야 할 것이다.

목차

제1장

서 론

제1절 연구의 배경 및 목적

대한민국 헌법과 형사소송법은 영장주의와 그 예외에 대하여 규정하고 있다. 우리 형사소송제도의 줄기찬 방향은 인권의 신장에 있었다고 할 수 있는데,[1] 2007년에 형사소송법에 입법적으로 위법수집증거 배제 법칙이 도입되었고(2007. 6. 1. 형사소송법 제308조의2[2] 신설), 대법원은 2007. 11. 15. 선고 2007도3061 전원합의체 판결을 통하여, 위법한 압수수색을 통하여 수집한 증거 및 이를 기초로 하여 획득한 2차적 증거의 증거능력을 부인함으로써, '성질·형상불변론'에 입각한 종전의 판례[3]를 변경하였는데, 이로써 영장주의를 준수하는 것은 더 중요하게 되었다.

과거 전제 군주정권, 독재정권, 군사정권, 파시스트 정권, 군국주의 국가 등 국가가 국민의 인권을 침해하는 일이 잦았던 시기에는 영장주의가 정말 소중했고, 이 시기에는 국가 권력으로부터 개인, 피의자, 피고인의 권리를 지키는 일이 매우 중요했다. 앞으로도 이러한 영장주의를 만든 인권호보와 적법절차 준수의 이념은 영원히 지속되어야 할 것임은 분명하다. 과학기술의 발달이 수사기관의 인권 침해로 이어져서는 안 될 것이다.

그러나 한편으로는 영장주의가 강화될수록 그에 대한 예외를 적용

---

1) 이상원, 『서울대학교 法學』 50년의 회고 : 형사법 분야', 서울대학교 법학 제50권 제2호, 서울대학교 법학연구소, 2009. 6.
2) 형사소송법 제308조의2(위법수집증거의 배제)
   적법한 절차에 따르지 아니하고 수집한 증거는 증거로 할 수 없다.
3) 한국 대법원은 '압수물은 압수절차가 위법하다고 하더라도 물건 자체의 성질·형상에 변경을 가져오는 것은 아니어서 그 형태 등에 관한 증거가치에는 변함이 없어 증거능력이 있다'고 거듭하여 판시하여 왔다(대법원 1968. 9. 17. 선고 68도932 판결, 1987. 6. 23. 선고 87도705 판결, 1994. 2. 8. 선고 93도3318 판결, 1996. 5. 14.자 96초88 결정, 2005. 10. 28. 선고 2004도4731 판결, 2006. 7. 27. 선고 2006도3194 판결 등 참조).

받고자 하는 수사기관의 노력도 이어졌고, 그 노력 중의 상당수는 '임의 제출' 제도의 활용이다. 한편 역사적으로는 일제강점기 조선형사령(조선 총독부제령 제16호, 1919. 8. 9. 일부 개정 및 시행) 제12조[4]에서는 검사 와 사법경찰관에게 고유의 권한으로 압수권, 수색권, 검증권, 신문, 감정 권 등을 부여하였는데, 이는 법관에 의한 영장 발부가 핵심인 현대의 영 장주의에 부합하지 않는 것이었고, 이후 한국에도 현대적 영장주의가 도 입되면서 수사기관이 영장주의의 우회로로 여러 '임의' 제도들(임의동행, 임의제출 등)을 활용하여 온 측면도 있다.[5]

'임의제출'은 제출자의 '임의성(자발성)'에 근거하여, 제출자가 자신의 자유의지에 따라 자발적으로 증거를 제출하는 것을 의미한다. 실제 실무 상 수사단계에서 증거물 압수의 상당부분은 임의제출로 이루어지고 있 고, 영장에 의한 압수는 임의제출에 응하지 않거나 불가능할 때 활용되 는 추세이다. 즉 수사기관은 사전 내지 사후 영장 발부의 번거로움을 피 하고, 그 밖에 임의제출을 받는데 별다른 제약이 없이 광범위한 자료를 받을 수 있는 점 등을 고려하여 수사편의상 형사소송법 제218조에 의한 임의제출을 선호하는 경향이 있는데, 수사권 남용 우려, 후술할 대용량 정보 저장장치의 등장에 따른 수많은 정보의 압수 가능성과 이에 따른 정보 침해 가능성 등을 고려할 때 현재 우리는 임의제출에 대한 경각심

---

4) 조선형사령 제12조

　① 검사는 현행범이 아닌 사건이라 하더라도 수사 결과 급속한 처분을 요하는 것으로 인정되는 때에는 공소제기 전에 한하여 영장을 발부하여 검증·수색·물 건을 차압하거나 피고인·증인을 신문하거나 감정을 명할 수 있다. 다만, 벌금· 과료 또는 비용배상의 언도를 하거나 선서를 하게 할 수 없다.

　② 전항의 규정에 의하여 검사에 허가된 직무는 사법경찰관도 임시로 행할 수 있다. 다만, 구류장을 발행할 수 없다.

　[법제처 국가법령정보센터 사이트 https://www.law.go.kr/LSW/lsInfoP.do?lsiSeq=67 433# (2022. 6. 9. 최종 방문)]

5) 신동운, '미국법이 한국형사법에 미친 영향', 미국학 제16권, 서울대학교 미국 학연구소, 1993, 36면 참조.

을 가질 필요가 있다.

한편 과학기술의 발달로 인하여 범죄자들의 범죄 수단이 증가함과 동시에 수사기관의 정보 수집 가능 방법이 증가함으로써 임의제출은 어디까지 허용될 수 있는지는 계속 논란이 되고 있다. 특히 스마트폰, 컴퓨터, 외장하드 등 대용량 정보 저장장치의 등장은 이러한 논란을 가속화시키고 있다.

그러나 한국 형사소송법의 임의제출을 규정하고 있는 형사소송법 제218조, 제108조는 1954년 형사소송법 제정 이후 단 한 번도, 한 글자도 개정되지 않고 현재에 이르고 있다.[6]

이는 '임의성'을 전제로 하는 임의제출의 특수성과 '유형이 있는 물체'를 제출하는 것이 주를 이루었던 과거에는 임의제출이 별다른 문제가 되지 않았던 것에서 기인한 것으로 보인다. 즉 임의제출물 압수에 대하여는 현재까지 별다른 논의나 법리가 확립되지 않아, 형사소송법 제218조의 임의성이라는 추상적 요건 해석에 전적으로 의존해 온 경향이 있다.[7] 그러나 스마트폰 등 여러 정보저장매체, 대용량 정보 저장장치가 발전하고 이를 이용한 수사와 범죄가 늘어나면서 임의제출은 변화의 시간을 겪고 있다. 이제 임의제출에 대하여 심도 있는 논의를 할 시간이다. 비록 2011. 7. 18.에 형사소송법 제106조 제3항으로 '법원은 압수의

---

6) 형사소송법 제218조는 '영장에 의하지 아니한 압수'라는 제목 하에 '검사, 사법경찰관은 피의자 기타인의 유류한 물건이나 소유자, 소지자 또는 보관자가 임의로 제출한 물건을 영장없이 압수할 수 있다'라고 규정하고 있고, 형사소송법 제108조는 '임의 제출물 등의 압수'라는 제목 하에 '소유자, 소지자 또는 보관자가 임의로 제출한 물건 또는 유류한 물건은 영장없이 압수할 수 있다'라고 규정하고 있다. 이 조항들은 1954년 형사소송법 제정 이래 변동이 없다(2022. 5.에 검사의 수사권을 대폭 축소하는 취지의 형사소송법과 검찰청법 개정(형사소송법은 2022. 5. 9. 법률 제18862호로 일부개정, 검찰청법은 2022. 5. 9. 법률 제18861호로 일부 개정이고, 위와 같은 취지의 개정을 이하 '2022년 검사 수사권 축소 개정'이라고 한다)에서도 변동이 없다.
7) 장석준, '임의제출된 정보저장매체에 저장된 전자정보의 증거능력', 사법 제59호, 사법발전재단, 2022, 828면 참조.

목적물이 컴퓨터용디스크, 그 밖에 이와 비슷한 정보저장매체(이하 이 항에서 "정보저장매체등"이라 한다)인 경우에는 기억된 정보의 범위를 정하여 출력하거나 복제하여 제출받아야 한다. 다만, 범위를 정하여 출력 또는 복제하는 방법이 불가능하거나 압수의 목적을 달성하기에 현저히 곤란하다고 인정되는 때에는 정보저장매체등을 압수할 수 있다'가 신설되어, 정보저장매체가 법문에 전격적으로 등장하였지만, 그 후 정보저장매체가 문제되고 발전되는 동안 법문은 보조를 맞추어 발전하지 못한 경향이 있다.

최근 대법원도 2021. 11. 18. 선고 2016도348 전원합의체 판결8)과 그 후속 판결들로 정보저장매체 등 전자정보의 임의제출에 대하여 이야기하고 있다. 그러나 위 전원합의체 판결을 위시한 대법원의 판단에는 여러 문제가 존재한다. 대법원의 판단에 어떠한 문제가 존재하고, 이를 어떻게 해결해야 하는지도 충분히 논의되어야 할 것이다.

이에 영장주의의 예외에 해당하는 여러 제도 중 논란이 되고 있는 임의제출에 대한 한국과 세계의 현실을 살펴보고, 새로운 과학기술의 발달에 따라서 임의제출은 어떻게 변화하고 있는지, 나아갈 방향성은 어디인지에 대하여 연구를 할 가치가 있다.

---

8) 대법원에 2016. 1. 7. 접수되었고, 2021. 11. 18. 선고되었으니 약 6년만에 선고된 것이다. 공소사실 상의 범죄사실은 2013. 12.경 및 2014. 12.경이었고, 2015. 2. 4. 기소되었다.
이 전원합의체 판결은 세계적으로도 논의를 찾기 어려웠던 대용량 정보 저장장치의 임의제출과 관련하여 최고 법원이 새로운 여러 법리를 선언하여 나름의 기준을 설정하고자 했다는 의의가 있다(적어도 2023. 5. 11.까지는 비교법적으로도 이에 대한 심도 있는 구체적인 논의를 찾기 어려웠으며, 한국이 전세계적으로 보아도 선도적인 논의를 하고 있는 것으로 파악된다). 따라서 이 판결(대법원 2021. 11. 18. 선고 2016도348 전원합의체 판결)에 대하여 심도있는 논의와 분석이 필요하다. 편의상 이 논문에서 '휴대전화 2대 임의제출 사건'이라고도 필요시 칭하기로 한다.

제2절 논문의 서술 범위 및 전개

이 논문의 주제는 임의제출물의 압수이다. 후술하듯 현재 임의제출에도 압수의 효력이 부여되어 있고, 최근에 전자정보의 압수도 광범위하게 문제되고 있는바, 압수와 관련된 여러 쟁점들도 임의제출에서 문제될 소지가 있다. '관련성', '참여권(실질적 피압수자 관련 논의 등 포함)', '영장주의와 그 예외', '전자정보 압수', '전자정보 탐색시 무관정보 발견의 경우' 등이 압수 관련 주요 쟁점들이라고 할 것인데, '압수'는 수사과정에서 광범위하게 문제되는 상황으로서 '압수'와 관련된 논점과 쟁점들은 이외에도 매우 다양하고 폭넓다.

다만 이 논문에서는 '압수' 전반과 관련된 주제를 모두 상세히 살피기는 어렵기 때문에, 그 중 임의제출과 관련이 있는 부분에 한정하여 주요 쟁점들 위주로 서술하고, 주로 '임의제출'의 특유한 부분을 위주로 설시하고자 한다(임의제출물 압수보다는 영장에 의한 압수와 관계가 깊은 '관련성', '참여권', '영장주의와 그 예외', '긴급 압수', '전자정보 압수' 등의 논점들에 대한 심도 있는 추가 논의는 훗날을 도모하기로 한다).

따라서 이 논문에서는 한국의 임의제출 제도 상 '임의제출의 본질', '임의제출자'에 대한 논의, '임의제출 대상'에 대한 논의, '임의성'에 대한 논의(임의제출 거부권 고지 필요 논의 등 포함), '임의제출물 압수의 효과', '체포현장에서 피의자가 임의로 제출하는 물건에 관한 논의', '위법한 압수물의 임의제출 문제', '임의제출 받은 휴대전화 등 대용량 정보 저장장치 관련 문제', '휴대전화 등 대용량 정보 저장장치의 임의제출에 대한 판례의 흐름과 이에 대한 비판 및 개선방향', '임의제출 후 탐색 중단·폐기권 내지 회수권(철회권)을 인정할지에 대한 논의' 등을 심도 있게 진행하도록 한다. 이와 관련하여 가능한 부분에서 비교법적 검토를 진행할 것이고, 필요시 해석론과 입법론도 적극적으로 제시할 것이다.

한편, 이 논문은 '임의'의 요건인 '동의'는 '압수'와 '수색'에 있어서 '본질적'으로 완전히 다르다고 볼 수 없다(물론 본질은 같지만 세부적인 면은 다를 수 있다)는 것을 전제로 하고 있다('임의'와 '동의'의 관계에 대하여는 다른 목차에서 다룬다). 한편, 미국와 영국의 경우 전통적으로 '동의에 의한 수색'이 발달하였는데, 특히 미국은 육안 관찰, 즉 플레인 뷰(plain view)[9]에 의한 압수를 인정하고 있기에,[10] 동의에 의한 수색이

---

9) 국내 문헌들은 '플레인 뷰(plain view)' 원칙을 '명인법리'(민영성, '영장주의의 예외인정과 명인법리-미국연방대법원의 판례를 소재로-', 법학연구 제40권 제1호, 부산대학교 법학연구소, 1999, 175면), '단명한 목도'(조국, '압수수색의 합법성 기준 재검토', 비교형사법연구 제5권 제2호, 한국비교형사법학회, 2003, 776면), '명백한 현시'(안성수, '형사소송법', 박영사, 2009, 146면), '명백한 발견의 원칙'(노정환, '현행 압수수색 제도의 비판적 고찰-실무상 문제점을 중심으로-', 법조 통권 제643호, 법조협회, 2010, 43면), '명백한 시야 원칙'(손동권, '수사절차상 긴급 압수·수색 제도와 그에 대한 입법 개선론', 경희법학 제46권 제3호, 경희대학교 법학연구소, 2011, 15면), '육안발견'(이완규, '디지털 증거 압수수색과 관련성 개념의 해석', 법조 통권 제686호, 법조협회, 2013, 101면) 등으로 다양하게 번역하고 있으나, 아직 국내에서는 어떤 용어로 사용할 지에 대한 명확한 의견 일치는 없는 것으로 보인다. 따라서 이 글에서는 영문 발음대로 '플레인 뷰' 원칙이라고 표기한다.

10) 플레인 뷰 원칙이란 수사기관이 적법하게 들어간 장소에서, 또는 적법한 체포·수색이 이루어지고 있는 동안 발견 즉시 식별 가능한(immediately recognizable) 금제품, 증거물 등 압수 대상물은 영장 없이 압수 가능하다 이론이다. 다른 영장주의 예외와 달리 영장 없는 수색을 허용하는 것이 아니라 이미 발견된 물건의 압수만을 허용한다(Robert M. and Bloom/Mark S. Brodin. Criminal Procedure (The Constitution and the Police), 5th ed., Aspen Publishers, 2006, 171면; 인하대학교 산학협력단, '압수·수색 관련 판례의 태도 및 외국 증거법제 도입가능성 연구', 대검찰청 연구용역보고서, 2014, 66면). 1971년 Coolidge v. New Hampshire 사건[Coolidge v. New Hampshire, 403 U.S. 443 (1971)]은 이와 관련된 법리를 정리하여 플레인 뷰 원칙을 정립한 사건으로 평가된다. 미국 연방대법원은 플레인 뷰 원칙이 이미 많은 판례에 의해 적용되었음을 확인하면서 이 원칙이 적용된 사례들의 공통점을 검토하여 압수가 적법한 것으로 인정되기 위한 요건을 제시하였다. 그 요건은 ① 추가적인 증거를 발견하기 전에 적법한 수색의 상황일 것, ② 우연한(inadvertent) 발견일 것, ③ 그 증거가 눈앞에 직접적으로

인정되면 그 수색과정에서 발견한 증거물을 플레인 뷰에 의하여 압수할
수 있다. 따라서 동의에 의한 수색이 주로 논의되는 것으로 보인다.[11]
이에 따라 앞으로의 비교법적 검토와 관련하여, 미국과 영국의 경우 '임
의제출' 보다 '동의에 의한 수색'을 검토하게 된다는 것을 밝혀둔다.

명백(immediately apparent)할 것 등이다. 증거물 발견의 우연성을 요건으로 한
이유는 수사기관이 증거물을 발견한 그 순간만을 기준으로 보면 증거는 눈앞
에 명백한 것이므로, 우연성 요건이 없는 경우 수사기관이 처음부터 특정 증거
물을 찾을 목적으로 탐색적 수색을 하는 등 영장이 사실상 일반영장으로 악용
되는 것을 방지하기 위해서였다(인하대학교 산학협력단, 앞의 보고서, 67면).
그러나 이후 1990년 Horton v. California 사건[Horton v. California 496 U.S. 128
(1990)]에서 증거물 발견의 우연성은 필수적 요건이 아닌 것으로 완화되었다.
11) 허준, '제3자 동의에 의한 디지털 증거 압수·수색의 한계', 비교형사법연구 제
20권 제4호, 한국비교형사법학회, 2019, 57면; 김정한, '임의제출물의 압수에 관
한 실무적 고찰', 형사법의 신동향 통권 68권, 2020, 234면 참조.

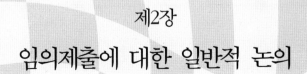

제2장

임의제출에 대한 일반적 논의

제1절 임의제출물 압수 제도의 개관 및 연원

한국 형사소송법 제218조는 '영장에 의하지 아니한 압수'라는 제목 하에 "검사, 사법경찰관은 피의자 기타인의 유류한 물건이나 소유자, 소지자 또는 보관자가 임의로 제출한 물건을 영장없이 압수할 수 있다"라고 규정하고 있고, 한국 형사소송법 제108조는 '임의 제출물 등의 압수'라는 제목 하에 "소유자, 소지자 또는 보관자가 임의로 제출한 물건 또는 유류한 물건은 영장없이 압수할 수 있다"라고 규정하고 있다. 이 조항들은 1954년에 한국 형사소송법이 제정된 이래 아무런 변동 없이 그대로 이어지고 있다.

즉 형사소송법 제218조에 따르면 검사, 사법경찰관은 소유자, 소지자 또는 보관자가 임의로 제출한 물건을 영장 없이 압수할 수 있다. 점유취득의 방법이 강제적이 아니고 영장을 필요로 하지 아니한다. 이를 영치(領置)라고도 한다.[1)]

---

1) 일본 형사소송법 제221조는 한국 형사소송법 제218조가 규정하고 있는 압수를 영치라고 부르고 있다. 이하 일본 형사소송법 원문은 http://www.japaneselawtranslation.go.jp/law/detail/?ft=2&re=01&dn=1&yo=%E5%88%91%E4%BA%8B%E8%A8%B4%E8%A8%9F%E6%B3%95&x=0&y=0&ia=03&ja=04&ph=&ky=&page=1에서 인용하였고(2023. 5. 10. 최종 방문), 한국어 번역은 인하대학교 산학협력단의 앞의 보고서, 법무부 형사법제과 발간 일본 형사소송법·규칙[http://mojhome.moj.go.kr/bbs/moj/174/423256/artclView.do (2023. 5. 10. 최종 방문) 번역본 포함, 2009. 12. 발간, 손지영·김주석, '압수·수색 절차의 개선방안에 관한 연구', 사법정책연구원; 법제처 세계법제정보https://world.moleg.go.kr/web/wli/lgslInfoReadPage.do?A=A&searchType=all&searchText=%25ED%2598%2595%25EC%2582%25AC%25EC%2586%258C%25EC%2586%25A1%25EB%25B2%2595&searchPageRowCnt=10&searchNtnlCls=1&searchNtnl=JP&pageIndex=1&CTS_SEQ=3437&AST_SEQ=2601 (2023. 5. 10. 최종 방문)]을 참조하여 번역하였다.

[일본 형사소송법 제221조 번역본]

한국 형사소송법 제108조의 유래가 되는 일본 형사소송법 제101조는 "피고인 기타의 자가 유류한 물건 또는 소유자·소지자 혹은 보관자가 임의로 제출한 물건은 이를 영치할 수 있다"로 규정되어 있고, 한국 형사소송법 제218조의 유래가 되는 일본 형사소송법 제221조는 "검찰관·검찰사무관 또는 사법경찰관직원은 피의자 기타의 자가 유류한 물건 또는 소유자·소지자 혹은 보관자가 임의로 제출한 물건을 이를 영치할 수 있다"고 임의제출제도를 규정하고 있다.

한국 형사소송법이 위와 같이 일본 형사소송법을 계수하는 과정에서 왜 일본 형사소송법 규정의 '영치'가 한국 형사소송법에서는 '압수'로 변경되었는지에 대하여는, 현재 찾을 수 있는 관련 규정 제정 당시 국회의 논의를 살펴보아도 임의제출 및 그 관련 규정인 한국 형사소송법 제108조, 제218조에 대한 별다른 자료가 없어 확인이 어렵다.[2]

다만 '영치(領置)'의 '영(領)'에는 '받다'는 뜻이 있고, '치(置)'에는 '두다'라는 뜻이 있는바, 그 자체의 의미가 '받아서 두다'로 해석될 수 있다. 따라서 임의제출이라도 압수의 효력을 인정하는 강제처분의 일종이라는

일본 형사소송법 제221조 검찰관, 검찰사무관 또는 사법경찰직원은 피의자 기타의 자가 유류한 물건 또는 소유자, 소지자 혹은 보관자가 임의로 제출한 물건은 이를 영치할 수 있다.

[일본 형사소송법 제221조 원문]

第二百二十一條 檢察官、檢察事務官又は司法警察職員は、被疑者その他の者が遺留した物又は所有者、所持者若しくは保管者が任意に提出した物は、これを領置することができる。

2) 형사소송법 제정과 관련된 자료들 및 당시(1954년 제2대 국회 18, 19, 21, 37차 본회의 등) 회의록들을 살펴보아도 형사소송법 제정안 제219조에 대한 논의는 있지만 '임의제출', '제108조', '제218조'에 대하여는 별다른 논의를 찾을 수 없었다(신동운, '형사소송법제정자료집', 한국형사정책연구원, 1990. 및 신동운, '제정형사소송법의 성립경위', 형사법연구 제22호, 한국형사법학회, 2004. 및 국회정보시스템(입법통합지식관리시스템) 사이트(http://likms.assembly.go.kr/)에서 '회의록' 클릭후 제헌 및 제2대 국회 회의록에서 '형사소송법' 검색 시 나오는 회의록들 검토 결과임(http://likms.assembly.go.kr/record/mhs-60-010.do#none, 2022. 3. 4. 최종 방문)].

점에서 아예 '압수'로 변경하여 규정한 것이 아닐까 추측할 수 있고, 한국 형사소송법 제108조, 제218조의 '압수'는 강학상 '영치'로 받아들여지기 때문에 그렇게 되었을 것으로 추측할 수는 있다. 그 과정에서 음독(音讀), 훈독(音讀) 등 여러 가지 방법을 고려하고 법령의 체계와 법조문 간의 상응도 고려했을 것이다. 따라서 일본 형사소송법상 '영치'와 한국 형사소송법상 '압수'와의 차이를 살펴볼 이유와 실익은 없다. 더 나아가 한국 형사소송법 제108조 및 제218조에서 규정하고 있는 '압수'가 동법 제106조 이하의 '압수'와 다르게 볼 수도 없다고 본다.[3] 대법원은 '압수·수색은 대상물의 소유자 또는 소지자를 상대로 할 수 있고, 이는 해당 소유자 또는 소지자가 피고인이나 피의자인 경우에도 마찬가지이다(형사소송법 제106조 제1항, 제2항, 제107조 제1항, 제108조, 제109조 제1항, 제219조 참조)'라고 적시하여, 형사소송법 제106조 제1항 및 제2항, 동법 제107조 제1항과 함께 동법 제108조를 나열하고 있다(대법원 2017. 11. 29. 선고 2017도9747 판결 참조).

즉 영치는 점유취득과정에는 강제력이 행사되지 않으나 일단 영치된 이상 제출자가 임의로 취거할 수 없다는 점에서 강제처분으로 인정되고 있다(임의제출의 법적성격 내지 본질에 대하여는 다른 목차로 상세히 다룬다).[4]

임의제출물 압수는 그 동안 비교적 별다른 논란 없이 실무에서 활용되어 왔고, 현재도 수사실무에서 널리 이용되고 있다. 후술하겠지만 미국, 일본, 독일, 프랑스 등 법치주의 국가로 파악 가능한 나라들은 임의제출을 인정하고 있고, 일본, 독일, 프랑스는 형사소송법에 임의제출과 관련된 명시적 조문도 두고 있다. 실질적으로 사실상 범죄에 대한 정보를 갖고 있는 자가 영장이 발부되지 않았음에도 불구하고 이를 자발적으로 수사기관에 제출하고자 할 때 이를 인정하는 것 자체를 부정하기

---

3) 박용철, '임의제출물 제도의 개선방안-휴대전화를 중심으로', 홍익법학 제23권 제1호, 홍익대학교 법학연구소, 2022, 8면 참조.
4) 이재상·조균석·이창온, '형사소송법(제14판)', 박영사, 2022, 231-232면 참조.

는 어렵다.[5)]

그러나 요즘은 휴대전화 등 대용량 저장매체의 발달로 임의제출에 대한 논의와 문제 제시가 활발하다.

이하에서는 임의제출의 본질은 무엇인지, 임의제출자의 개념은 어떠한지, 임의제출자에게 적법한 권원이 필요한지, 소유자의 동의가 필요한지, 외관상 제출권자를 인정할 것인지, 제출된 물건과 관련된 권리자 보호에 대한 문제는 없는지, 임의제출 대상은 어떠한지, 임의성의 판단기준은 어떠한지, 임의성을 인정받기 위하여 수사기관이 임의제출 거부권의 고지를 해야 하는지, 수사기관의 임의제출 요구가 있을 때 과연 제출의 임의성·자발성을 인정받을 수 있는지, 위법한 압수물의 임의제출 문제는 어떠한지, 임의제출 받은 휴대전화 등 대용량 정보 저장장치 관련 문제는 무엇인지(최근의 대법원 판례의 경향 및 그에 대한 비판과 개선 방향 등), 임의제출자의 탐색 중단·폐기 내지 회수권(철회권)을 인정해야 하는지 등 한국의 임의제출에 의한 압수 관련논의들을 살펴보도록 한다.

다만 대용량 정보 저장장치에 관련된 문제와 이에 대한 판례의 흐름은, 비교적 새로운 논의이고, 다루어야 할 부분이 방대하기에 따로 장을 나누어 살펴본다.

한편, 피의자 내지 피고인 등 혐의자가 '자신에게 불리한 유죄의 증거'를 '임의'제출한다는 것이 과연 가능한가, 사후영장도 요구하지 않는 현재의 제도는 타당한가와 관련하여, 인권보호 내지 영장주의의 중요성 차원에서 가치 있는 문제의식이 필요하다. '임의제출' 자체의 의미, 본질과 구조에 근본적인 질문을 던지는 가치 있는 문제의식이다. 임의제출물을 받는 수사기관 내지 법원은 이러한 문제의식에 유념해야 할 것이다.

'일반적인 경우'에는 '개과천선' 등 매우 이례적인 경우가 아니고서는 범죄가 발각되지 않은 혐의자가 스스로 유죄의 증거를 제출하는 경우는 상정하기 어렵다. 다만 어느 정도 수사가 진행되어 임의제출 대상 외에

---

5) 박용철, 앞의 논문, 9면 참조.

상당한 증거가 확보되었다는 사정, '이번에 발각되었으니 수사협조라도 해서 선처 확률을 향상 시키겠다' 내지 '이번에 발각된 김에 한꺼번에 다 처벌받는 것이 유리하다'는 판단 등에 따라 예외적으로 혐의자도 유죄의 증거를 임의제출할 여지는 있을 것이다.

다만, 위 '일반적인 경우'에 대하여는 그 '임의성'에서 문제가 될 수 있고, '일반적인 경우'에의 임의제출이 많이 행하여진다면 차라리 임의제출의 '임의'를 '전적인 자유'가 아닌 '물러난 임의' 내지 '은폐된 강제성'으로 보아야 하는 것은 아닌지 문제의식이 있다. 이러한 문제의식은 수사기관이 '영장을 받아서 가져갈까 아니면 그냥 제출할 것이냐'의 명시적 내지 묵시적 의사를 표시하는 경우에 특히 문제된다. 다만 수사기관 입장에서 '영장을 받는다'는 것은 상당히 번거롭고 시간이 걸리는 작업인 점, 혐의자는 즉시 임의제출을 안 하고 수사기관이 영장을 받을 동안 증거를 숨길 수 있다는 점, 혐의 소명 등이 부족하면 영장은 발부되지 않을 수도 있다는 점 등을 고려할 때, 범죄의 발각을 원치 않는 혐의자도 수사기관이 '영장을 받아서 가져갈까 아니면 그냥 제출할 것이냐'의 의사를 표시하는 경우에도 '임의제출을 하지 않을 이유'가 존재할 때가 있다.

전술한대로 인권보호와 영장주의의 중요성의 측면에서 위 문제의식은 가치가 있기에, 현행 제도를 개선해도 수사기관 등에 의하여 임의제출이 남용되면 아예 '임의제출의 작동 구조'를 '임의제출을 받더라도 계속 압수하고 싶으면 일정기간 안에 영장을 청구해야하는 사후영장의 구조'로 변화시킬 필요가 있고, 이때 위와 같은 문제의식은 그 빛을 더 발할 것임을 밝혀둔다.

제2절 임의제출의 본질

1. 들어가며

압수수색 등 대물적 강제처분에는 원칙적으로 사전 내지 사후 영장
이 필요하다. 그러나 형사소송법 제218조, 제108조에 규정된 임의제출은
사후 영장조차 필요로 하지 않는다.

임의제출은 제출 당시에는 제출자의 '임의성(자발성)'에 근거하여 제
출 받는 것으로 그 방법이 '강제적'이지 않으나, 그 효력은 현행 법조문
상 임의 환부가 허용되지 않는 '강제력'이 부여되는 '압수'이므로 양가적
인 성격이 있다(후술하는대로 임의제출에 압수의 효력을 부여하지 않으
면 제도의 의미가 퇴색된다). 따라서 그 본질이 무엇인지, 영장주의의 예
외인지(강제수사, 강제처분) 아니면 영장주의가 애초에 적용되지 않는
것인지(임의수사) 등에 대한 논의가 있어 이를 명확히 할 필요가 있다.

이 논의는 결국 영장주의와 연결되므로, 아래에서는 일단 영장주의의
의미와 본질에 대하여 살펴본 후, 임의제출의 본질에 대하여 검토하고, 아
울러 임의제출과 동의에 의한 압수의 관계에 대하여도 검토하도록 한다.

2. 영장주의의 의미

영장주의는 여러 가지로 의미로 해석되는데 주로 '법원 또는 법관이
발부한 적법한 영장에 의하지 않으면 형사절차상의 강제처분을 할 수
없다'는 원칙으로 통용되고 있는 것으로 보인다. 즉 법관의 공정한 판단
에 의하여 수사기관의 강제처분 권한의 남용을 억제하고 시민의 자유와
재산을 보장하기 위한 원칙이다. 법관의 판단에 의한 강제처분의 제한이
라는 점에서 강제처분에 대한 사법적 통제이며, 구체적 사건에 대하여

강제처분의 적부를 심사한다는 의미도 있다.

일단 영장주의는 영장을 법원 또는 법관이 발부할 것을 필요로 한다. 따라서 수사기관은 법관이 발부한 영장에 의하여만 강제처분을 할 수 있는 것이 원칙이다.

또한 영장주의는 강제처분을 할 때에 영장이 발부되어 있는 것이 필요하다는 의미이기도 하다. 즉 영장은 원칙적으로 사전영장을 말한다. 따라서 강제처분을 한 후에 사후영장을 발부받는 경우는 영장주의의 예외라고 볼 수 있다.

한편 영장주의는 법관이 발부한 영장의 내용이 특정될 것을 요구한다. 즉 일반영장은 금지된다.[6]

우리 헌법(대한민국 헌법)은 제12조 제2항 본문에서 '체포·구속·압수 또는 수색을 할 때에는 적법한 절차에 따라 검사의 신청에 의하여 법관이 발부한 영장을 제시하여야 한다'고 규정하고, 동법 제16조 제2문에서 '주거에 대한 압수나 수색을 할 때에는 검사의 신청에 의하여 법관이 발부한 영장을 제시하여야 한다'고 규정하고 있는바, 이는 영장주의를 헌법적 차원에서 보장하고 있는 것이다.[7]

3. 영장주의의 본질

영장주의의 연혁과 적용 범주 등을 고려할 때, 영장주의의 본질을 아래와 같이 정리해볼 수 있다.

영장주의의 본질은 강제수사의 필요에 대한 판단권한을 수사의 당사자가 아닌 인적·물적 독립을 보장받는 제삼자인 법관에게 유보하는 것이다.[8] 영장주의의 본질적 요소는 일반적으로 4가지, 즉 일반 영장의 금지, 집행 기관의 재량 통제, 중립적이고 독립적인 제3자의 사법적 판단,

---

6) 이상 이재상·조균석·이창온, 앞의 책, 218면 참조.
7) 신동운, '간추린 신형사소송법(제14판)', 법문사, 2022, 133면.
8) 신동운, 위의 책, 133면.

상당한 이유의 구비로 요약된다.[9]

4. 임의제출의 본질

가. 논의의 소재

임의제출은 제출 당시에는 제출자의 '임의성(자발성)'에 근거하여 제출 받는 것으로 그 방법이 '강제적'이지 않으나, 그 효력은 현행 법조문상 임의 환부가 허용되지 않는 '강제력'이 부여되는 '압수'이므로 이중적인 성격이 있다. 따라서 그 본질이 무엇인지, 영장주의의 예외인지(강제수사, 강제처분) 아니면 영장주의가 애초에 적용되지 않는 것인지(임의수사) 등에 대한 논의가 있어 이를 명확히 할 필요가 있다.

나. 학설

1) 강제처분설(강제수사설)

압수된 후에는 피압수자가 임의로 가져갈 수 없다는 '효력의 강제력' 등을 주된 근거로 임의제출도 강제처분이라는 견해이다.[10]

2) 임의수사설

점유취득 과정에서 강제력이 행사되지 않는다는 '제출의 임의성' 등

---

9) 이주원, '형사소송법(제4판)', 박영사, 2022, 166면.
10) 김희옥·박일환, '주석 형사소송법(5판)', 한국사법행정학회, 2017, 306면; 배종대·이상돈·정승환·이주원, '형사소송법(제2판)', 홍문사, 2016, 199면; 이주원, 앞의 책, 217면; 이재상·조균석·이창온, 앞의 책, 231-232면; 장석준, 앞의 논문, 830면.

을 주된 근거로 임의수사라는 견해이다.[11]

다. 판례

대법원은 수사기관의 전자정보에 대한 압수·수색은 원칙적으로 영장발부의 사유로 된 범죄혐의사실과 관련된 부분만을 문서 출력물로 수집하거나 수사기관이 휴대한 정보저장매체에 해당 파일을 복제하는 방식으로 이루어져야 하고, 정보저장매체 자체를 직접 반출하거나 복제본으로 외부로 반출하는 방식으로 압수·수색하는 것은 예외적으로 허용될 수 있을 뿐이라는 원칙은 정보저장매체의 임의제출물의 압수에도 그대로 적용된다고 하면서, 그 이유로 '임의제출물의 압수는 압수물에 대한 수사기관의 점유 취득이 제출자의 의사에 따라 이루어진다는 점에서 차이가 있을 뿐 범죄혐의를 전제로 한 수사 목적이나 압수의 효력은 영장에 의한 경우와 동일(함)'을 들고 있다(대법원 2021. 11. 18. 선고 2016도348 판결).

즉 대법원은 명확하게 설시하지는 않았지만, '수사 목적', '압수의 효력'을 중시한 것으로 보아 임의수사설 보다는 강제처분설에 가까운 입장으로 해석된다.

라. 비교법적 논의

미국 연방대법원에 의하여 정립된 영장주의의 예외 중에 동의에 의한 수색(consent searches or consensual searches)의 법리가 있는데, 미국 연

---

11) 배종대·홍영기, '형사소송법 제2판', 홍문사, 2020, 125면; 신상현, '임의제출물 압수의 적법요건으로서의 임의성 - 대법원 2019. 11. 14. 선고 2019도13290 판결 및 대법원 2020. 4. 9. 선고 2019도17142 판결 -', 형사법의 신동향 통권 제67호, 대검찰청, 2020, 273-274면.

방대법원은 미국 수정헌법 제4조가 '비합리적인(unreasonable)' 압수수색
을 금지하고 있는 것으로 보고, 수사기관이 피의자 또는 피고인의 동의
를 받아 압수 내지 수색을 하는 것은 '합리적'인 경우에 해당하므로 영장
없이 허용된다고 판단하고 있다. 한편 미국 연방대법원에 따르면 압수
내지 수색에 대한 동의는 범죄와 증거를 발견하는데 기여할 뿐만 아니
라, 다른 한편으로는 잘못이 없는 자를 기소하는 것을 막을 수 있게 해
주기 때문에 공익에도 기여한다.12) 즉 미국 연방대법원은 동의에 의한
수색이 일단 '강제처분'임을 전제로 하되, 피의자의 방어권 보장 차원도
고려하는 것으로 보인다.

영국의 동의에 의한 수색의 경우, 경찰관이 피의자에게 '피의자는 수
색에 대한 동의의 의무가 없으며 압수된 물건들은 증거로 사용될 수 있
음'을 고지한 후, 피의자가 서면으로 동의한 경우에 '동의에 기초한 수
색'(Search with consent)을 실행할 수 있다(Code B, para 5.3). 동의 거부권
까지 고지하여야 하는 영국의 법규상 영국은 동의에 의한 수색을 강제
처분으로 보고 있는 것으로 판단된다.

또한 독일,13) 일본14)과 같이 강제처분 법정주의를 기본으로 하고 있
는 국가들도 간략하나마 임의제출에 관한 규정들을 두고 있는바, 임의제
출을 기본적으로 강제처분으로 인지하고 있는 것으로 보인다.15)

---

12) Schneckloth v. Bustamonte, 412 U.S. 218 (1973)
13) 독일 형사소송법 제94조 제2항은 '그 목적물을 개인이 소지하고 있고 이를 자발
    적으로 인도하지 않는 때에는 압수를 필요로 한다(Befinden sich die Gegenstände
    in dem Gewahrsam einer Person und werden sie nicht freiwillig herausgegeben, so
    bedarf es der Beschlagnahme)'라고 규정하고 있다.
14) 일본 형사소송법 제221조는 '검찰관, 검찰사무관 또는 사법경찰직원은 피의자
    기타의 자가 유류한 물건 또는 소유자, 소지자 혹은 보관자가 임의로 제출한
    물건은 이를 영치할 수 있다(檢察官、檢察事務官又は司法警察職員は、被疑者
    その他の者が遺留した物又は所有者、所持者若しくは保管者が任意に提出し
    た物は、これを領置することができる)'고 규정하고 있다.
15) 上口 裕, 刑事訴訟法 第4版, 成文堂, 2015, 142-143면 참조.

마. 소결

임의제출은 말 그대로 '임의'로 제출하는 것이고, '임의'동행의 경우 피의자가 언제든지 퇴장 내지 이석할 수 있다는 점 등을 고려할 때(대법원 2011. 6. 30. 선고 2009도6717 판결 참조), 현행 형사소송법과 같이 임의제출의 효력에 '압수(강제)'를 직결시키는 것은 적절하지 않은 측면이 있다. 또한 수사기관은 사전 내지 사후 영장 발부의 번거로움을 피하고, 임의제출 범위가 광범위한 점 등을 고려하여 수사편의상 형사소송법 제218조에 의한 임의제출을 선호하는데, 이러한 수사기관의 선호와 그와 관련한 수사권 남용 가능성이 있으므로, 우리는 경각심을 가질 필요가 있다. 이와 관련하여, 제출자가 후에 그 동의한 뜻을 변경하는 경우, 혹은 소유자가 원하는 경우 등의 사정이 있으면 임의제출물에 대한 탐색을 중단하거나 폐기하거나 혹은 임의제출물을 되돌려 받을 수 있도록 제도를 설계함이 타당한데, 이에 대해서는 다른 목차[목차 제3장 제12절 '(임의제출 후) 탐색 중단·폐기권 내지 회수권(철회권) 인정 필요']에서 살펴본다.

다만, 효용성 및 제도의 의의 측면에서 보자면, 제출자가 언제든지 별다른 제약 없이 '임의로' 제출물을 회수할 수 있는 경우, 그 임의제출이라는 제도의 효용이 떨어지고 제도의 의의가 퇴색된다. 따라서 임의제출이라는 제도를 유지할 경우 제출자가 별다른 제약 없이 '임의로' 제출물을 회수할 수 없도록 해야 그 제도의 의의와 효용성이 있다. 이에 따라 임의제출의 일단의 일반적인 효력을 일반적인 '압수'의 효력과 마찬가지로 인정하는 것 자체는 타당하고, 이는 현행 형사소송법의 태도이다.

위와 같은 전제에서 보자면, 앞에서 살펴본 대로 임의제출은 제출 시(수사기관의 점유 취득 시)에는 '제출자의 임의성'에 근거하여 강제력이 없으나, 그 효과는 명백히 임의 회수가 불가능한 '압수'인 점(현행 실무상 임의제출은 수사기관이 우월적 지위를 확보한 때에 제출자가 그 정확한 의미와 압수의 효과를 모르고 제출하는 경우가 많은 것도 고려되어야 한다), 임의수사는 법률 규정이 없어도 가능한 것이 원칙이고, 강제처분은 법률에 규정이 있어야 가능한 것이 원칙인데(강제처분 법정주의, 형사소송법 제199조) 현행 형사소송법은 제218조, 제108조에 법조문을 두어 임의제출에 대한 규정을 두고 있는 점, 압수는 일단 점유권 내지 사용권을 뺏는 처분이고 더 나아가 소유권도 뺏을 수 있는 처분으로 본질적으로 침익적 처분인 점, 제출자의 임의성에 기한 것이라면 제출자에게는 침익적 처분이라고까지 볼 수 없다는 의견이 있을 수 있으나, 소유자, 소지자, 보관자가 현행 법조문상 임의제출이 가능한 자들이기에, 중복되는 권리자들(예시: 공동소유자, 유치권자, 신뢰관계에 의하여 물건을 맡은 보관자)이 존재할 수 있는데, 임의제출에 의한 압수가 이루어지면 제출자 외의 권리자에게는 명백히 침익적 처분인 점, 임의제출에 의한 압수를 강제처분으로 인식하여야 '영장주의의 예외'로 취급받아 영장주의에 의한 인권보호가 가능한 점, 형사소송법 제218조의 제목도 '영장에 의하지 아니한 압수'인 점, 이는 명백한 강제수사를 규정하고 있는 형사소송법 제216조, 제217조의 제목인 '영장에 의하지 아니하는 강제처분'과 대응되는 점 등을 고려할 때 강제처분설이 타당하다.

따라서 영장주의, 강제수사 법정주의, 적법절차 원칙, 비례성의 원칙 등 강제수사를 규율하는 헌법과 형사소송법의 일반적인 원리가 그대로 임의제출물의 압수에도 적용될 수 있다.[16]

한편, 이에 따라 설명하자면, 영장주의 예외제도들(형사소송법 제216조, 제217조)은 임의제출을 제외하고는 모두 체포(영장에 의한 체포, 긴급체포, 현행범인 체포) 내지 구속의 경우에 행하는 긴급 압수수색검증, 범행 중 또는 범행 직후의 긴급 압수수색검증으로 '긴급성'과 관련이 있다. 여기에서 압수수색검증 대상자의 동의 여부는 불문한다. 그러나 임의제출은 '긴급성'과 별다른 관련이 없고, 제출자의 '동의'가 필수적인 요

---

16) 같은 취지로, 장석준, 앞의 논문, 830면.

소이다. 즉 일반적인 영장주의 예외제도인 긴급 압수수색검증과 달리 임의제출은 영장주의 예외 제도 중 특이성을 가지고 있다.

즉 임의제출은 말 그대로 '임의성(동의, 자발성)'에 근거하여 이루어진다는 특수성, 혐의자가 임의로 물건(증거)을 제출하는 것을 막을 이유는 없다는 점, 혐의자가 자유롭게 물건을 제출할 수 있어야 혐의자의 방어권 보장에도 유리하다는 점 등을 고려하여 임의제출은 영장주의의 예외로서 널리 인정받고 있는 것으로 보인다.

5. 임의제출과 동의에 의한 압수

가. 논의의 소재

통상적으로 형사소송법 제218조와 제108조는 '임의제출'로 칭해지고 있고, 그 효과를 '압수'로 규정하고 있다. 이에 따라서 '임의제출'이 '동의에 의한 압수'와 동일 개념인지(구별 가능한지), 구별의 실익이 있는지 등이 논의될 수 있다.

나. 임의제출과 동의에 의한 압수가 동일 개념인지 여부

1) 학설

이에 대하여 형사소송법 제218조, 제108조의 법문의 해석상 임의제출과 동의에 의한 압수는 동일 개념이라는 견해가 있다.[17]

반면에 묵시적 동의에 의한 압수는 절대로 허용되어서는 안 되는 점,

---

17) 안성수, '당사자의 동의에 의한 압수수색', 비교형사법연구 통권 제18호, 2008, 303면; 허준, '제3자 동의에 의한 디지털 증거 압수·수색의 한계', 비교형사법연구 제20권 제4호, 한국비교형사법학회, 2019, 44면.

형사소송법 제218조, 제108조의 법문의 해석 등을 근거로 임의제출과 동의에 의한 압수는 동일 개념이 아니라는 견해가 있다(다만 이 견해는 동의에 의한 압수가 임의제출보다 기본권 침해의 우려가 좀 더 크기는 하지만, 동의에 의한 압수도 형사소송법 제218조, 제108조의 유추적용에 의하여 가능하다고 본다).[18]

2) 소결

형사소송법 제218조, 제108조는 '임의로 제출한 물건'을 대상으로 하고 있다. 문언상 말 그대로 제출자의 '제출'이 요건이기에, 제출자가 아닌 수사기관이 주체로 보이는 '동의에 의한 압수'와 '임의제출'은 엄밀히 말하자면 다른 개념으로 보인다. '제출'의 경우 '제출하는 행위'가 있어야 하기에 '묵시적' 제출이 성립하기 어려울 것이나, '묵시적 동의'는 가능하다는 점에 비추어도 그러하다(묵시적 동의와 관련하여서는 추후에 '동의의 방법'에 대하여 논의하는 목차에서 다룬다).

다. 임의제출과 동의에 의한 압수의 구별 실익 존부

1) 학설

이에 대하여 형사소송법 '임의제출과 동의에 의한 압수가 동일 개념'이라는 견해[19]는 임의제출과 동의에 의한 압수를 구별할 실익이 없다고 판단할 것이다.

한편 묵시적 동의에 의한 압수의 경우 임의제출과 구별할 실익이 있

---

18) 김정한, '임의제출물의 압수에 관한 실무적 고찰', 형사법의 신동향 통권 제68
   권, 대검찰청, 2020, 258-259면.
19) 안성수, 앞의 논문, 303면; 허준, 앞의 논문, 44면.

지만, 명시적 동의에 의한 압수의 경우 형사소송법 제218조, 제108조가 유추적용이 가능할 정도의 약간의 차이가 있는 정도에 불과하다는 취지의 견해도 있다.[20]

2) 소결

'임의제출'과 '동의에 의한 압수'는 수사기관의 동의 요구와 제출자의 임의에 의한 제출에서 '동의 요구'와 '제출'의 선후관계가 다르다고 볼 여지가 있다. 그러나 만약 제출자가 먼저 임의로 제출할 의사로 수사기관에 제출하였다면 제출자의 입장에서는 임의제출이지만, 수사기관의 입장에서는 결국 동의하에 압수하는 것이 되고, 수사기관이 먼저 동의할 것을 권하여 제출자가 동의할 마음을 먹고 제출하였다면 그것은 제출자 입장에서는 임의제출이 되고, 수사기관 입장에서는 동의에 의한 압수가 될 것이다. 또한 '임의성(자발성)'과 '동의'가 문언상 그 뜻이 근본적으로 다르다고 보기는 어렵고, 오히려 본질적으로는 그 뜻이 같다고 볼 여지가 크다.

결국 매우 엄밀하게는 '임의제출'과 '동의에 의한 압수'가 다른 개념일 것이나, 실제 구분은 불가능하다고 할 것이다(구별의 실익이 없다). 따라서 결국 임의제출, 동의에 의한 압수 모두는 형사소송법 제218조, 제108조에 의하여 인정된다고 볼 것이다.

다만, 이는 '묵시적 임의제출'이 불가능함을 전제로 한다(뒤에 '동의의 방법'을 다루는 목차에서 상세히 후술).

즉 비록 '대용량 정보 저장장치의 탐색'이 '수색'과 유사한 면이 있다고 하더라도, 일단 한국의 임의제출은 '어떠한 물체를 제출'하는 것을 의미하기에, 임의제출에 있어서 묵시적인 동의 상황은 억지로 만들지 않으면 상정하기 어렵다.

---

20) 김정한, 앞의 논문, 258-259면.

설령 범죄자가 어떤 사람의 어떤 물질(책, 스마트폰 등)을 빼앗기 위하여 추적하던 중, 그 어떤 사람이 경찰을 발견하여 그 어떤 물질의 보호를 위하여 별다른 말이 없이 그 어떤 물질을 경찰에게 넘겨주었거나, 평시에 어떤 사람이 말 없이 갑자기 경찰에게 어떠한 물질을 주었다고 하더라도 이러한 사정들만으로는 그 어떤 물질을 형사소송법 제218조에 의한 압수의 효력이 생기도록 임의제출 했다고 상정할 수는 없을 것이다. '압수'는 '혐의'가 전제되어야하는데, '묵시적' 임의제출 시 그 '혐의'가 불명확하거나 없을 수 있다는 점을 고려할 때 더욱 그러하다.

만약 경찰이 그 어떤 물질에 대한 임의제출 받는 것을 원할 경우 제출인의 명시적 의사를 확인하여야 할 것이다. 결국 현재 한국 형사소송법의 임의제출의 경우, 묵시적 동의 상황을 상정하기는 어렵고, 제출자의 명시적 동의하에 임의제출하는 것이 필요하다고 보아야 할 것이다. 이렇게 해석하는 것이 제출인 보호, 임의성 보호, 임의성은 명확하게 증명하여야 하는 점 등을 고려할 때 타당하다.

제3절 임의제출자

1. 소유자, 소지자, 보관자의 기본적 개념

형사소송법 제218조는 '소유자, 소지자 또는 보관자가 임의로 제출한 물건을 영장없이 압수할 수 있다'고 규정함으로써, 임의제출 주체로서의 제출 권한 있는 자를 '소유자, 소지자 또는 보관자'에 한정하고 있다. 법 문상 소유자, 소지자 또는 보관자 가운데 구체적으로 어떤 지위에 있는 지를 구분하지 아니하며, 이러한 지위에 있는 자가 반드시 피의자나 피 해자임을 요구하지도 않는다.

여기서 어떤 것을 가지고 있거나 휴대하고 있다는 소지자(所持者)는 소유자(所有者)와의 관계에서 위탁관계 없이 자기를 위하여 물건을 점유 하는 자를 말하며, 압수 이전부터 계속적으로 물건을 맡아서 간직하여 관리한다는 의미를 가진 보관자(保管者)는 위탁관계를 전제로 한 개념으 로 타인을 위하여 물건을 점유하는 자를 말한다.[21]

즉, 소유자, 소지자, 보관자는 상당히 넓은 개념이라고 할 것이다.

한편, 소유자, 소지자, 보관자가 아닌 사람, 즉 제출권한 없는 자로부 터 제출받은 경우는 제출의 임의성이 인정된다고 하더라도 임의제출물 의 압수는 위법하게 된다. 대법원도 "피고인의 집 앞마당에서 발견된 범 행도구인 피고인 소유의 쇠파이프를 소유자·소지자 또는 보관자가 아닌 피해자로부터 임의제출 받는 형식으로 제출받아 압수한 것은 위법하다" 고 판시하고 있다.[22] 위 쇠파이프는 유류된 물건은 아니었던 것으로 보 인다. 이 대법원 판례 사안에서 피해자는 쇠파이프의 소유자가 아님은

---

21) 백형구·박일환·김희옥, '주석형사소송법1(제4판)', 한국사법행정학회, 2009, 490 면.
22) 대법원 2010. 1. 28. 선고 2009도10092 판결.

물론이고, 피고인의 주거지인 집 앞마당에서 발견된 쇠파이프에 대한 소지자나 보관자라고 보기도 어렵기에 대법원의 태도는 타당하다.

2. '소지자'라는 용어로의 대체가능성

형사소송법 제218조의 '소유자·소지자 또는 보관자'라는 표현에 대하여 '소지자'로 대체하면 족하다는 견해가 있다.[23]

이 견해는 "소지자는 보관자를 포함하고 있고 소지자라고만 규정하여도 계속 사용의 주체에서 보관자는 의미상 제외되므로 입법적으로는 '소지자 또는 보관자'를 '소지자'로 통일하는 것이 적절하고, 점유하고 있지 않다면 비록 소유권자라 하더라도 제출할 수 없음이 물리적으로 명확하며, 소유자가 소지자에게 제출하라고 부탁 또는 명령한다고 하더라도 이는 결국 소지자의 제출이지 소유자의 제출이 아니고, 만일 판례의 태도와 같이 제출권한 유무를 묻지 않을 거라면 소지자이면 족하지 굳이 소유자와 구별하여 규정할 실익이 없을 것이며, 설혹 제출권한을 요구한다고 하더라도 이는 소지자의 조건으로 논하면 족하지 소유자를 따로 규정할 이유가 되지는 못한다"는 것을 그 근거로 한다.

이상의 논의는 주로 형사소송법 제217조 제1항[24]에서 '소유'를 존치할지에 대하여 더 연관이 있는 것으로 보인다. 동항에 따르면 체포된 자가 소유하고 있는 물건이라면 긴급체포 후 24시간 내에는 장소적 제한 없이 영장 없는 압수수색이 광범위하게 일어날 수 있어, 영장주의 위반의 우려가 있다는 의견이 꾸준히 제기되어 왔고, 위 '소유' 삭제에 대하여 2003년 출범한 대법원 산하 사법개혁위원회, 그 후속기구인 2005년 출범 사법제도개혁추진위원회, 국회에서도 수 차례 논의되어 왔다. 그러나

---

23) 김정한, 앞의 논문, 235-237면.
24) 검사 또는 사법경찰관은 제200조의3에 따라 체포된 자가 소유·소지 또는 보관하는 물건에 대하여 긴급히 압수할 필요가 있는 경우에는 체포한 때부터 24시간 이내에 한하여 영장 없이 압수·수색 또는 검증을 할 수 있다.

공범의 증거인멸 방지 등에 유용하다는 이유, 수사기관의 반대 등으로 결국 위 '소유'는 존치되었다.[25]

즉 위 '소유자·소지자 또는 보관자'라는 표현은 '소지자'로 대체하면 족하다는 견해'는 나름의 상당한 근거가 있다.

그러나 임의제출은 그 제출의 임의성 내지 자발성을 근거로 한 다는 점에서, 형사소송법 긴급체포된 자에게 적용되는 제217조 제1항의 '긴급압수'와는 그 결이 다른 면이 있다. 또한 형사소송법 제133조[26] 등에서 소유자, 소지자, 보관자에 대한 규정을 두고 있기도 하며, 동조 제2항에서는 '소유자 또는 소지자'만을 규정하고 있다. 또한 소유자, 소지자, 보관자는 유사한 단어이지만 각기 사전적 내지 법률적으로 차이가 있다 (민법의 소유권 내지 점유권, 횡령죄에서의 보관자의 지위 등을 고려하면 더욱 그렇다). 그리고 소유자, 소지자, 보관자로 규정해 두는 것이 일반인들이 법문을 보았을 때 더 명확하게 와 닿을 수 있을 것이다. 따라서 굳이 '소유자·소지자 또는 보관자'를 '소지자'로 대체하는 것으로 개정할 필요는 없고, 현행대로 존치하는 것이 바람직 할 것이다.

---

25) 사법개혁위원회, '사법개혁위원회 자료집', 사법개혁위원회, 2005, 86-99면 및 202-204면; 사법제도개혁추진위원회, '사법제도개혁추진위원회 자료집 1권', 사법제도개혁추진위원회, 2006, 13-14쪽; 사법제도개혁추진위원회, '사법제도개혁추진위원회 자료집 11권', 2006, 사법제도개혁추진위원회, 413-414쪽; 국회 법제사법위원회, '제263회 국회 법제사법위원회 법안심사제1소위 회의록 제1호', 2006, 37-39면[국회정보시스템 http://likms.assembly.go.kr/record/mhs-40-010.do?classCode=2&daeNum=21&commCode=AB&outConn=Y#none (2022. 6. 23. 최종 방문)]).

26) 제133조(압수물의 환부, 가환부)
① 압수를 계속할 필요가 없다고 인정되는 압수물은 피고사건 종결 전이라도 결정으로 환부하여야 하고 증거에 공할 압수물은 소유자, 소지자, 보관자 또는 제출인의 청구에 의하여 가환부할 수 있다.
② 증거에만 공할 목적으로 압수한 물건으로서 그 소유자 또는 소지자가 계속 사용하여야 할 물건은 사진촬영 기타 원형보존의 조치를 취하고 신속히 가환부하여야 한다.

3. 임의제출자에게 적법한 권원이 필요한지 여부

가. 논의의 소재

적법한 권원이 있는 권리자가 제출하는 경우라면 형사소송법 제218
조의 '제출할 권한 있는 자의 제출'에 해당한다는 점에는 의문이 없다.
다만 제출자가 반드시 적법한 권원이 있는 권리자일 필요가 있는가에
대한 논의가 있다.

나. 학설

학설은 소지 또는 보관은 적법한 권한에 근거해야 한다는 적극설[27]
이 있고, 이에 대하여 반드시 적법한 권리자일 필요가 없다는 소극설[28]
이 대립하고 있다.

다. 판례

대법원은 경찰이 '간호사'로부터 진료 목적으로 이미 채혈되어 있던
피고인의 혈액 중 일부를 주취운전 여부에 대한 감정을 목적으로 임의

---

27) 김형준, '수사기관의 혈액압수', 고시연구 통권 359호, 2004, 73면.
28) 신양균·조기영, '형사소송법', 박영사, 2020, 275면; 이주원, '형사소송법(제4판)',
    박영사, 2022, 218면; 한상훈, '임의제출물의 영치와 위법수집증거배제법칙 - 대법
    원 2016. 3. 10. 선고 2013도11233 - ', 법조 최신판례분석 제65권 제8호, 법조협회,
    2016, 609면; 이순옥, '현행범인 체포 및 임의제출물 압수와 관련한 대법원의 태
    도에 대한 연구 - 대법원 2016. 2. 18. 선고 2015도13726 판결 - ', 중앙법학 제18집
    제4호, 중앙법학회, 2016, 349면; 최호진·김현조, '수사기관 및 사인에 의해 촬영
    된 CCTV 촬영물과 영장주의', 형사소송이론과 실무 제9권 제2호, 한국형사소송
    법학회, 2017, 83면; 백형구·박일환·김희옥, 앞의 책, 307면; 손지영·김주석, '압
    수·수색 절차의 개선방안에 관한 연구', 대법원 사법정책연구원, 2016, 36면.

로 제출 받아 이를 압수한 사건에서, 형사소송법 및 기타 법령상 의료인
이 진료 목적으로 채혈한 혈액을 수사기관이 수사 목적으로 압수하는
절차에 관하여 특별한 절차적 제한을 두고 있지 않으므로, 의료인이 진
료 목적으로 채혈한 환자의 혈액을 수사기관에 임의로 제출하였다면 그
혈액의 증거사용에 대하여도 환자의 사생활의 비밀 기타 인격적 법익이
침해되는 등의 특별한 사정이 없는 한 반드시 그 환자의 동의를 받아야
하는 것이 아니라는 전제에서 '간호사'에게 그 혈액의 소지자 겸 보관자
인 병원 또는 담당의사를 대리하여 임의로 제출할 권한을 인정하였다.[29]

또한 대법원은 검사가 '교도관'으로부터 그가 보관하고 있던 피고인
의 비망록을 영장 및 피고인의 승낙 없이 뇌물수수 등의 증거자료로 임
의로 제출받아 이를 압수한 사건에서, 형사소송법 및 기타 법령상 교도
관이 그 직무상 위탁을 받아 소지 또는 보관하는 물건으로서 재소자가
작성한 비망록을 수사기관이 수사 목적으로 압수하는 절차에 관하여 특
별한 절차적 제한을 두고 있지 않으므로, 교도관이 재소자가 맡긴 비망
록을 수사기관에 임의로 제출하였다면 그 비망록의 증거사용에 대하여
도 재소자의 사생활의 비밀 기타 인격적 법익이 침해되는 등의 특별한
사정이 없는 한 반드시 그 재소자의 동의를 받아야 하는 것은 아니라는
전제로 '공무원인 교도관'의 제출권한을 인정하기도 하였다.[30]

그리고 대법원은 세관공무원이 통관검사를 위하여 직무상 소지 또는
보관하는 우편물을 수사기관에 임의로 제출한 사건에서, 통관검사절차
에서 이루어지는 우편물의 개봉, 시료채취, 성분분석 등의 검사는 수사
기관의 강제처분이 아닌 행정조사의 성격을 가지는 것이기에 압수수색
영장 없이 위와 같은 검사가 진행되었다 하더라도 특별한 사정이 없는
한 위법하다고 볼 수 없다는 전제하에, 세관공무원이 비록 소유자의 동
의를 받지 않았다 하더라도 수사기관이 강제로 점유를 취득하지 않은

---

29) 대법원 1999. 9. 3. 선고 98도968 판결.
30) 대법원 2008. 5. 15. 선고 2008도1097 판결.

이상 해당 우편물을 압수하였다고 할 수 없다고 하여 통관검사 물품에 대하여 '세관공무원'에게 제출 권한을 인정하기도 하였다.[31]

즉 대법원은 이와 관련하여 별도로 '적법한' 권원이 있는 제출 권리자인지 여부를 따지고 않고 모두에게 제출권한을 인정하고 있는 것으로 보여 소극설의 입장으로 해석된다.

또한 피고인이 '피고인이 자료들을 A(보관자)에게 맡겨두었다가 그후 반환요구를 하였으나, A가 이를 거부하고 계속 보관하다 임의로 자료들을 수사기관에 제출한 것이므로, 수사기관이 적법한 소지자 및 보관자가 아닌 A로부터 제출받은 위 자료들(증거들)은 위법수집증거로서 증거능력이 없다'고 주장한 사건에서, 하급심 법원(부산지방법원 2017. 9. 22. 선고 2016고합956판결)이 "'소지자 또는 보관자'는 반드시 적법한 권한이 있는 자임을 요하는 것은 아니다"라고 판시한 사례가 있고 위 하급심 판결은 대법원까지 올라가서 확정되었다.[32]

다만 대전고등법원은 ○○군 행정계장인 A가 사법경찰관의 업무용컴퓨터 등의 임의제출을 요청하는 업무협조의뢰 공문을 받고, 행정계 직원인 B, C, D의 업무용컴퓨터 본체를 ○○군청을 방문한 사법경찰관에게 제출한 사건에서, 비록 A가 B, C, D에 대한 관리자의 지위에 있다고 하더라도 각 컴퓨터를 임의제출할 수 있는 '소유자, 소지자, 보관자'에 해

---

31) 대법원 2013. 9. 26. 선고 2013도7718 판결.
32) 이에 대하여 피고인, 검사가 항소하였고, 피고인은 제1심과 같은 취지로 위법수집증거 주장을 하였다. 항소심은 '원심이 적법하게 채택·조사한 증거들에 의하면, 위 증거들은 원본이 아닌 모사전송 등의 방법을 통해 제출된 사본으로 점유의 취득 및 계속 모두에 있어서 강제성이 있다고 할 수 없다. 즉, 수사기관이 임의제출된 위 증거들을 수집한 것은 형사소송법 제218조에서 규정하는 형태의 압수에 해당하지 않는다'고 판시하며 피고인의 주장을 배척하였다(부산고등법원 2018. 4. 4. 선고 2017노578 판결). 즉 모사전송 등의 방법으로 제출받았기에 강제성이 없어서 '압수' 자체가 아니라는 설시도 하였다. 항소심 판결에 대하여 피고인이 상고하였으나, 대법원은 위법수집증거배제법칙 등 관련 법리를 오해한 위법이 없다고 판시하며 피고인의 상고를 기각하여 항소심을 확정지었다(대법원 2018. 6. 28. 선고 2018도6147 판결).

당하지 않고, A는 위 각 컴퓨터를 수사기관에 제출하면서 B, C, D로부터
임의제출의사를 확인하지 않았다는 이유로(A가 작성한 임의제출서에는
A가 제출자로 기재되어 있을 뿐 B, C, D의 임의제출의사가 전혀 기재되
어 있지 않다) A의 임의제출물에 기한 압수에는 적법절차에 따르지 않은
위법이 존재한다고 판단하여 관련 증거들에 대한 증거능력을 부정하였
다.[33] 이 판결에 대하여 피고인과 검사가 상고하였으나, 대법원에서는
상고를 모두 기각하였다. 대법원은 위 임의제출 관련된 검사의 상고에
대하여는 "원심판결 이유를 관련 법리와 기록에 비추어 살펴보면, 위와
같은 원심의 판단에 상고이유 주장과 같이 관련 법리를 오해한 잘못이
없다"고 간략한 수긍의 설시만을 하였다.[34] 이에 대하여 법원이 수사기
관이 제출자의 부적법한 소지를 야기한 경우에는 예외로 취급하고 있다
고 해석하는 견해가 있다.[35]

위 행정계장 사안(대법원 2015도12400 판결 사안)에서 대법원이 명시
적인 의사를 밝히지 않았고, 위 대법원 1999. 9. 3. 선고 98도968 판결, 대
법원 2008. 5. 15. 선고 2008도1097 판결, 대법원 2013. 9. 26. 선고 2013도
7718 판결도 폐기되지 않았기에 위 견해(법원이 수사기관이 제출자의 부
적법한 소지를 야기한 경우에는 예외로 취급하고 있다고 해석하는 견해)
가 타당한지는 아직 알 수 없고, 추가적인 대법원의 설시를 기다려 볼
필요가 있다. 다만 위 행정계장 사안에서의 법원의 태도를 살펴보면 법
원에서도 임의제출물의 적법한 소유자, 소지자, 보관자에 대한 심도 있
는 논의의 맹아는 있는 것으로 보인다.

라. 비교법적 논의

미국의 경우, 수색, 검증 대상이 되는 장소나 물건에 대한 정당한 소유

33) 대전고등법원 2015. 7. 27. 선고 2015노101 판결.
34) 대법원 2017. 9. 21. 선고 2015도12400 판결.
35) 허준, 앞의 논문, 46면; 김정한, 앞의 논문, 238면.

내지 점유권자 뿐만 아니라 충분한 관계(other sufficient relationship)가 있는 사람, 그 물건이나 장소를 공동으로 관리하고 지배(common authority)하는 사람 등이 동의를 할 수 있다고 보는데, 여기서 공동으로 관리하고, 지배한다는 것은 ① 그 장소에 접근하여 물건을 공동으로 사용(mutual use of the property by virtue of joint access)하거나, ② 그 장소를 주된 목적에 따라 지배한다(control for most purposes over it)는 것을 의미한다.36) '그 장소를 주된 목적에 따라 지배한다'는 것은 개념적인 것으로 부모와 자식, 배우자 같은 관계가 있을 때에는 동의권이 있다고 추정된다.37)

예를 들어 가방의 공동 소유자중 1명은 그 가방의 압수수색에 대한 동의를 할 수 있다.38) 혐의자와 침실을 같이 쓰는 여자 친구는 그 침실에 대한 압수수색에 대하여 동의를 할 수 있다.39) 아이의 보모는 아이와 보모가 일정하게 사용하는 범위 안에서(예를 들면 함께 쓰는 화장실 등에 대하여) 압수수색에 대한 동의를 할 수 있다.40) 이러한 판단들은 공동 점유자 또는 소유자가 자신의 권한 하에서 물건이나 장소에 대한 압수수색에 동의를 할 수 있음은 당연하고, 또한 공동 점유자 또는 소유자는 다른 점유자 또는 공유자가 압수수색에 동의할 수도 있다는 위험을 감수하고 있다고 생각함이 상당하기 때문이다.41) 그러므로 별거중인 배우자라도 열쇠와 비밀번호를 가지고 있으면서, 피고인의 주거에 종종 출입했고, 피고인도 그 사실을 알면서도 배우자가 범죄에 관한 증거물이 있는 곳에 접근하는 것을 저지한 적이 없고, 그 증거물을 배우자의 접근이 쉬운 곳에 계속 둔 때에는 배우자의 동의가 유효하다고 할 수 있다.42)

---

36) U.S. v. Rith, 164 F.3d 1323 (1999)
37) 안성수, 앞의 논문, 312면.
38) Frazier v. Cupp, 394 U.S. 731 (1969)
39) U.S. v. Matlock, 415 U.S. 164 (1974)
40) State v. Boyd, 695 N.E.2d 843 (1998)
41) U.S. v. Shelton, 181 F.Supp. 2d 649, (2001)
42) U.S. v. Shelton, 181 F.Supp. 2d 649, (2001). 이 사건은 경찰이 피고인의 배우자를 설득해서 동의를 얻어 피고인의 주거를 수색해 증거물을 확보한 사건이다.

한편 동의권자가 수색, 검증을 할 장소에 대한 실제권한이 있어야만 하는지와 관련하여, 미국에서는 동의를 한 제3자가 실제로 수색, 검증 대상 장소에 대한 실제권한(actual authority)이 있을 필요는 없으며, 실제권한(actual authority)이 있는 사람뿐 아니라 외관상 그러한 권한(apparent authority)이 있다고 보는 것이 상당한 사람이 한 동의도 유효하다고 보고 있다.[43)

마. 소결

생각건대, '비적법한 권원'에 근거한 사람에게 제출받는 것을 용인하기는 어려울 것이다. 그러나 '적법한 권원'이라는 것도 추상적인 개념이고, 판단이 어려울 경우도 있다. 따라서 수사기관이 가능한 주의의무를 다하여 적법한 소유자, 소지자, 보관자인 것으로 인식하고 임의제출 받았다면, 설령 적법한 소지자가 아닌 것으로 밝혀졌다고 하더라도 임의제출이 소급하여 부적법한 것으로 되지는 않는다고 보면 족할 것이다.[44)

피고인은 경찰이 영장 없이는 압수수색을 할 수 없는 상황에서 피고인의 배우자를 이용하여, 그 배우자의 동의를 받아 증거물을 압수수색한 것이므로 위법하다고 주장했다. 그러나 미국 법원은 '수사기관에 협조하기로 하기 이전(以前)에 이미 압수수색에 대하여 동의를 할 권한이 있었던 경우에는 수사기관에 협조하기로 하였다고 하여 그러한 권한이 없어지는 것은 아니기 때문에 위법한 것이 아니다'라는 취지로 판시하였다. 이미 동의를 할 권한이 있었더라면 그러한 동의를 할 권한은 계속 보유하고 있는 것이며, 그 권한을 행사한 것은 미국 수정헌법 제4조 위반이 아니라는 것이다.

43) Illinois v. Rodriguez, 497 U.S. 177 (1990). 이 사건은 피고인의 옛 여자친구가 한 달 전에 다른 곳으로 이사 갔음에도, 경찰에게 자신(옛 여자친구)이 피고인과 방을 함께 사용하고 있다고 말 하면서 열쇠를 주고 그 방을 수색하도록 한 사건이다. 미국 연방대법원은 '실제로는 압수수색에 대한 동의를 할 권한이 없는 자가 그에 대한 동의를 한 때에 있어서도, 경찰이 그 동의가 정당하다고 믿은 것이 합리적인 경우에는 압수수색은 유효하다'는 취지로 판결하였다.

44) 유사 취지 및 참조로 허준, '제3자 동의에 의한 디지털 증거 압수·수색의 한계',

다만 수사기관은 동의자가 그러한 권한이 있었다는 것을 성실히 검토했다는 점, 즉 수사기관이 정당한 동의가 있었다고 과실 없이 믿었다는 점을 증명할 필요가 있을 것이다.

바. 관련문제–권한을 가진 자가 아님이 밝혀진 경우의 처리

1) 논의의 소재

한편 이와 관련하여, 수사기관이 적법한 권한을 가진 자로 알고 그로부터 임의제출 받았는데 나중에 적법한 권한을 가진 자가 아니었음이 밝혀진 경우는 어떻게 처리해야 할지에 대한 논의가 있다.

2) 가능한 논의

이에 대하여 수사기관이 임의제출을 받을 때 기준으로 문제가 없었으니 그 압수 효력은 존속한다는 의견이 주로 수사기관 측에서 제기되고 있다.

한편으로는, 비록 수사기관이 임의제출을 받을 때 기준으로 문제가 없었다고 하더라도, 그 압수 조치는 결과적으로 잘못된 것이니 환부 등으로 시정해야 한다는 견해도 있다.[45]

3) 소결

수사기관이 과오 없이 사실을 잘못 알고 어떤 조치를 한 경우 수사기관에게 위 조치에 대한 법적 책임을 물을 수는 없지만, 위 조치 자체는

56면.
45) 김정한, 앞의 논문, 240-241면.

결과적으로 잘못된 것이니 시정하여야 한다고 봄이 타당하다. 예컨대 정당한 증거 판단에 의해 범인 아닌 자를 범인으로 오해하고 구속한 경우 위 오해에 과오가 없었다 하더라도 오해가 풀린 뒤에도 구속을 계속 유지하면 이는 위법이 될 수 있다. 한편, 수색의 경우에 이미 수색이 완료되었다면 그 이후에는 수색 전 상태로 되돌릴 것이 없지만, 압수의 경우에는 압수 전 상태로 되돌릴 것, 즉 '환부'가 있다. 따라서 수사기관은 상당정도의 주의를 기울여 적법한 소지자라고 판단하면 일단 임의제출 받을 수 있지만, 향후 적법한 소지자가 아닌 것이 밝혀지면 압수물을 권리자에게 환부함이 당연할 것으로 생각된다.[46] 만약 수사기관이 그 환부된 물건에 대한 압수가 필요하다면 정당한 권리자에게 임의성을 보장한 상태에서 임의제출을 받거나 영장을 발부받아서 압수하는 등의 적법절차를 거쳐야 할 것이다.

사. 관련문제 – 외관상 제출권자를 인정할 것인지 여부

피의자가 제3자에게 실제권한은 아니지만 그러한 권한이 있는 것과 같은 외관을 부여한 때, 즉 외관상 적법한 권한이 있다고 믿을 만한 사정이 있는 경우에도 과연 임의제출권이 있다고 볼 수 있는가의 문제가 있다. 이는 '임의로 제출할 수 있는 자'에 관한 것으로, '임의제출 당시의 상황을 기초로 하여 이에 관한 수사기관의 판단에 상당한 재량이 있다고 볼 수 있느냐'와 관련되어 있다.

이에 대하여 사후에 밝혀진 사정이 아닌 당시 상황을 기초로 하여 현저히 합리성을 잃은 경우가 아니고 제출 권한이 있다고 믿을 만한 합리적 근거가 있었던 경우라면 정당하다는 견해가 제기될 여지가 있다. 그러나 위법한 압수수색은 사후에 법원으로부터 영장을 발부받았더라도 여전히 위법하다고 보고 있는 이상,[47] 외관상 권한이 있다고 믿을 만하

---

46) 같은 견해 및 참조로 김정한, 위의 논문, 240-241면.

다고 하여 언제나 임의제출권을 인정하기는 어려울 것으로 보인다.[48]

미국의 경우 피의자가 제3자에게 실제권한은 아니지만 그러한 권한이 있는 것과 같은 외관을 부여한 때에도, 피의자는 제3자가 수사기관에 동의를 할 수 있다는 위험을 부담하며 위와 같이 외관을 부여한 것으로 볼 수 있기에, 수사기관이 그 제3자의 동의하에 시행한 압수수색은 유효다고 본다.[49] 그러한 이른바 '실제권한'이 있다고 보는 것이 타당한지 여부는 '경찰관이 그렇게 판단한 것이 합리적인가(reasonable)'를 검토하여 객관적으로 결정한다.[50] 예를 들면, 가정부가 열쇠를 소지하고 있지도 않고 주중의 낮 동안만 집에 있으며, 피의자가 집에서 가정부의 접근 가능 공간을 한정하여 가정부가 압수수색한 장소에는 접근하지 못했으며, 가정부로 일하는 데에 필요한 범위에서만 집 안 장소에 들어가는 것이 허용된다는 것을 경찰이 알았다면, 그 가정부에게 압수수색 장소에 대한 압수수색 동의권이 있다고 믿었다는 것은 합리적이지 못하고, 결국 경찰의 압수수색은 위법하다.[51]

결국 임의제출 당시의 상황, 임의제출자가 어떠한 외관을 가지고 있었는지, 임의제출을 받을 당시 수사기관은 얼마나 성실히 그 임의제출권자가 적정한 자인지를 검토했는지, 임의제출된 물건에 대한 정당한 소유자, 소지자, 보관자가 임의제출로 인하여 입은 손해는 어떠한지, 위 소유자, 소지자, 보관자의 추정적 내지 명시적 의사는 어떠한지 등을 고려하여 개별적 사안마다 판단하여야 할 것이다.

또한 앞의 목차('바. 관련문제-권한을 가진 자가 아님이 밝혀진 경우의 처리')에서 살펴본 바와 같이, 수사기관이 제출자가 적법한 제출권한

---

47) 대법원 2011. 4. 28. 선고 2009도10412 판결; 대법원 2012. 2. 9. 선고 2009도14884 판결; 대법원 2017. 11. 29. 선고 2014도16080 판결.
48) 신이철, '형사소송법 제218조의 유류물 또는 임의제출물의 압수에 대한 소고', 형사법의 신동향 통권 제67호, 대검찰청, 2020, 93면.
49) U.S. v. Matlock, 415 U.S. 164 (1974)
50) U.S. v. Basinski, 226 F.3d 829 (2000)
51) People v. Keith, 625 N.E.2d 980 (1993)

을 가진 자가 아니었던 것을 알게 되면, 압수물은 권리자에게 원칙적으로 환부해야 할 것이다.[52]

만약 수사기관이 그 환부된 물건에 대한 압수가 필요하다고 판단한다면, 정당한 권리자에게 임의성을 보장한 상태에서 임의제출을 받거나 영장을 신청 내지 청구하여 발부받아 압수하는 등의 적법절차를 거쳐야 할 것이다.

4. 소유자의 동의가 필요한지 여부

가. 논의의 소재

소유자는 절대적인 소유권을 보유하고 있는 자로서 사회 통념상 물건의 지배자이다. 그러나 한국 형사소송법 제218조, 제108조 임의제출 가능자로 소유자 외에도 소지자, 보관자도 명시하고 있기에 소유자가 아닌 소지자나 보관자가 임의제출 시 소유자의 동의가 필요한지가 문제될 수 있다.

나. 가능한 논의

이에 대하여 소유권을 절대적인 권리이기 때문에 소유자 아닌 소지자나 보관자가 임의제출하는 경우 소유자의 동의가 필요하다는 견해가 있을 수 있다.

반대로 법문상 소유자의 동의를 필요로 한다는 문구가 없기에, 임의제출 시 소유자의 동의는 필수적인 요건이 아니라고 하는 견해도 있을 것이다.

---

52) 같은 견해 및 참조로 김정한, 앞의 논문, 240-241면.

다. 판례

진료목적 혈액에 대하여 '간호사'에게 그 혈액의 소지자 겸 보관자인 병원 또는 담당의사를 대리하여 임의로 제출할 권한을 인정한 사례,[53] 재소자의 비망록과 관련하여 '공무원인 교도관'의 제출권한을 인정한 사례,[54] 통관검사 물품에 대하여 '세관공무원'에게 제출 권한을 인정한 사례[55]들을 보면 대법원도 임의제출 시 소유자의 동의는 필수적인 요건이 아니라는 입장이라 할 것이다.

라. 비교법적 논의

미국의 경우, 동의를 한 제3자가 실제로 수색, 검증 대상 장소에 대한 실제권한(actual authority)이 있을 필요는 없다. 실제권한(actual authority)이 있는 사람뿐 아니라 외관상 그러한 권한(apparent authority)이 있다고 보는 것이 상당한 사람이 한 동의도 유효하다고 하기에,[56] 소유자의 동의를 필수적인 요건으로 하지는 않고 있는 것으로 해석된다.

마. 소결

명문으로 소지자와 보관자의 임의제출을 인정하고 있는 이상 제출자가 반드시 '소유자 본인의 동의'를 받아야 하는 것도 아니며, 설령 소유자의 반대가 있더라도 임의제출의 적법성에는 영향이 없다고 보아야 한다.[57]

---

53) 대법원 1999. 9. 3. 선고 98도968 판결.
54) 대법원 2008. 5. 15. 선고 2008도1097 판결.
55) 대법원 2013. 9. 26. 선고 2013도7718 판결.
56) Illinois v. Rodriguez, 497 U.S. 177 (1990)
57) 같은 견해 및 참조로 신이철, '형사소송법 제218조의 유류물 또는 임의제출물의 압수에 대한 소고', 89면.

다만, 소유자는 물건을 전면적으로 지배할 수 있는 권리인 '소유권'을 가지고 있는 자이고,[58] 소지자, 보관자보다 대상물에 대한 더 강한 권리를 가지고 있는 경우가 대부분일 것이다. 따라서 대법원은 임의제출의 주체가 '소유자가 아닌 소지자 또는 보관자'인 경우에는 소유자가 임의제출의 주체인 경우보다 일정한 제한을 가하고 있는 것으로 보인다. 대법원은 간호사가 수사목적이 아닌 진료목적으로 채혈한 환자의 혈액을 수사기관에 임의로 제출한 경우에 그 혈액의 증거사용은 '환자의 사생활의 비밀 기타 인격적 법익이 침해되는 등의 특별한 사정이 없는 한' 적법하다고 하였고,[59] 교도관이 재소자가 맡긴 비망록을 수사기관에 임의로 제출한 경우 그 비망록의 증거사용에 대하여도 '재소자의 사생활의 비밀 기타 인격적 법익이 침해되는 등의 특별한 사정이 없는 한' 적법하다고 판시하였다.[60] 이는 '소지자 또는 보관자'의 경우는 '소유자의 사생활의 비밀 기타 인격적 법익이 침해되는 등의 특별한 사정'이 없어야 한다는 취지로 보인다. 이에 대하여 '소유자의 인격적 법익 침해 등의 특별한 사정이 있는 때에는 소유자 본인의 동의가 있어야만 임의제출 방식에 의한 압수의 적법성이 인정된다는 의미로 이해된다'는 견해도 있다.[61]

그러다 결국 대법원은 2021. 11. 18. 선고 2016도348 전원합의체 판결에서 '임의제출의 주체가 소유자 아닌 소지자·보관자이고 그 제출행위로 소유자의 사생활의 비밀 기타 인격적 법익이 현저히 침해될 우려가 있는 경우에는 임의제출에 따른 압수·수색의 필요성과 함께 임의제출에 동의하지 않은 소유자의 법익에 대한 특별한 배려도 필요한바(대법원

---

58) 민법 제211조는 '소유권의 내용'으로 '소유자는 법률의 범위내에서 그 소유물을 사용, 수익, 처분할 권리가 있다'라고 규정하고 있다. 즉 소유권은 물건을 사용, 수익, 처분할 수 있는 권리이며, 물건을 전면적으로 지배할 수 있는 권리이다(지원림, '민법강의(제9판)', 홍문사, 2011, 568면].

59) 대법원 1999. 9. 3. 선고 98도968 판결.

60) 대법원 2008. 5. 15. 선고 2008도1097 판결.

61) 신이철, '형사소송법 제218조의 유류물 또는 임의제출물의 압수에 대한 소고', 92면.

1999. 9. 3. 선고 98도968 판결, 대법원 2008. 5. 15. 선고 2008도1097 판결, 대법원 2013. 9. 26. 선고 2013도7718 판결 등 참조),[62] 피의자 개인이 소유·관리하는 정보저장매체에는 그의 사생활의 비밀과 자유, 정보에 대한 자기결정권 등 인격적 법익에 관한 모든 것이 저장되어 있어 제한 없이 압수·수색이 허용될 경우 피의자의 인격적 법익이 현저히 침해될 우려가 있기 때문이다'라고 판시하였는바, 이는 '임의제출 시 소유자의 동의는 필수적인 것은 아니지만, 임의제출의 주체가 소유자 아닌 소지자·보관자이고 그 제출행위로 소유자의 사생활의 비밀 기타 인격적 법익이 현저히 침해될 우려가 있는 경우에는 임의제출에 따른 압수·수색의 필요성과 함께 임의제출에 동의하지 않은 소유자의 법익에 대한 특별한 배려도 필요하다'고 해석된다.

5. 제출자 외의 권리자 보호에 대한 문제

가. 논의의 소재

물건에 대한 공동소유자 등 임의제출된 물건에 대한 '제출자 외(外)의 적법한 권리자'가 있다면, 재산상 이익이나 사생활 보호가 필요(수사기관 등 제3자에게 공개되지 아니할 권리 등 관련)할 수 있는 제출자 외(外)의 적법한 권리자를 어떻게 보호할 수 있을 것인지 논의될 수 있다.

기본적으로는 임의제출도 강제처분이므로 법원 또는 법관의 압수라면 항고(형사소송법 제403조 제2항) 또는 준항고(형사소송법 제416조 제1항 제2호)로 다툴 수 있고, 수사기관의 압수라면 준항고(형사소송법 제

---

62) 대법원이 적시한 대법원 1999. 9. 3. 선고 98도968 판결, 대법원 2008. 5. 15. 선고 2008도1097 판결 등에는 소유자 외 제3자의 임의제출 시 소유자의 '사생활의 비밀 기타 인격적 법익이 침해되는 등의 특별한 사정'을 고려하라는 설시가 있다(필자).

417조)로 다툴 수 있다. 그런데 이들 항고와 준항고는 압수가 이루어진 다음에야 제기할 수 있음이 현실이다. 소지자의 임의제출 과정에 권리자가 항고 또는 준항고 한다고 하여 집행정지효도 없고 압수절차를 중단하지도 않을 확률이 높다.[63]

또한 권리자가 압수물에 대하여 환부 또는 가환부를 신청하는 방법도 있지만(형사소송법 제133조, 형사소송법 제218조의2 제1항), 이 역시 압수절차가 진행된 다음의 권리보호 방법이고 재산권만 보호될 뿐 사생활 및 개인정보에 대한 권리(프라이버시권)는 보호되지 않는다는 문제점도 있다.[64] 한편 일반적인 압수의 경우에는 영장 신청·청구에 따른 영장심사 과정에 압수의 정당성, 필요성, 권리자 보호문제 등이 검토될 수 있지만, 임의제출물 압수의 경우에는 현행법상 그러한 기회가 전혀 없다.

나. 임의제출 과정에서의 제출 저지 제도 필요성 검토

이에 따라 위 목차('5. 가. 논의의 소재')에서 적시한 항고, 준항고, 환부, 가환부 등의 방법들 외(外)에 임의제출 과정에 이의를 제기하여 즉각적으로 임의제출 자체를 저지할 수 있는 방법이 필요하다는 견해가 있다. 이 견해는 이러한 방법이 마련된다면 권리자가 더욱 실효성 있게 보호되고 압수절차가 더욱 신중해 질 것으로 예상된다고 한다. 이 견해는 "권리자가 법원이나 수사기관에 소지자의 임의제출에 대한 이의를 신청한 경우 임의제출 절차를 중단하여 압수의 효과를 유보해 놓고 이의가 정당한지를 따져보아 만일 정당하지 않다면 임의제출 절차를 계속 진행하면 될 것이고, 정당하다면 임의제출 하지 못하게 하면 될 것이다. 이의신청은 임의제출 받는 수사기관이나 법원 또는 법관에게 하면 될 것이고 이의에 대한 판단은 수사기관(사법경찰관인 경우에는 관할 검찰청

---

63) 김정한, 앞의 논문, 260면.
64) 김정한, 위의 논문, 260면.

검사) 또는 법원·법관이 하면 될 것이다. 이의신청이 기각된 경우 항고 또는 준항고로 다투거나 압수물에 대하여 환부 또는 가환부를 신청할 수 있음은 물론이고, 이의신청한 자료는 수사 또는 재판기록에 첨부되어 향후 압수물의 증거능력 판단, 또는 압수물의 종국적 처분에 중요한 자료가 될 수 있을 것이다"라고 그 방법의 방향을 제시하고 있다.[65]

제출자 외의 적법한 권리자 보호라는 측면에서 위 견해에 공감하는 입장이 있을 수 있다. 그러나 그 '적법한 권리자'는 추상적인 개념이기에 면밀한 검토 없이 입법이 된다면 이의제도가 남발될 수 있다. 또한 사실상 임의제출되면 그 순간 형사소송법 제218조 등에 의하여 압수의 효과가 발생하는 것이고, 결국 '임의제출 과정'이라는 것은 매우 짧기에 '임의제출 과정에 이의를 제기하여 즉각적으로 임의제출 자체를 저지'한다는 것 자체가 불가능할 경우가 많을 것이다. 결국 위 견해에서도 밝히고 있듯이 항고(형사소송법 제403조 제2항),[66] 준항고(형사소송법 제416조 제1항 제2호,[67] 형사소송법 제417조[68]), 환부 또는 가환부(형사소송법 제

---

65) 김정한, 위의 논문, 260면.
66) 제403조(판결 전의 결정에 대한 항고)
 ① 법원의 관할 또는 판결 전의 소송절차에 관한 결정에 대하여는 특히 즉시항고를 할 수 있는 경우 외에는 항고하지 못한다.
 ② 전항의 규정은 구금, 보석, 압수나 압수물의 환부에 관한 결정 또는 감정하기 위한 피고인의 유치에 관한 결정에 적용하지 아니한다.
67) 제416조(준항고)
 ① 재판장 또는 수명법관이 다음 각 호의 1에 해당한 재판을 고지한 경우에 불복이 있으면 그 법관소속의 법원에 재판의 취소 또는 변경을 청구할 수 있다.
 1. (생략)
 2. 구금, 보석, 압수 또는 압수물환부에 관한 재판 (이하 생략)
68) 제417조(동전)
 검사 또는 사법경찰관의 구금, 압수 또는 압수물의 환부에 관한 처분과 제243조의2에 따른 변호인의 참여 등에 관한 처분에 대하여 불복이 있으면 그 직무집행지의 관할법원 또는 검사의 소속검찰청에 대응한 법원에 그 처분의 취소 또는 변경을 청구할 수 있다.

133조,[69] 형사소송법 제218조의2 제1항[70])제도가 법문상으로는 갖추어져 있는바, 이를 활용하면 족할 것이다. 위 목차('5. 가. 논의의 소재')에서 적시한 압수절차 미중단, 프라이버시권 미보호 등의 문제는 임의제출의 즉각성 등의 특성상 어쩔 수 없는 문제로 보인다.

다만 임의제출의 본질적 특성은 '임의성, 자발성, 동의'이므로, 제출자가 후에 그 동의한 뜻을 변경하는 경우, 혹은 소유자가 원하는 경우 등의 사정이 있으면 임의제출물에 대한 탐색을 중단하거나 폐기하거나 혹은 임의제출물을 되돌려 받을 수 있도록 제도를 설계함이 타당한데, 다른 목차목차 제3장 제12절 '(임의제출 후) 탐색 중단·폐기권 내지 회수권(철회권) 인정 필요']에서 살펴본다.

---

69) 제133조(압수물의 환부, 가환부)
　① 압수를 계속할 필요가 없다고 인정되는 압수물은 피고사건 종결 전이라도 결정으로 환부하여야 하고 증거에 공할 압수물은 소유자, 소지자, 보관자 또는 제출인의 청구에 의하여 가환부할 수 있다.
　② 증거에만 공할 목적으로 압수한 물건으로서 그 소유자 또는 소지자가 계속 사용하여야 할 물건은 사진촬영 기타 원형보존의 조치를 취하고 신속히 가환부하여야 한다.
70) 제218조의2(압수물의 환부, 가환부)
　① 검사는 사본을 확보한 경우 등 압수를 계속할 필요가 없다고 인정되는 압수물 및 증거에 사용할 압수물에 대하여 공소제기 전이라도 소유자, 소지자, 보관자 또는 제출인의 청구가 있는 때에는 환부 또는 가환부하여야 한다.
　② 제1항의 청구에 대하여 검사가 이를 거부하는 경우에는 신청인은 해당 검사의 소속 검찰청에 대응한 법원에 압수물의 환부 또는 가환부 결정을 청구할 수 있다.
　③ 제2항의 청구에 대하여 법원이 환부 또는 가환부를 결정하면 검사는 신청인에게 압수물을 환부 또는 가환부하여야 한다.
　④ 사법경찰관의 환부 또는 가환부 처분에 관하여는 제1항부터 제3항까지의 규정을 준용한다. 이 경우 사법경찰관은 검사의 지휘를 받아야 한다.

6. 수 명의 정당한 제출권자가 있는 경우의 문제

가. 논의의 소재

수 명의 정당한 임의제출권자(동의권자)가 있을 경우 어떠한 동의권
자가 다른 동의권자의 동의를 부정할 수 있는지, 그래서 그 다른 동의권
자의 동의를 무효로 할 수 있는지가 문제된다.

나. 비교법적 논의

미국의 경우 정당한 동의권자인 동거인이 동의를 하였다면, 이에 대
하여 다른 동거인이 그 동의를 무효로 할 수는 없다. 동거인은 다른 동
거인이 압수수색에 동의할 수도 있다는 위험을 감수하고 있다고 판단되
기 때문이다. 따라서 부모가 동의한 압수수색에 대하여 그 집에 살고 있
는 아들인 피고인이 그 동의를 문제 삼으며 무효로 할 수 없고, 그 아들
의 의사에 반하여 압수수색을 하여 얻은 총기류는 증거능력이 있다고
할 것이다.[71][72]

---

71) U.S. v. Rith, 164 F.3d 1323 (1999); U.S. v. Perez, 948 F.Supp. 1191 (1996); U.S.
  v. Block, 590 F.2d 535 (1978)
72) 한편 영국의 경우, 수사기관은 출입에 동의를 하는 자가 동의할 권한이 있는지
  를 확인하기 위하여 질문을 하여야 한다(Code B 5.1). 동의권자가 누구인지는
  각 사건에 따라 다르겠지만, 일반적으로 그 장소의 점유자는 그가 점유하는 목
  적과 관련하여 다른 사람이 안으로 들어오는 것을 허락할 권한이 있다고 한다
  [Denis Clark, The investigation of Crime, 3rd edition, LexisNexis, 2004, 143면]. 처,
  어린아이 외(外)의 미성년자, 동거인 등은 동의권이 있다고 한다. 처가 남편과
  싸우던 중 경찰에 연락하여 경찰을 집으로 부른 경우 남편이 경찰에게 나가라
  고 말하여 동의를 철회했다고 하더라도 처 자신이 동의를 철회하지 않는 이상
  경찰은 계속 수색을 할 수 있다는 판례[R. v. Thornley, (1981) 72 Cr.App.R.302]가
  있다.

다. 소결

두 정당한 동의권자이기 때문에 어떠한 동의권자의 동의의 효력에 대하여 다른 동의권자가 영향을 미칠 수 없을 것이다. 이는 여러 동의권자가 있는 경우, 동의권자들은 상호의 동의권 행사의 위험을 용인하고 있다고 여겨지기 때문이기도 하다.

7. 디지털 증거와 '임의제출자'

가. 논의의 소재

이상과 같은 논의가 그 동안의 '임의제출자'에 대한 논의이다. 그러나 이러한 논의들은 대부분 '대용량 정보 저장 장치', '디지털 증거'의 등장 전에 논의된 것들이다.

전술한대로 형사소송법의 임의제출 조항은 1954년 형사소송법 제정 이후로 단 한 차례도 변경되지 않고 현재에 이르고 있는데, 제정시에는 디지털 증거가 문제되지 않고, 단순히 '물리적'인 전통적인 '물체'만 문제 되던 시절이었다. 그러나 형사소송법 제정시에는 예측되기 어려웠던 '대용량 정보 저장 장치', '디지털 증거'가 등장하였고, 전자정보와 그 정보를 담는 장치들은 사람들의 삶에 밀접한 영향을 주고 있다. 따라서 증거들도 '디지털 증거'가 문제되는 경우가 많아졌다. 이에 따라 '임의제출자'의 개념 내지 종류에 변화가 있어야 하는 것이 아닌지 논의될 필요가 있다.

나. 디지털 증거와 소유자, 소지자, 보관자의 상정

형사소송법상 소유자, 소지자, 보관자는 임의제출할 수 있는데, 디지털 증거의 경우 그 소유자, 소지자, 보관자는 누구인가 생각해 볼 필요가 있다.

일단 '소유자'는 그 디지털 자료에 대하여 전적인 처분권이 있는 사람으로 그 개념 설정에 별다른 문제는 없는 것으로 보인다.

그리고 개인 외장하드디스크, USB 등 개인이 전적으로 소유, 보관, 소지할 수 있는 것들은 그 소유자, 보관자, 소지자의 개념이 전통적인 개념과 크게 다르지 않을 것으로 보인다.

다만, 클라우드 서비스, 정보 포털, 송수신 이메일 등 개인이 전적으로 소유, 보관, 소지할 수 없는 디지털 정보, 디지털 증거들의 경우 문제의 소지가 있다.

위와 같은 경우 그 소유자는 정보의 생성, 수정, 삭제가 자유로이 가능한 자(이메일이나 클라우드의 경우 그 '계정주', '인터넷서비스이용자')가 될 것이다. 다만 그 '보관자' 내지 '소지자'는 이메일이나 클라우드 서비스 제공 업체('인터넷서비스제공자')가 될 것이다.

이와 관련하여 대법원은 '인터넷서비스이용자' 즉 계정주는 '인터넷서비스제공자(이메일 정보 기업 등)'와 체결한 서비스이용계약에 따라 인터넷서비스를 이용하여 개설한 이메일 계정과 관련 서버에 대한 접속 권한을 가지고, 해당 이메일 계정에서 생성한 이메일 등 전자정보에 관한 작성·수정·열람·관리 등의 처분권한을 가지며, 전자정보의 내용에 관하여 사생활의 비밀과 자유 등의 권리보호이익을 가지는 주체로서 해당 전자정보의 '소유자 내지 소지자'라고 할 수 있다고 보고 있다(대법원 2017. 11. 29. 선고 2017도9747 판결). 대법원이 무형물인 '전자정보'에 대해 물건[73]을 대상으로 사용하는 '소유자, 소지자'의 관념을 인정한 것이 주목받았던 판결이다.[74]

위 대법원 판결과 관련하여, 소유자가 소지자의 지위를 겸할 수 있다는 것은 당연한 것이고, 위 대법원 판결이 인터넷서비스제공자에게 '보

---

73) 민법 제98조(물건의 정의)
    본법에서 물건이라 함은 유체물 및 전기 기타 관리할 수 있는 자연력을 말한다.
74) 신동운, 앞의 책, 283면 참조.

관자 내지 소지자'의 지위를 부정하는 취지는 아닌 것으로 보인다.

결국 디지털 증거가 등장했지만, 그 소유자, 보관자, 소지자의 개념은 상정할 수 있다고 할 것이다.

다. 디지털 증거와 소유자, 소지자, 보관자의 차이 필요

위에서 살펴본 바와 같이 디지털 증거에 있어서도 그 소유자, 보관자, 소지자의 개념은 상정할 수 있다.

그러나 대용량 정보 저장장치나 서버의 경우, 그 소유자가 아닌 자들은 소유자와 별 상관없는 자들(정보통신 업체, 전산 서비스 제공 업체 등)일 수 있고, 대용량 정보 저장장치에는 그 정보 소유자의 수많은 정보가 내장되어 있을 수 있기 때문에 소유자와 그 외의 자들(소지자, 보관자)간에 차이를 두어야 하는 것은 아닌지 문제가 있다.

이에 대하여 법문상 소유자, 소지자, 보관자의 차이가 적시되지 않았고, 임의제출의 경우 '임의성'이라는 특성상 제약이 불필요함 등을 이유로 소유자와 그 외의 자들(소지자, 보관자)간에 차이를 둘 필요가 없다는 입장이 있을 수 있다.

그러나, 위에서 살펴본 바와 같이 소유자와 그 외의 자들(소지자, 보관자) 간 그 관련 정보에 대한 이해관계가 매우 다르고, 관련 정보가 혼재되고, 정보의 양이 방대할 수 있기 때문에, 소유자와 그 외의 자들(소지자, 보관자) 사이에 차이를 두어야 한다.

원칙적으로 소유자가 임의제출자인 경우에는 그 의사에 따라 디지털 자료의 탐색, 압수 범위를 정하면 되고, 소유자가 아닌 소지자나 보관자가 임의제출자인 경우에는 임의제출 시 문제되는 혐의에 한정하여 디지털 자료의 임의제출이 가능한 것으로 해석해야 할 것이다. 소유자는 앞에서 살펴본대로 대상물을 전면적으로 지배할 수 있는 권리가 있기에 소유자의 의사에 기속되는 것은 가능하다고 할 것이다. 다만 소유자에게 임의제출을 받는 경우라고 하더라도 전자정보 내지 대용량 디지털 정보 저장매체의 특성상 소유자 스스로도 몰랐던 자료가 있을 수 있고, 그 자료에 따라 소유자가 불리해질 수도 있다. 따라서 소유자가 '압수 내지 탐색 범위 무제한'의 취지로 임의제출한다면 소유자에게 '본인(소유자)에게 불리한 자료가 나오더라도 압수 내지 탐색 범위가 무제한인지'를 묻는 절차를 거치는 것이 바람직하다.

또한 소유자가 임의제출자인 경우라고 하더라도 그 소유자가 피의자(피고인)가 아니라면 임의제출 시 문제되는 혐의에 한정하여 디지털 자료의 임의제출이 가능한 것으로 해석해야 할 것이다. 이렇게 해석해야 임의제출이 자칫 '일반영장'으로 기능할 수 있다는 우려를 줄일 수 있고, 피의자가 소유자가 아닌 소지자 내지 보관자의 지위에서 임의제출하는 경우 등 소유자 아닌 자가 임의제출하는 경우에 정보 소유자의 정보 침해 등의 여러 피해도 줄일 수 있다.

일단 피의자·피고인 아닌 제3자 임의제출의 경우 압수의 대상을 제한하는 개정안은 후술하는 '[표 2] 〈형사소송법 제218조, 제108조 개정안(피의자·피고인 아닌 제3자 임의제출의 경우 압수의 대상 제한)〉' 관련 부분과 같다.

대법원도 이러한 맥락에서, 피의자가 소유·관리하는 정보저장매체를 피의자 아닌 피해자 등 제3자가 임의제출하는 경우에는, 그 임의제출 및 그에 따른 수사기관의 압수가 적법하더라도 임의제출의 동기가 된 범죄혐의사실과 구체적·개별적 연관관계가 있는 전자정보에 한하여 압수의 대상이 되는 것으로 더욱 제한적으로 해석하여야 함을 밝히고 있다(대법원 2021. 11. 18. 선고 2016도348 전원합의체 판결. 이 판결에 대한 정당성은 위 판결에 대한 평가를 하는 부분 등에서 후술).

다만, 만약 전자정보에 대한 압수수색이 종료되기 전에 범죄혐의사실과 관련된 전자정보를 적법하게 탐색하는 과정에서 별도의 범죄혐의와 관련된 전자정보를 우연히 발견한 경우라면, 수사기관은 더 이상의 추가 탐색을 중단하고 법원으로부터 별도의 범죄혐의에 대한 압수수색영장을 발부받은 경우에 한하여 그러한 정보에 대하여도 적법하게 압수수색을 할 수 있을 것이다(대법원 2021. 11. 18. 선고 2016도348 전원합의체 판결의 취지도 마찬가지이다. 이 판결에 대한 정당성은 위 판결에 대한 평가를 하는 부분 등에서 후술).

제4절 임의제출 대상

1. 논의의 소재

형사소송법 제106조 제1항은 "법원은 필요한 때에는 피고사건과 관계가 있다고 인정할 수 있는 것에 한정하여 증거물 또는 몰수할 것으로 사료하는 물건을 압수할 수 있다. 단, 법률에 다른 규정이 있는 때에는 예외로 한다"고 규정하고 있고, 형사소송법 제219조는 위 제106조를 검사 또는 사법경찰관의 압수, 수색, 검증에 준용하고 있다.

다만 형사소송법 제218조는 "검사, 사법경찰관은 피의자 기타인의 유류한 물건이나 소유자, 소지자 또는 보관자가 임의로 제출한 물건을 영장없이 압수할 수 있다"라고만 규정하고 있어 임의제출 대상을 단순히 '물건'이라고 규정하고 있다. 형사소송법 제108조 역시 마찬가지이다. 이에 따라 위 '물건'이 증거물 또는 몰수대상물에 한정되는지에 대한 논의가 있다.

2. 학설

가. 증거물 또는 몰수대상물에 한정되지 않는다는 견해

별다른 근거를 제시하지 않지는 않고 임의제출의 대상이 증거물 또는 몰수대상물에 한정되지 않는다고 하는 견해가 주류이다.[75] '처음에는 증거물인 것이 불명확하더라도 나중에 증거물로 판명될 수 있으므로 제한 없이 압수할 수 있도록 하는 것이 제도의 취지'라고 설명하는 입장도 있다.[76]

---

75) 신동운, '신형사소송법(제5판)', 법문사, 2014. 435면; 김희옥·박일환, '주석 형사소송법(5판)', 한국사법행정학회, 2017, 306-307면.

나. 증거물 또는 몰수대상물에 한정된다는 견해

임의제출물 압수도 결국 강제처분임을 감안하면 소지자의 임의로운 제출로 시작되었다고 하더라도 필요최소한의 원칙이 당연히 지켜져야 할 것이라는 점, 증거물 또는 몰수할 물건이 아니면 압수할 필요가 없으므로 압수해서는 아니 될 것이라는 점, 임의제출물 압수도 강제처분이므로 제106조 제1항, 제209조가 당연히 적용되어야 한다는 점, '나중에 증거물로 판명될 수 있으므로'라는 것은 이유가 될 수 없다는 점 등을 근거로 하는 견해이다.[77]

3. 판례

이 논점에 대하여 구체적이고 명시적으로 판시한 판례는 찾기 어려웠다. 문제된 사안을 찾기 어려웠다.

4. 소결 및 논의의 실익

생각건대, 형사소송법 제219조가 검사 또는 사법경찰관의 본장의 규정에 의한 압수에 형사소송법 제106조를 준용하고 있고, 위 '본장의 규정에 의한 압수'에는 법문상 형사소송법 제218조도 포함된다고 할 것이다. 왜냐하면 형사소송법 제218조의 제목이 '영장에 의하지 아니한 압수'이고, 조문의 내용에도 '압수할 수 있다'고 규정되어 있기 때문이다.

따라서 법문상, 그리고 인권보호의 측면에서 '증거물 또는 몰수대상

---

76) 신이철, '형사소송법 제218조의 유류물 또는 임의제출물의 압수에 대한 소고', 형사법의 신동향 통권 제67호, 대검찰청, 2020, 81면.
77) 김정한, 앞의 논문, 257쪽; 강동범, '체포현장에서 임의제출한 휴대폰의 압수와 저장정보의 수집', 형사소송 이론과 실무 제13권 제3호, 한국형사소송법학회, 2019, 46면.

물에 한정된다는 견해'가 타당하다. 임의제출의 대상이 증거물 또는 몰수대상물에 한정된다고 해석해야 수사기관 등의 불합리한 임의제출 요구(임의제출의 불합리적인 활용)도 줄일 수 있을 것이다. 또한 현실에서는 피의자, 피고인, 참고인들이 정말 엄청난 다량의 자료를 임의제출 하는 경우가 많은데, 임의제출의 대상이 증거물 또는 몰수대상물에 한정된다고 해석해야 수사기관도 불필요한(사건과 관련이 없는) 임의제출을 거부하기 용이할 것이다(즉 수사대상자 내지 참고인의 불합리한 임의제출 활용 방지). 한편 위 '증거물 또는 몰수대상물에 한정된다는 견해'가 제시한 근거들도 상당하다.

한편 특히 정보저장매체에 있어서, 만약 임의제출자가 '혐의사실과의 관련성을 불문하고 제출물의 모든 것을 탐색, 압수수색해도 좋다'는 의사를 밝힌 경우에는, 임의제출에 있어서 '의사(임의, 자발성)'의 중요성 상, 피고사건(피의사건)과의 관련성에 상관없이 탐색, 압수수색이 가능하다고 할 것이다. 이러한 탐색, 압수수색 중 임의제출의 동기가 된 혐의사실과 관련이 없는 범죄사실에 대한 증거가 나온 경우라면 이를 수사의 단서로 삼을 수 있을 것이다.

다만 이 문제는 현재까지 별다른 논의가 없었는데, 이는 그래도 대부분 어떻게든 사건과 관련된 증거물로 볼 여지가 있는 것들이 임의제출되어 왔으리라는 점, 증거물이라거나 증거물이 아니라고 즉시 판단하기 어려운 상황이 상당히 많을 것으로 보이는 점, 제출인이 우편 등으로 송부할 경우 기록 편철(제출 받기)을 안 할 수 없는 실무 구조인 점(2023. 5. 10. 현재 실무상 우편으로 자료를 보내오면 일단 빠짐없이 기록편철하고 있는 것으로 보인다) 등에 근거한 것으로 보인다. 즉 현재 실무 및 실제 일어나는 임의제출의 태양 상을 보면 위와 같은 논의의 '실무적인' 실익이 크지 않을 수 있다.

그러나, '증거물 또는 몰수대상물에 한정된다는 견해'가 타당하다고 보아야, '임의제출은 합리적, 비례적으로 적법절차를 거쳐서 영장주의

원칙을 형해화하지 않는 선에서 필요한도 내에서만 이루어져야 한다'는
임의제출의 대전제가 원활히 확립되어, 다른 임의제출 관련 문제들의 해
결(논거)에 쓰일 수 있을 것이다.

제5절 임의성

1. '임의'란 무엇인가

가. 논의의 소재

형사소송법 제218조는 "검사, 사법경찰관은 피의자 기타인의 유류한 물건이나 소유자, 소지자 또는 보관자가 임의로 제출한 물건을 영장없이 압수할 수 있다"라고 되어있는바, 결국 '임의로 제출한 물건이 아닌 경우에는 (체포현장에서의 압수 등 다른 영장주의 예외의 경우에 해당하지 않는 한) 영장이 있어야 압수 가능하다'로 해석할 수 있다.

결국 사후영장조차 요구되지 않는 임의제출의 경우, 그 '영장 필요 없음'을 정당하게 해주는 주요 요건인 '임의'가 무엇인지에 대한 논의가 선행되어야, 그 의미를 명확히 할 수 있을 것이다.

한편 '임의성'은 이전부터 자백배제법칙에서도 논의되었는데, 자백배제법칙과 관련하여 '임의성'은 자백의 허용가능성을 판단하기 위하여 미국 연방대법원이 심사기준으로 삼았던 'voluntariness test'를 의미한다고 할 수 있다. 미국 연방대법원은 'voluntariness test'를 적용할 때에 자백이 피고인의 '자유롭고 합리적인 선택'의 산물인지 여부를 큰 비중으로 고려했다.[78] 즉, 미국 연방대법원은 자백이 진술의 자유와 자유로운 의지를 침해받지 않은 상태에서 자발적으로 행해진 경우에 비로소 '임의성'이 있는 것이라고 판단하여 유죄의 증거로 받아들였다.[79]

---

[78] Lisenba v. California, 314 U.S. 219 (1941)

[79] 이용식, '자백배제법칙의 근거와 임의성의 판단-위법배제설의 관점에서 본 형사소송법 제309조의 의미 재검토-' 외법논집 제35권 제3호, 한국외국어대학교 법학연구소, 2011. 202면; 조국, "자백배제법칙'의 근거와 효과 그리고 '임의성' 입증', 서울대학교 법학 제43권 제1호, 서울대학교 법학연구소, 2002, 378면 참조.

'임의제출'의 '임의성'에 대하여 여러 해석이 있을 수 있지만, 이상의
논의를 차용하자면, 기본적으로 임의제출에서의 임의성은 '제출의 자유
와 자유로운 의지를 침해받지 않은 상태에서 제출이 자발적으로 행해진
경우'가 기준이 된다고 할 수 있고, 이러한 해석 내지 기준이 상당하다는
것을 미리 밝혀둔다.

이하에서는 이에 대하여 임의와 동의가 차이가 있는가, 차이가 있다
면 그 관계는 어떠한가, 또한 '임의' 내지 동의가 자백배제법칙과 유사하
게, 고문, 폭행, 협박, 기망 등에 기인한 경우에 영장 없는 압수를 정당화
할 수 있는 '임의'가 될 수 있는가에 대한 논의를 해 나가도록 한다.

나. 임의와 동의의 관계

1) 가능한 논의

임의제출을 논함에 있어서 '임의'와 '동의'는 혼용되는 경우가 많다.
이와 관련하여 임의와 동의를 별다른 설명 없이 혼용하고 있는 견해들[80]
은 임의와 동의를 사실상 같은 의미로 판단하고 있는 것으로 보인다.

한편 임의와 동의는 그 단어 자체가 다르므로 다른 의미라고 보는 견
해가 있을 수 있고, 아마 임의제출과 동의에 의한 압수를 구별하는 견
해[81]가 그러할 것으로 보인다.

2) 소결

국립국어원 표준국어대사전 상 '임의'의 사전적 의미는 '일정한 기준
이나 원칙 없이 하고 싶은 대로 함'이고,[82] '동의'의 사전적 의미는 '의사

---

80) 안성수, 앞의 논문, 303면; 허준, 앞의 논문, 44면.
81) 김정한, 앞의 논문, 258-259면.

나 의견을 같이함', '다른 사람의 행위를 승인하거나 시인함'이다.[83] 다만 법률상 사용되는 '임의'는 일본어에서 넘어온 것으로 보이는데, 일본어 사전(일일사전) 상 '임의'의 의미는 '생각한대로 함(こころまかせ心任せ)', '그 사람의 자유의사에 맡기는 것'이고,[84] 이 표현이 '원칙 없이'라는 국립국어원 표준국어대사전의 뜻보다 실제 용례에 더 가까워 보이긴 한다. 한편으로는 '동의'는 위 의미상 '요구'가 전제되어 있다고 볼 수도 있고, 사회적 용례상 '철회 가능 여지'가 전제되어 있다고 볼 여지도 있다. 즉, '임의'는 '동의'보다 더 '자발적', '능동적'인 것을 의미하는 것으로 보이고, 법률적으로는 여러 용례에 비추어 볼 때 '수사기관 등 상대방의 제안에 상관없이 제출자, 동행자 등 본인의 뜻에 맡김'으로 해석하는 것이 무방해 보인다.

다만, 앞에서 살펴본 바와 같이 '임의제출'과 '동의에 의한 압수'도 엄밀히 말하자면 그 의미의 차이는 있으나, 구별이 사실상 불가능한 것과 유사하게, 일단 제출자와 수사기관의 '의견합치'가 있어야 임의제출이 가능하다고 할 것이고, 그 '의견합치'는 위 동의의 의미인 '의사나 의견을 같이함'에 해당할 것이다.

결국 '임의'는 '동의(의견합치)'를 요건으로 한다고 할 것이다. 다만 그 동의는 임의보다 더 수동적인 의미로 보이므로, 동의는 임의의 단순한 필요조건이고, 그 동의에 흠결이 있으면 '임의'의 효력이 어떻게 되는지에 대하여 목차를 나누어 검토하도록 한다.

---

82) https://stdict.korean.go.kr/search/searchResult.do (2021. 12. 22. 최종 방문)

83) https://stdict.korean.go.kr/search/searchView.do (2021. 12. 22. 최종 방문)

84) https://dic.daum.net/search.do?q=%E4%BB%BB%E6%84%8F&dic=jp [2022. 7. 5. 최종 방문. '다음(daum)' 일본어 사전으로, 일본에서 1955년에 최초 발행되어 역사가 깊은 고지엔(広辞苑) 사전 콘텐츠를 제공하고 있다]

다. 동의만 있으면 임의가 인정되는지 여부(흠 있는 동의의 문제)

1) 문제점

앞에서 살펴본 바와 같이, 동의는 임의의 필요조건이라고 할 것이다. 그러나 단지 '동의'가 있다면, 그 '동의'가 이루어진 경위와 무관하게 임의제출이 인정되어 영장없는 압수가 가능한지에 대한 문제가 있다. 즉 자백배제법칙(형사소송법 제309조)과 유사하게, 동의가 고문, 폭행, 협박, 기망 등에 기인한 경우에 영장 없는 압수를 정당화 할 수 있는 '임의'가 충족될 수 있는가에 대한 논의를 해 나가도록 한다.

2) 학설

위법수집증거 배제법칙의 도입(2007. 6. 1. 형사소송법 제308조의2[85] 신설) 전 대법원은 '압수물은 압수절차가 위법하다고 하더라도 물건 자체의 성질·형상에 변경을 가져오는 것은 아니어서 그 형태 등에 관한 증거가치에는 변함이 없어 증거능력이 있다'고 거듭하여 판시하여 이른 바 '성질·형상불변론'을 채택하여 왔는데(대법원 1968. 9. 17. 선고 68도932 판결, 1987. 6. 23. 선고 87도705 판결, 1994. 2. 8. 선고 93도3318 판결, 1996. 5. 14.자 96초88 결정, 2005. 10. 28. 선고 2004도4731 판결, 2006. 7. 27. 선고 2006도3194 판결 등 참조), 이러한 성질·형상불변론을 찬성하는 입장에서는 어떠한 형태든 일단 '동의'가 있으면 임의제출에 있어서의 '임의'는 인정된다고 볼 여지가 높다.

한편, '자백이 임의로 진술한 것이 아니라고 의심되면 유죄의 증거로 하지 못한다는 자백배제법칙(형사소송법 제309조)'의 근거로 '위법배제

---

85) 형사소송법 제308조의2(위법수집증거의 배제)
   적법한 절차에 따르지 아니하고 수집한 증거는 증거로 할 수 없다.

설'[86]을 지지하는 입장에 의하면, 수사기관이 폭행, 협박, 기망 등 여러 가지 형태의 '외부적 제약' 내지 '심리적 강제'를 행사하여 동의를 얻어 낸 경우, 이는 임의성에 의심이 있는 경우에 해당하여 증거능력이 배제될 것이라고 본다.

3) 판례

'흠 있는 동의'에 대하여 명시적이고 구체적으로 판시한 판례는 찾기 어려웠다. 다만, 대법원은 자발적인 의사에 의하여 임의제출이 이루어졌다는 것이 객관적인 사정에 의하여 명백한 경우에 한하여 임의제출에 의한 증거의 적법성이 인정된다는 취지로 판시하였는바(대법원 판례는 다른 목차인 '임의성의 판단기준' 등에서 상술함),[87] 여러 제반사정을 고려하여 임의성을 판단하는 입장으로 보이므로, 동의에 수사기관의 폭행, 협박, 기망 등 여러 형태의 부당한 간섭이 있는 경우에는 그 임의성을 부정할 확률이 높다고 볼 것이다.

4) 소결

형사소송법 제308조의2로 위법수집증거 배제법칙이 도입된 이상, 자백배제법칙 및 그 근거로서의 위법배제설과 같은 취지로 동의가 고문,

---

86) 자백배제법칙을 자백의 임의성 법칙으로 국한시켜 이해할 필요가 없다는 해석론에 기초하여 논란이 많은 '임의성'이란 기준으로부터 탈피해 자백 취득과정에서 헌법 제12조 제1항의 적정절차원칙의 이념을 보장하기 위한 증거법상의 법칙으로 이해하는 학설로서, 이 학설에 따르면 적정절차의 요청에 위반해 위법하게 수집된 자백은 임의성에 대해 판단을 할 필요도 없이 위법수집증거이기 때문에 증거능력이 배제된다고 본다(안성조, "임의제출물 압수에서 '임의성' 요건: 자백배제법칙과 미란다 판결의 함의", 형사법연구 제33권 제1호, 한국형사법학회, 2021, 52면 참조).

87) 대법원 2015. 7. 9. 선고 2014도16051 판결.

폭행, 협박, 기망 등 수사기관의 부당한 행위에 기인한 경우에는 영장 없는 압수를 정당화 할 수 있는 '임의'가 충족될 수 없다고 보아야 할 것이다. 이렇게 해석하여야 인권침해를 방지하고 수사기관의 무리한 임의제출 제도 남용도 방지할 수 있다. 또한 위법수집증거 배제법칙의 취지에 비추어 원칙적으로 증거동의나 사후영장을 받더라도 그 증거능력은 부정되어야 할 것이다.

결국 '흠 있는 동의'를 방지하기 위해서는 제출자가 임의제출의 의미를 알고 자유로운 의사 하에 제출을 하여야 할 것이다. 이를 위하여 제출 거부권 고지의 필요여부, 임의성의 증명 책임 소재와 그 증명의 정도 등이 문제될 수 있는데, 이러한 논점들은 목차를 달리하여 살펴보기로 한다.

라. '임의동행'의 '임의'와의 관계

1) 문제점

형사소송법에 규정(제108조, 제218조)된 임의제출과 더불어 '임의'가 들어간 제도로서 쓰이는 것이 '임의동행'이다. 그러나 임의동행은 임의제출과 달리 형사소송법에 명확한 관련 규정은 없다.

이에 '임의동행'의 '임의'와 '임의제출'의 '임의'는 어떠한 관계로 설정하여야 하는지 문제될 소지가 있다.

2) 가능한 논의

임의제출과 임의동행 모두 문언적으로 '임의'를 공유하기에 그 '임의' 해석에 차이를 둘 필요가 없다는 입장이 있을 수 있고, 통일적 해석상 그 근거가 상당하다.

한편으로는 임의제출은 유무형의 물질에 관한 것이고, 임의동행은 사람의 신체에 관련된 것이며, 임의제출은 '압수'의 효력이 있지만 임의동행은 '구속' 내지 '체포'의 효력이 없으므로 각 '임의'의 해석에 차이를 둘 수 있다는 입장이 있을 수 있다. 각 제도의 구체적 타당성상 그 근거가 상당하다.

3) 관련 판례

'임의동행'의 적법성이 문제된 사안에서 대법원은 "형사소송법 제199조 제1항은 임의수사 원칙을 명시하고 있는데, 수사관이 수사과정에서 동의를 받는 형식으로 피의자를 수사관서 등에 동행하는 것은, 피의자의 신체의 자유가 제한되어 실질적으로 체포와 유사한데도 이를 억제할 방법이 없어서 이를 통해서는 제도적으로는 물론 현실적으로도 임의성을 보장할 수 없을 뿐만 아니라, 아직 정식 체포·구속단계 이전이라는 이유로 헌법 및 형사소송법이 체포·구속된 피의자에게 부여하는 각종 권리 보장 장치가 제공되지 않는 등 형사소송법의 원리에 반하는 결과를 초래할 가능성이 크므로, 수사관이 동행에 앞서 피의자에게 동행을 거부할 수 있음을 알려 주었거나 동행한 피의자가 언제든지 자유로이 동행과정에서 이탈 또는 동행장소에서 퇴거할 수 있었음이 인정되는 등 오로지 피의자의 자발적인 의사에 의하여 수사관서 등에 동행이 이루어졌다는 것이 객관적인 사정에 의하여 명백하게 입증된 경우에 한하여, 동행의 적법성이 인정된다고 보는 것이 타당하다"고 판시하였다.[88]

전자정보의 임의제출이 문제된 사안에서 대법원은 임의제출의 경우 압수물에 대한 수사기관의 점유 취득이 '제출자의 의사'에 따라 이루어진다고 판시하였는데,[89] 이는 '임의'를 '제출자의 (자발적인) 의사'로 보

---

88) 대법원 2011. 6. 30. 선고 2009도6717 판결.
89) 대법원 2021. 11. 18. 선고 2016도348 전원합의체 판결.

는듯한 판시이다.

4) 소결

현행 형사소송법 제218조에 의하면 임의제출은 법문상 명백한 '압수'이며, 즉 강제수사의 효과를 가지고 있다.[90] 그러나 사후영장 발부를 요구받지 않는다. 이는 '임의성'이라는 특수성에 있다. 결국 사후영장의 통제도 받지 않는 임의제출에서 임의성이 인정되려면 위 임의동행에 대한 대법원 판례의 취지와 유사하게 수사기관에 의한 엄격한 임의성 증명이 있어야 할 것이다. 앞에서 살펴본대로, 역사적으로는 일제강점기 조선형사령(조선총독부제령 제16호, 1919. 8. 9. 일부 개정 및 시행) 제12조[91]에서는 검사와 사법경찰관에게 고유권한으로 압수권, 수색권, 검증권, 신문, 감정권 등을 부여하였는데, 이는 법관에 의한 영장 발부가 핵심인 현대의 영장주의에 부합하지 않는 것이었고, 이후 한국에도 현대적 영장주의가 도입되면서 수사기관이 영장주의의 우회로 여러 '임의' 제도들

---

90) '임의제출의 본질' 목차에서 전술한대로 점유취득 과정에서 강제력이 행사되지 않기에 임의제출을 임의수사로 보는 견해도 있다. 그러나 임의제출은 형사소송법 제218조의 명문상 강제수사인 '압수'의 효과를 가지고 있는 점, 위 조항의 제목도 '영장에 의하지 아니한 압수'인 점, 이는 명백한 강제수사를 규정하고 있는 형사소송법 제216조, 제217조의 제목인 '영장에 의하지 아니하는 강제처분'과 대응되는 점 등을 고려할 때 강제수사로 보는 것이 상당하다.

91) 조선형사령 제12조
① 검사는 현행범이 아닌 사건이라 하더라도 수사 결과 급속한 처분을 요하는 것으로 인정되는 때에는 공소제기 전에 한하여 영장을 발부하여 검증·수색·물건을 차압하거나 피고인·증인을 신문하거나 감정을 명할 수 있다. 다만, 벌금·과료 또는 비용배상의 언도를 하거나 선서를 하게 할 수 없다.
② 전항의 규정에 의하여 검사에 허가된 직무는 사법경찰관도 임시로 행할 수 있다. 다만, 구류장을 발행할 수 없다.
[법제처 국가법령정보센터 사이트 https://www.law.go.kr/LSW/lsInfoP.do?lsiSeq=67433# (2022. 6. 9. 최종 방문)]

(임의동행, 임의제출 등)을 활용하여 온 측면도 있는바,[92] '임의'를 엄격하게 해석하는 것은 인권보호에도 부합하는 측면이 있다.

한편, 임의동행은 임의수사이고 '체포' 내지 '구속'의 효력을 갖지 못해 동행인은 언제든지 이석(이탈)할 수 있지만, 임의제출은 원칙적으로 그 제출물을 자유롭게 환부 받지 못하는 '압수'의 효력을 갖는 강제수사임에 비추어 볼 때 임의동행의 '임의'보다 임의제출의 '임의'를 더 엄격하게 볼 필요가 있을 수 있으나, 임의제출이든 임의동행이든 '임의'만 잘 지켜진다면 대부분의 문제는 일어나지 않을 것이고, 각 '임의'의 핵심은 모두 '자발'이기에, 그 각 '임의'의 차이는 상정하지 않아도 좋을 것이다. 임의제출에 '압수'의 효과가 있는 것은 '임의동행'의 '임의'와의 해석상의 차이라기보다도 법에서 부여한 '효과'의 차이로 볼 수도 있다.

다만 현재 수사 실무에서는 위 2009도6717 판결과 같은 대법원 판시가 있어 그 동행 거부권을 통상 고지하는 임의동행보다 임의제출을 더 가볍게 생각하고 운용하는 면은 있다. 이러한 실무의 운용은 임의제출 거부권 고지가 이루어지는 등 '임의제출'의 '임의'를 더 잘 보장할 수 있는 환경을 조성하는 방향으로 개선될 필요가 있다.

2. 임의성의 판단기준

가. 논의의 소재

임의제출한 물건의 압수가 적법하려면 제출할 권한 있는 자가 그 물건을 임의적·자발적으로 제출하여야 함이 핵심이다. 수사기관이 우월적 지위를 이용하여 영장주의를 잠탈하는 수단으로 임의제출을 악용할 가능성이 있기 때문에, 임의제출에서의 임의성 판단은 엄격할 필요가 있다.

---

92) 신동운, '미국법이 한국형사법에 미친 영향', 미국학 제16권, 서울대학교 미국학연구소, 1993, 36면 참조.

이에 따라 임의성을 어떠한 기준 하에 판단하여야 하는지가 문제된다.

나. 비교법적 논의

미국의 경우 그 '동의의 임의성'을 판단하는 요소는 ① 주로 피의자의 심리적 상황과 관계되는 '주관적인 요소'와 ② 합리적으로 생각하는 경찰의 입장에서 피의자의 임의적(자발적)으로 동의를 하였다고 믿을 만한 사정인 '객관적 요소'로 구분할 수 있다. 미국 연방대법원이 Schneckloth v. Bustamonte 사건[93]에서 제시한 주관적인 요소는 피의자의 교육 수준,[94] 연령,[95] 지식 수준,[96] 헌법적 권리들에 대한 조언이 부족한지 여부[97] 등이고, 객관적인 요소는 신체적인 학대 상황(잠을 못 자게 하는 등),[98] 구속되어 있는 기간[99] 지속적이거나 반복적인 질문[100] 등이다. 법원은 위와 같은 여러 요소들을 종합하여 동의의 임의성을 판단한다.[101]

미국의 하급심들은 이를 기초로 자체적인 평가 요소들을 확장해왔다. 여기에는 폭력, 약속 또는 기만의 사용, 영장이 발부될 수 있다고 고지하는 것, 동의 당시 혐의자가 구금되어 있었는지, 동의가 행해진 장소, 혐의자의 협조의 정도, 어떠한 범죄 증거도 발견되지 않을 것이라는 혐의자의 믿음, 동의거부권에 대한 인식 여부, 경찰관이 무기를 보여주었는지 등이 포함된다.[102]

---

93) Schneckloth v. Bustamonte, 412 U.S. 218 (1973)
94) Payne v. Arkansas, 356 U. S. 560 (1958)
95) Haley v. Ohio, 332 U. S. 596 (1948)
96) Fikes v. Alabama, 352 U. S. 191 (1957)
97) Davis v. North Carolina, 384 U. S. 737 (1966)
98) Reck v. Pate, 367 U. S. 433 (1961)
99) Chambers v. Florida, 309 U.S. 227 (1940)
100) Ashcraft v. Tennessee, 322 U. S. 143 (1944)
101) Schneckloth v. Bustamonte, 412 U.S. 218 (1973)
102) 김시원, '임의제출물 압수에 있어서의 임의성 심사 및 적법요건－대상판결: 대법원 2019. 11. 14. 선고 2019도13290 판결', 사법 제56호, 사법발전재단, 2021,

한편 미란다 원칙과는 다르게 동의자가 동의 거부권이 있다는 것을 알았는지는 위와 같은 여러 요소들 중 하나에 불과할 뿐, 필수적인 동의 정당화 요건은 아니다.[103] 즉 미국 연방대법원은 수사기관이 동의하지 않을 수 있음을 고지하지 않았다는 사정만으로는 동의의 임의성을 부정하지 않고 있다.[104] 이는 2023. 5. 10. 현재 기준 한국 대법원의 입장과 같다고 볼 수 있다.

다. 한국 대법원의 설시

대법원은 음주운전 혐의를 밝히기 위한 운전자의 자발적인 동의에 의한 혈액 채취가 문제된 사안에서, 그 혈액 채취의 임의성 인정에 대하여 "경찰관이 음주운전 혐의를 제대로 밝히기 위하여 운전자의 자발적인 동의를 얻어 혈액 채취에 의한 측정의 방법으로 다시 음주측정을 하는 것을 위법하다고 볼 수는 없다. 이 경우 운전자가 일단 호흡측정에 응한 이상 재차 음주측정에 응할 의무까지 당연히 있다고 할 수는 없으므로, 운전자의 혈액 채취에 대한 동의의 임의성을 담보하기 위하여는 경찰관이 미리 운전자에게 혈액 채취를 거부할 수 있음을 알려주었거나 운전자가 언제든지 자유로이 혈액 채취에 응하지 아니할 수 있었음이

434면.

103) Schneckloth v. Bustamonte, 412 U.S. 218 (1973)

104) 이러한 미국 연방대법원의 판시는 미국 학계에서 많은 비판을 받는다. 미국 학자들은 미국 법원이 동의의 임의성을 면밀히 살펴보는 것보다 국민과 수사기관의 이익을 형량 하는 것에 치중하고 있다고 비판한다. 또한 국민들이 동의를 거부할 수 있다는 것을 모른다면 그로부터 도출된 동의는 임의성이 떨어진다고 주장한다[Roseanna Sommers & Vanessa K. Bohns, "The Voluntariness of Voluntary Consent: Consent Searches and the Psychology of Compliance", 128 The YALE LAW JOURNAL 1967(2019)]. 결국 수사기관이 동의를 얻고자 영장주의를 회피하는 결과를 도출하게 된다는 것이 비판의 핵심이다(김시원, 앞의 논문, 435면).

인정되는 등 운전자의 자발적인 의사에 의하여 혈액 채취가 이루어졌다
는 것이 객관적인 사정에 의하여 명백한 경우에 한하여 혈액 채취에 의
한 측정의 적법성이 인정된다고 보아야 한다"고 판시하였는바,[105] 이는
'임의제출의 경우 그 임의성을 담보하기 위하여는 수사기관이 미리 제출
자에게 제출을 거부할 수 있음을 알려주었거나 제출자가 언제든지 자유
로이 제출에 응하지 아니할 수 있었음이 인정되는 등 제출자의 자발적
인 의사에 의하여 제출이 이루어졌다는 것이 객관적인 사정에 의하여
명백한 경우에 한한다'는 취지로 읽힌다.

라. 소결

임의제출은 임의성이라는 특성 때문에 영장주의의 예외로 인정받는
것이므로, 임의성은 엄격하게 판단하여야 한다. 따라서 '자발적인 의사
에 의하여 임의제출이 이루어졌다는 것이 객관적인 사정에 의하여 명백
한 경우에 한하여 임의제출의 적법성이 인정된다'는 취지의 한국 대법원
의 판단에 찬성한다.

또한 임의성의 판단기준으로는 한국 대법원 판례 및 미국에서의 논
의와 유사하게, 제출 거부권의 고지 여부, 제출자의 지적 수준, 수사기관
의 강압적인 방법이나 부적절한 회유나 약속이 사용되었는지 등을 그
기준으로 삼아야 할 것이다.

그리고 제출의 임의성에 대하여는 수사기관(공판단계에서는 공소유지
를 책임지는 검사가 될 것이다)이 입증해야 할 것이다. 다만 그 증명정도
를 두고 증거능력의 요건은 소송법적 사실에 해당하기에 '설득력이 있는
정도의 증명' 또는 '상당한 정도의 증명'으로 충분할 것이라는 견해가 있
다.[106] 그러나 영장주의의 예외는 엄격하게 해석되어야 하고, 영장주의의

---

105) 대법원 2015. 7. 9. 선고 2014도16051 판결.
106) 최병각, '휴대폰의 압수와 저장정보의 탐색', 비교형사법연구 제22권 제3호,

잠탈을 방지해야 하기 때문에 그 증명정도를 '합리적 의심의 여지가 없을 정도' 내지 '실질적인 강제수사에 관한 의심을 배제할 수 있을 정도'로 보는 것이 상당할 것이다.[107] 대법원의 판시도 같은 취지이다.[108]

한편, '임의제출 동의서'의 존재는 수사기관의 임의성 증명에 상당한 도움을 줄 것이지만, 임의성 여부는 단순히 임의제출 동의서 등 임의제출을 했다는 내용의 서류의 존재와 같은 형식적인 자료에만 의존할 것은 아니고, 제출자의 정신상태, 지능, 교육정도, 나이, 체포 여부, 체포 담당자 내지 목격자의 진술 등을 종합적으로 고려하여 판단하여야 한다. 만약 수사기관의 기망이나 협박이 있거나, 제출자가 정신능력이 부족한 상태인 경우 등에는 수사기관이 그 제출의 임의성을 증명하기는 어려워질 것이다.[109]

이와 관련한 쟁점으로 ① 임의성을 인정받기 위하여 수사기관이 임의제출 거부권의 고지를 해야 하는지와, ② 수사기관의 임의제출 요구가 있을 때 과연 제출의 임의성·자발성을 인정받을 수 있는지 등이 있는바, 이하에서 살펴보도록 한다.

3. 수사기관의 임의제출 거부권 고지 필요 여부

가. 논의의 소재

임의제출은 제출자의 '임의성(자발성)'을 본질로 하나, 제출자는 임의

한국비교형사법학회, 2020, 183면.

107) 같은 견해 및 참조로 한상훈, 앞의 논문, 620면.

108) 대법원 2016. 3. 10. 선고 2013도11233 판결(구체적 설시: '제출에 임의성이 있다는 점에 관하여는 검사가 합리적 의심을 배제할 수 있을 정도로 증명하여야 하고, 임의로 제출된 것이라고 볼 수 없는 경우에는 증거능력을 인정할 수 없다').

109) 신이철, '형사소송법 제218조의 유류물 또는 임의제출물의 압수에 대한 소고', 94면 참조.

제출의 뜻과 효력을 잘 알지 못할 수 있다. 만약 임의제출의 뜻과 효력을 잘 알지 못한 상태에서 제출이 이루어지면, 그 제출이 진정한 의미의 '임의'제출인제 문제될 수 있다.

따라서 형사소송법 제244조의3 '진술거부권 등의 고지'와 유사하게, 임의제출 거부권을 고지해야 하는지에 대한 논의가 있다.

나. 학설

1) 임의제출 거부권 고지 필요설(축소해석설)

증언 거부권이나 진술 거부권과 같은 선상에서 수사기관은 제출 거부권을 사전에 고지해야 하고 이를 고지하지 않으면 임의성을 부정해야 한다는 견해이다.[110]

한편 이와 관련하여, 임의제출 거부권의 고지는 심리적 강제의 수준을 허용되는 범위로 낮추어 주는 기능을 하므로, 임의제출 거부권의 고지는 필요하다고 하며(이 입장은 수사기관과 대면한 상태에서 현실적으로 완전한 수준의 임의성은 관념하기 어려울 것이라 임의제출의 '임의성'의 정도는 일정한 수준의 심리적 강제가 작동하는 상황을 전제하고 있다고 본다), 다만 임의제출 거부권의 고지가 이루어져도 수사기관은 폭행, 협박, 기망 등 여러 가지 형태의 '외부적 제약' 내지 '심리적 강제'

---

110) 한영수, '음주측정을 한 동의없는 채혈과 혈액의 압수', 형사판례연구 IX, 박영사, 2001 368면; 김형준, '수사기관의 혈액압수', 고시연구 통권 359호, 2004, 74면; 박강우, '무영장 무동의 채혈의 적법성에 관한 각국 판례의 동향', 형사정책연구 제16권 제4호, 2005, 160면; 신이철, '수사절차상 강제채혈과 진료목적으로 채취된 혈액의 압수', 외법논집 제33집 제3호, 한국외국어대학교 법학연구소, 2009, 553면; 권순민, '의식 없는 피의자에 한 혈액채취와 영장주의', 법학논총 제35권 2호, 단국대 법학연구소, 2011, 170면; 홍영기, '형법·형사소송법 2019년 대법원 주요판례와 평석', 안암법학 통권 제60권, 안암법학회, 2020, 139면.

를 행사하는 경우도 있을 것인데, 이러한 경우는 헌법상, 법률상의 위법
행위에 해당하므로 '위법배제설'111)의 관점에서 임의성에 의심이 있는
경우에 해당하여 증거능력이 배제될 것이라고 설명하는 견해가 있다. 또
한 이 견해는 임의제출 거부권이 고지되고 수사기관의 위법행위도 없지
만 임의성에 의심이 있는 경우에는 어떻게 적법성을 판단해야 하는가에
대하여는 증거능력 배제의 효과를 최대한 확장시키려는 '종합설'의 취지
에 비추어, '상황의 총체성(신분, 사회적 지위, 학력, 지능정도, 연령, 정
신적·육체적 상태, 수사관의 수, 압수장소, 그리고 임의제출 전후의 사정
등을 종합적으로 고려)'에 따라서 임의성 인정여부를 판단하면 될 것이
라고 하여, '자백이 임의로 진술한 것이 아니라고 의심되면 유죄의 증거
로 하지 못한다는 자백배제법칙(형사소송법 제309조)'의 이론적 근거와
관련해 논의되어 온 '임의성'에 대한 해석론을 기본적으로 '위법배제설'
의 입장에서 임의제출의 적법성 판단기준으로 수용하되, 보충적으로 '종
합설'112)의 입장을 채택할 필요가 있음을 논증하였다.113) 자백배제법칙

---

111) 자백배제법칙을 자백의 임의성 법칙으로 국한시켜 이해할 필요가 없다는 해
석론에 기초하여 논란이 많은 '임의성'이란 기준으로부터 탈피해 자백 취득과
정에서 헌법 제12조 제1항의 적정절차원칙의 이념을 보장하기 위한 증거법상
의 법칙으로 이해하는 학설로서, 이 학설에 따르면 적정절차의 요청에 위반
해 위법하게 수집된 자백은 임의성에 대해 판단을 할 필요도 없이 위법수집
증거이기 때문에 증거능력이 배제된다고 본다(안성조, "임의제출물 압수에서
'임의성' 요건: 자백배제법칙과 미란다 판결의 함의", 형사법연구 제33권 제1
호, 한국형사법학회, 2021, 52면 참조).

112) 허위배제설(임의성 없는 자백은 허위가 개입될 여지가 크고 진실의 발견을
저해하기 때문에 증거능력이 부정된다), 인권옹호설(증거법적 측면에서 헌법
상의 진술거부권을 보호하기 위한 장치가 자백배제법칙이다), 위법배제설 모
두 종합적으로 자백의 증거능력을 배제하는 근거가 된다는 입장으로 이들 세
학설은 서로 배척·상충하는 관계가 아니라 상호 보완관계에 있다고 봄으로써
자백배제법칙의 적용범위를 최대한 확장시키고자 한다(안성조, 위의 논문,
49-53면 참조).

113) 안성조, "임의제출물 압수에서 '임의성' 요건: 자백배제법칙과 미란다 판결의
함의", 형사법연구 제33권 제1호, 한국형사법학회, 2021, 84-84면 참조.

에서 오랜기간 논의되어 온 자백의 '임의성' 논의를 임의제출에도 통일적으로 적용한 시도로 신선하고 가치 있는 견해로 보인다.

2) 임의제출 거부권 고지 불필요설(문리해석설)

수사기관의 고지의무가 명문화되어 있지 않기 때문에 임의제출 거부권의 고지의무는 인정되지 않으며 고지의무 위반이 제출자의 자율적 의사결정의 자유를 탈락시키는 것도 아니므로 제출자가 자율적인 의사결정으로 수사기관에 임의로 제출하면 임의성이 인정될 수 있다는 견해이다.[114]

다. 비교법적 논의

1) 외국의 판례와 그에 대한 평가

미국 연방대법원은 수사기관이 동의하지 않을 수 있음을 고지하지 않았다는 사정만으로는 동의의 임의성을 부정하지 않고 있다.[115] 즉 제출 거부권의 고지 여부는 임의성을 판단하는 여러 요소들 중 하나이지만 필수적인 요소는 아니라는 취지이다. 이는 2023. 5. 10. 현재 기준 한국 대법원의 입장과 같다고 볼 수 있다.

하지만 이러한 미국 연방대법원의 판시는 미국 학계에서 많은 비판

---

114) 이상돈, '사례연습 형사소송법', 법문사, 2006, 178면; 강동범, '동의나 영장 없는 혈액압수의 적법성', 고시계 통권 514호, 1999, 38면; 신이철, '형사소송법 제218조의 유류물 또는 임의제출물의 압수에 대한 소고', 95면; 이순옥, '현행범인 체포 및 임의제출물 압수와 관련한 대법원의 태도에 대한 연구 - 대법원 2016. 2. 18. 선고 2015도13726 판결 -', 중앙법학 제18집 제4호, 중앙법학회, 2016, 353면; 최병각, '휴대폰의 압수와 저장정보의 탐색', 비교형사법연구 제22권 제3호, 한국비교형사법학회, 2020, 182-183면.

115) Schneckloth v. Bustamonte. 412 U.S. 218 (1973)

을 받는다. 미국 학자들은 미국 법원이 동의의 임의성을 면밀히 살펴 본다기 보다는 국민과 수사기관의 이익을 형량 하는 것에 치중하고 있다고 비판한다. 또한 국민들이 동의를 거부할 수 있다는 것을 모른다면 그로부터 도출된 동의는 임의성이 떨어진다고 주장한다.[116] 결국 수사기관이 동의를 얻고자 영장주의를 회피하는 결과를 도출하게 된다는 것이 비판의 핵심이다.[117]

2) 외국의 입법례와 학설 등

가) 미국의 경우

비록 미국 연방대법원은 동의 거부권 고지를 필수적인 것으로 인정하고 있지는 않지만, 미국 콜로라도 주는 2010년에 동의 거부권을 고지하도록 하는 내용의 법률을 제정하였고,[118] 미국 뉴욕 시 역시 2018. 1. 19. 동의 거부권을 고지하도록 하는 내용의 법률(The Right To Know Act)을 제정하였다.[119] 위 The Right To Know Act에 따른 동의 거부권 등 고지 절차는, 아래와 같다(The Right To Know Act § 14-173 a.을 번역·의역함)[120]

---

116) Roseanna Sommers & Vanessa K. Bohns, "The Voluntariness of Voluntary Consent: Consent Searches and the Psychology of Compliance", 128 The YALE LAW JOURNAL 1967(2019)

117) 같은 견해 및 참조로, 김시원, 앞의 논문, 435면.

118) https://www.coloradoindependent.com/2010/05/04/colorados-new-informed-consent-bill-celebrated-as-tool-to-fight-racial-profiling/ 참조(2021. 11. 26. 최종 방문)

119) https://legistar.council.nyc.gov/LegislationDetail.aspx?ID=2015555&GUID=652280A4-40A6-44C4-A6AF-8EF4717BD8D6&Options=ID%7cText%7c&Search=541 참조(2021. 11. 26. 최종 방문)

120) [원문]

§ 14-173 Guidance regarding consent searches.

a. The department shall develop and provide guidance for its officers, whether in uniform or civilian clothing, not including those engaged in undercover operations, with respect to obtaining voluntary, knowing, and intelligent consent

① 경찰은 위협적이지 않고, 간단명료한 말로써 '임의적(자발적)이고, 잘 인식(이해)하고 있으며, 지능적(이성적)인 상태'에서 수색에 동의할 것을 요청하고, 동의를 하지 않을 경우 수색을 하지 않는다는 점을 고지한다.

② 동의는 위협이나 약속에 의하지 않는다.

③ 대상자가 제1항에 따라 전달받은 내용을 이해하고 있음을 확인한다.

④ 동의가 이루어진 장소가 아닌 곳에 수색하는 것을 지양한다.

⑤ 대상자가 영어를 잘 하지 못할 경우, 경찰은 통역 서비스 등을 이용하여 고지한다.

---

prior to the search of a person, or a person's vehicle, home, or property, for a search that is based solely on a person's consent to such search, when such search is not conducted pursuant to a warrant, any other exception to the warrant requirement under applicable law, or probable cause, or when such search is not incident to a lawful arrest. Such guidance shall specify conduct for:

1. Articulating, using plain and simple language delivered in a non-threatening manner, that the person who is the subject of the search is being asked to voluntarily, knowingly, and intelligently consent to such search, and explaining that such search will not be conducted if such person refuses to provide consent to such search;

2. Securing such consent without threats or promises of any kind being made to such person;

3. Affirming that such person understands the information communicated pursuant to paragraph 1;

4. Refraining from conducting such search where such consent has not been obtained; and

5. Utilizing interpretation services pursuant to the department's language access plan, as appropriate, when seeking consent to conduct a search of a person with limited English proficiency or such person's vehicle, home, or property, including but not limited to the use of bilingual officers and telephonic interpretation, prior to conducting such search. [https://legistar.council.nyc.gov/LegislationDetail.aspx?ID=2015555&GUID=652280A4-40A6-44C4-A6AF-8EF4717BD8D6&Options=ID%7cText%7c&Search=541 (2021. 11. 26. 최종 방문)]

나) 영국의 경우

영국의 동의에 의한 수색의 경우, 경찰관이 피의자에게 '피의자는 수색에 대한 동의의 의무가 없으며 압수된 물건들은 증거로 사용될 수 있음'을 고지한 후, 피의자가 서면으로 동의한 경우에 '동의에 기초한 수색'(Search with consent)을 실행할 수 있다(Code B, para 5.3). 물론 영국의 경우에도 서면 동의를 받는 것이 불가능한 경우도 있는데, 그러한 경우란 글을 쓸 수 없거나, 글을 쓰는데 장애가 있는 등 동의를 하는 자에게 특별한 사정이 있는 것을 말하며, 긴급한 수색의 필요성을 말하는 것은 아니다.121)

한국의 실정과 비교하자면, 영국은 한국과 달리 동의 거부권을 고지하여야 하고, 서면 동의서를 받아야 한다는 점에서 큰 차이가 있다.

다) 독일의 경우122)

독일도 임의제출 관련하여 간략한 조문만을 두고 있다.123) 최근인 2021. 6. 25. 독일 연방의회는 '형사소송법의 지속적 발전 및 기타 규정들의 개정에 관한 법률(Gesetz zur Fortentwicklung der Strafprozessordnung und zur Änderung weiterer Vorschriften)'을 통과시켰고(2021. 7. 1. 시행), 이로써 수사절차 및 공판절차 전반에 걸쳐서 많은 조문들이 개정되었으

---

121) 안성수, 앞의 논문, 322-323면; Code B. 2. 3(a) 및 5. 1.(관련 원문: "The consent must, if practicable, be given in writing on the Notice of Powers and Rights"),

122) 이하 독일 형사소송법 원문은 https://www.gesetze-im-internet.de/stpo/에서 인용하였고(2023. 5. 10. 최종 방문), 한국어 번역은 인하대학교 산학협력단의 앞의 보고서 및 사법발전재단 독일법연구회 2018. 1. 16. 발행 '독일 형사소송법' 및 법무부 형사법제과 발간 독일 형사소송법(번역본 포함, 2012. 6. 발간, http://mojhome.moj.go.kr/bbs/moj/175/423302/artclView.do (2023. 5. 10. 최종 방문)을 참조하여 번역하였다.

123) 독일 형사소송법 제94조 제2항은 '그 목적물을 개인이 소지하고 있고 이를 자발적으로 인도하지 않는 때에는 압수를 필요로 한다(Befinden sich die Gegenstände in dem Gewahrsam einer Person und werden sie nicht freiwillig herausgegeben, so bedarf es der Beschlagnahme)'라고 규정하고 있다.

나,[124] 임의제출과 관계된 조문은 이번에도 개정되지 않았다. 즉 임의제출 거부권 고지 필요 여부에 대한 조문은 찾을 수 없었다(2023. 5. 10. 현재 기준).

한편, 위 거부권 고지 필요 여부에 대하여 긍정설과 부정설이 대립하고 있으나, 증거보전과 관련해 임의성(자발성)에 대한 논의가 활발하지는 않아서, 고지의무를 긍정 또는 부정하는 근거가 충분히 제시되고 있지는 않다.[125]

라) 일본의 경우

일본 형사소송법 제221조는 "검찰관, 검찰사무관 또는 사법경찰직원은 피의자 기타의 자가 유류한 물건 또는 소유자, 소지자 혹은 보관자가 임의로 제출한 물건은 이를 영치할 수 있다(檢察官、檢察事務官又は司法警察職員は、被疑者その他の者が遺留した物又は所有者、所持者若しくは保管者が任意に提出した物は、これを領置することができる)"고 규정하고 있다.

즉 일본 역시 임의제출 거부권 고지 필요 여부에 대한 법조항은 찾을 수 없었다(2023. 5. 10. 현재 기준).

라. 한국의 판례

한국 대법원은 음주운전 혐의를 밝히기 위한 운전자의 자발적인 동의에 의한 혈액 채취가 문제된 사안에서, 그 혈액 채취의 임의성 인정에 대하여 "경찰관이 음주운전 혐의를 제대로 밝히기 위하여 운전자의 자

---

124) 신상현, '최근 개정된 독일 형사소송법상 압수·수색 관련 규정에 대한 검토—2021. 6. 25. 자 '형사소송법의 지속적 발전 및 기타 규정들의 개정에 관한 법률'을 중심으로—', 형사법의 신동향 통권 제72호, 대검찰청, 2021, 227-228면 참조.
125) 신상현, '임의제출물 압수의 적법요건으로서의 임의성—대법원 2019. 11. 14. 선고 2019도13290 판결 및 대법원 2020. 4. 9. 선고 2019도17142 판결—', 형사법의 신동향 통권 제67호, 대검찰청, 2020, 281면 참조.

발적인 동의를 얻어 혈액 채취에 의한 측정의 방법으로 다시 음주측정을 하는 것을 위법하다고 볼 수는 없다. 이 경우 운전자가 일단 호흡측정에 응한 이상 재차 음주측정에 응할 의무까지 당연히 있다고 할 수는 없으므로, 운전자의 혈액 채취에 대한 동의의 임의성을 담보하기 위하여는 경찰관이 미리 운전자에게 혈액 채취를 거부할 수 있음을 알려주었거나 운전자가 언제든지 자유로이 혈액 채취에 응하지 아니할 수 있었음이 인정되는 등 운전자의 자발적인 의사에 의하여 혈액 채취가 이루어졌다는 것이 객관적인 사정에 의하여 명백한 경우에 한하여 혈액 채취에 의한 측정의 적법성이 인정된다고 보아야 한다"고 판시하였는 바,126) '수사기관이 제출자에게 임의제출을 거부할 수 있음을 알려준 사실이 있으면 수사기관이 그 제출의 임의성을 증명할 수 있다'는 취지이지만, '반드시 임의제출 시 그 제출을 거부할 수 있음을 알려주어야 한다'고 읽히지는 않는다.

한편 한국 대법원은 경찰이 간호사로부터 진료 목적으로 이미 채혈되어 있던 피고인의 혈액 중 일부를 주취운전 여부에 대한 감정을 목적으로 임의로 제출 받아 이를 압수한 '간호사 혈액 임의제출' 사건에서 그 사전 고지에 대한 별도의 명시적 언급 없이 임의제출에 특별한 절차적 제한규정이 없으므로 임의로 제출하면 증거능력이 있다고 하거나,127) 밀입국하면서 필로폰을 밀수입하는 피의자에 대해 위법한 수색을 통해 바지선의 다른 장소에서 필로폰 약 6.1kg을 발견한 다음 피의자를 현행범 체포를 하면서 그 필로폰을 임의제출 형식으로 압수한 이른바 '바지선 필로폰' 사건에서 검찰수사관이 필로폰 압수 전에 임의제출의 의미와 효과 등에 관하여 고지하였던 점 등을 종합적으로 고려하여 임의성을 판단하고 있는 바,128) 문리해석설에 가까운 입장으로 보인다(한편 미국 연방대법원도 동의 거부권의 고지는 동의의 임의성 판단의 필수적인 요건

---

126) 대법원 2015. 7. 9. 선고 2014도16051 판결.
127) 대법원 1999. 9. 3. 선고 98도968 판결.
128) 대법원 2016. 2. 18. 선고 2015도13726 판결.

은 아니라는 취지이다).[129)]

마. 검토 및 소결

비록 '임의제출'이 문제된 사안은 아니지만 '임의성'이 문제되는 '임의동행'의 적법성이 문제된 사안에서 대법원은 "형사소송법 제199조 제1항은 임의수사 원칙을 명시하고 있는데, 수사관이 수사과정에서 동의를 받는 형식으로 피의자를 수사관서 등에 동행하는 것은, 피의자의 신체의 자유가 제한되어 실질적으로 체포와 유사한데도 이를 억제할 방법이 없어서 이를 통해서는 제도적으로는 물론 현실적으로도 임의성을 보장할 수 없을 뿐만 아니라, 아직 정식 체포·구속단계 이전이라는 이유로 헌법 및 형사소송법이 체포·구속된 피의자에게 부여하는 각종 권리보장 장치가 제공되지 않는 등 형사소송법의 원리에 반하는 결과를 초래할 가능성이 크므로, 수사관이 동행에 앞서 피의자에게 동행을 거부할 수 있음을 알려 주었거나 동행한 피의자가 언제든지 자유로이 동행과정에서 이탈 또는 동행장소에서 퇴거할 수 있었음이 인정되는 등 오로지 피의자의 자발적인 의사에 의하여 수사관서 등에 동행이 이루어졌다는 것이 객관적인 사정에 의하여 명백하게 입증된 경우에 한하여, 동행의 적법성이 인정된다고 보는 것이 타당하다"고 판시하였다.[130)]

현행 형사소송법 제218조에 의하면 임의제출은 법문상 명백한 '압수'이며, 즉 강제수사의 효과를 가지고 있다.[131)] 그러나 사후영장 발부를

---

129) Schneckloth v. Bustamonte. 412 U.S. 218 (1973)

130) 대법원 2011. 6. 30. 선고 2009도6717 판결.

131) 전술한대로 임의제출을 임의수사로 보는 견해도 있다. 그러나 임의제출은 형사소송법 제218조의 명문상 강제수사인 '압수'의 효과를 가지고 있는 점, 위 조항의 제목도 '영장에 의하지 아니한 압수'인 점, 이는 명백한 강제수사를 규정하고 있는 형사소송법 제216조, 제217조의 제목인 '영장에 의하지 아니하는 강제처분'과 대응되는 점 등을 고려할 때 강제수사로 보는 것이 상당하다.

요구받지 않는다. 이는 '임의성'이라는 특수성에 있다. 결국 사후영장의 통제도 받지 않는 임의제출에서 임의성이 인정되려면 위 임의동행에 대한 대법원 판례의 취지와 유사하게 수사기관에 의한 엄격한 임의성 증명이 있어야 할 것이다. 임의동행은 임의수사이고, 임의제출은 압수의 효력을 갖는 강제수사임에 비추어 볼 때 임의동행보다 임의제출을 더 엄격하게 볼 필요도 있다. 임의동행은 원칙적으로 임의동행을 한 후에도 적법한 체포가 있기 전에는 임의로 자리를 이탈할 수 있지만, 임의제출은 원칙적으로 그 제출물을 자유롭게 환부 받지 못하는 '압수'의 효과를 가진다는 점에 비추어 보면 더욱 그러하다. 또한 영장주의의 중요성을 고려할 때, 영장주의의 예외는 엄격하게 인정되어야 한다. 앞서 살펴본 입법례 중 미국, 영국의 경우도 이러한 사정을 고려한 것으로 보인다.

이상과 같은 이유로 임의제출 거부권 고지 필요설(축소해석설)을 지지한다.

바. 소결에 이은 입법론

결국 임의제출 거부권(또는 압수거부권)을 고지하도록 하는 입법이 있어야 문제가 명쾌하게 해결될 것이다. 현재로서는 대법원도 임의제출 거부권 고지 불필요설의 입장으로 보이고, 법문상으로는 임의제출 거부권 고지 필요설의 근거가 없어 현행법의 해석만으로 임의제출 거부권 고지가 필요하다고 해석할 수 있는지가 불명확하거나 무리가 있기 때문이다.

즉 아래와 같은 형사소송법 제218조 및 형사소송법 제108조의 개정이 필요하다고 본다(밑줄이 변경되는 부분).132)133)134)135) 앞에서 제시한 미

---

132) 이와 관련하여, 형사소송법 제218조 제2항(내지 형사소송법 제108조 제2항)을 신설하여, 임의제출물을 영장 없이 압수하기 전에 '해당 물건을 제출하지 아니할 수 있다는 것', '제출하지 아니하더라도 불이익을 받지 아니한다는 것',

국 뉴욕 시의 The Right To Know Act, 한국 형사소송법 제244조의3(진술
거부권 등의 고지)136) 등을 참조하였다.

'제출하는 경우에는 임의로 취거할 수 없으며, 법정에서는 유죄의 증거로 사
용될 수 있다는 것'을 고지하게 하자는 입법론이 있고(신이철, '형사소송법 제
218조의 유류물 또는 임의제출물의 압수에 대한 소고', 96면), '해당 물건을 제
출하지 아니할 수 있다는 것'과 '제출된 압수물은 다시 임의로 반환되지 아니
한다는 것' 뿐만 아니라 '임의제출에 의한 압수의 의미, 방법, 절차'도 고지하
게 하자는 입법론도 있다(신상현, '임의제출물 압수의 적법요건으로서의 임의
성 - 대법원 2019. 11. 14. 선고 2019도13290 판결 및 대법원 2020. 4. 9. 선고
2019도17142 판결 - ', 형사법의 신동향 통권 제67호, 대검찰청, 2020, 289-292면).
133) 이와 관련하여 2021. 2. 15. 제21대 국회에 형사소송법 일부개정법률안이 발의
되었다. 백혜련 의원이 대표발의한 의안번호 8098호가 그것이다. 위 개정안은
수사기관의 권한 남용 방지 등이 제안이유이고, 2021. 2. 16.에 소관상임위인
법제사법위원회에 회부되었고, 2021. 6. 18.에 법제사법위원회 상정 및 소위회
부 결정된 상태이다(2023. 5. 10. 현재 기준). 그 내용은 아래 박스와 같다. 이
에 대하여 법제사법위원회 수석전문위원 박장호는 2021. 6. 위 일부개정법률
안에 대한 검토보고[박장호(법제사법위원회 수석전문위원), '형사소송법 일부
개정법률안 검토보고 〈임의제출 방식의 압수 시 '명시적 동의' 명시 등〉 ■
백혜련의원 대표발의(의안번호 제8098호)', 법제사법위원회, 2021. 6.)]에서(접
근: 의안정보시스템 사이트 중 http://likms.assembly.go.kr/bill/billDetail.do?billId=
PRC_X2I1P0L2J0L5I1Y5R1N2G5F2K9E4Z7 중 '위원회 심사' 항목 중 '소관위 심사
정보'에서 '문서'란에서 파일 내려받기) '개정안은 임의제출 요구를 거부할 수
있음을 명확히 하도록 하려는 것인바, 임의제출 제도가 강제성이 배제된 자
발적 제출이라는 당초 취지대로 운영될 수 있도록 하고, 영장주의의 예외로
서 임의제출에 대한 통제장치를 강화하는 것임. 수사기관의 수사편의주의적
관행을 개선하고 헌법상 적법절차의 원칙을 제고할 수 있다는 측면에서 그
입법취지는 타당하다고 사료됨'이라고 의견을 밝혔다(박장호, 위의 백혜련 의
원 대표발의안 관련 검토보고, 4면). 또한 위 일부개정법률안에 대하여 법무
부는 '임의제출 방식에 의한 압수 과정에서 국민의 권리를 두텁게 보장하려
는 입법 취지에 공감하고, 입법정책적으로 결정할 사안이라는 입장'을 밝혔
고, 법원행정처는 '임의제출물 압수의 요건 중 '임의로'를 '자발적이고 명시적
인 동의에 의하여'로 바꾸고, 임의제출물을 압수하는 경우에 제출거부권 등을
고지하고자 하는 개정안에 대해 특별한 의견이 없다는 입장'을 밝혔다(박장
호, 위의 백혜련 의원 대표발의안 관련 검토보고, 4면).

> (개정, 신설되는 부분은 밑줄)
>
> 제218조(영장에 의하지 아니한 압수)
> ① 검사, 사법경찰관은 피의자 기타인의 유류한 물건이나 소유자, 소지자 또
> 는 보관자가 명시적인 동의에 의하여 제출한 물건을 영장 없이 압수할 수
> 있다.
> ② 제1항에 따라 물건을 압수하는 경우에 검사 또는 사법경찰관은 피의자,
> 소유자, 소지자 또는 보관자에게 그 제출을 거부할 수 있으며, 제출을 거
> 부할 시 어떠한 불이익도 받지 아니함을 미리 고지하여야 한다.

134) 이와 관련하여 2021. 6. 30. 제21대 국회에 형사소송법 일부개정법률안이 발의
되었다. 정청래 의원이 대표발의한 의안번호 11240호가 그것이다. 수사기관
의 권한 남용 방지와 제출자의 임의제출 의사 담보 등이 제안이유이고, 2021.
7. 1.에 소관상임위인 법제사법위원회에 회부된 후 2021. 9. 16. 소위 직접 회부
된 상태이다(2023. 5. 10. 현재 기준). 위 각주의 의안번호 8098 백혜련 의원안과
비교할 때 위 정청래 의원안은 '제출을 거부할 시 어떠한 불이익도 받지 아니함
을 미리 고지'한다는 내용은 없으나 '특정한 범위를 정하여 제출할 수 있음을
미리 고지'하도록 하는 것이 가장 다른 점이다. 그 내용은 아래와 같다.

> (개정, 신설되는 부분은 밑줄)
>
> 제218조(영장에 의하지 아니한 압수)
> ① 검사, 사법경찰관은 피의자 기타인의 유류한 물건이나 소유자, 소지자 또
> 는 보관자가 자발적이고 명시적인 동의에 의하여 제출한 물건을 영장 없
> 이 압수할 수 있다.
> ② 제1항에 따라 물건을 압수하는 경우에 검사 또는 사법경찰관은 피의자,
> 소유자, 소지자 또는 보관자에게 그 제출을 거부할 수 있거나 특정한 범
> 위를 정하여 제출할 수 있음을 미리 고지하여야 한다.

135) 이와 관련하여 2022. 1. 7. 제21대 국회에 형사소송법 일부개정법률안이 발의
되었다. 이수진 의원이 대표발의한 의안번호 14302호가 그것이다. 방어권 보
장 등이 제안이유이고, 2022. 1. 10.에 소관상임위인 법제사법위원회에 회부된
상태이다(2023. 5. 10. 현재 기준). 그 관련 내용은 아래와 같다.

> (개정, 신설되는 부분은 밑줄, 제219조에서 제108조도 준용하게 함)
>
> 제108조(영장에 의하지 아니한 압수)

[표 1] 형사소송법 제218조, 제108조 개정안
(임의제출 거부권 고지 규정 신설 관련)

현행 형사소송법	형사소송법 개정안
제218조(영장에 의하지 아니한 압수) 검사, 사법경찰관은 피의자 기타인의 유류한 물건이나 소유자, 소지자 또는 보관자가 임의로 제출한 물건을 영장없이 압수할 수 있다.	제218조(영장에 의하지 아니한 압수) ① 검사, 사법경찰관은 피의자 기타인의 유류한 물건이나 소유자, 소지자 또는 보관자가 임의로 제출한 물건을 영장없이 압수할 수 있다. ② 임의제출물을 영장 없이 압수하기 전에 다음 각 호의 사항을 알려주어야 한다. 1. 해당 물건을 제출하지 아니할 수 있다는 것 2. 해당 물건을 제출하는 경우에는 임의로 다시 가져갈 수 없으며, 법정에서 유죄의 증거로 사용될 수 있다는 것

> ① 검사, 사법경찰관은 피의자 기타인의 유류한 물건이나 소유자, 소지자 또는 보관자가 <u>자발적이고 명시적인 동의</u>에 의하여 제출한 물건을 영장 없이 압수할 수 있다.
> ② 제1항에 따라 물건을 압수하는 경우에는 소유자·소지자 또는 보관자에게 그 제출을 거부할 수 있으며, 제출을 거부할 시 어떠한 불이익도 받지 아니함을 미리 고지하여야 한다.

136) 제244조의3(진술거부권 등의 고지)

① 검사 또는 사법경찰관은 피의자를 신문하기 전에 다음 각 호의 사항을 알려주어야 한다.
1. 일체의 진술을 하지 아니하거나 개개의 질문에 대하여 진술을 하지 아니할 수 있다는 것
2. 진술을 하지 아니하더라도 불이익을 받지 아니한다는 것
3. 진술을 거부할 권리를 포기하고 행한 진술은 법정에서 유죄의 증거로 사용될 수 있다는 것
4. 신문을 받을 때에는 변호인을 참여하게 하는 등 변호인의 조력을 받을 수 있다는 것
② 검사 또는 사법경찰관은 제1항에 따라 알려 준 때에는 피의자가 진술을 거부할 권리와 변호인의 조력을 받을 권리를 행사할 것인지의 여부를 질문하고, 이에 대한 피의자의 답변을 조서에 기재하여야 한다. 이 경우 피의자의 답변은 피의자로 하여금 자필로 기재하게 하거나 검사 또는 사법경찰관이 피의자의 답변을 기재한 부분에 기명날인 또는 서명하게 하여야 한다.

제108조(임의 제출물 등의 압수) 소유자, 소지자 또는 보관자가 임의로 제출한 물건 또는 유류한 물건은 영장없이 압수할 수 있다.	제108조(임의 제출물 등의 압수) ① 소유자, 소지자 또는 보관자가 임의로 제출한 물건 또는 유류한 물건은 영장없이 압수할 수 있다. ② 임의제출물을 영장 없이 압수하기 전에 다음 각 호의 사항을 알려주어야 한다. 1. 해당 물건을 제출하지 아니할 수 있다는 것 2. 해당 물건을 제출하는 경우에는 임의로 다시 가져갈 수 없으며, 법정에서 유죄의 증거로 사용될 수 있다는 것

4. 수사기관의 임의제출 요구가 있을 때의 제출의 임의성

가. 학설

영장없이 소유자 등에게 제출을 명하여 물건을 제출받으면 제출의 임의성이 부정되어 위법한 압수로 보아야 한다는 견해[137]와, 수사기관이 제출을 요구하였다는 이유만으로 임의성을 부정할 수는 없다는 견해[138]의 대립이 있다.

나. 판례

이에 대하여 명확하게 설시한 판례는 찾기 어려우나, 대부분의 임의제출 사안에서는 수사기관의 임의제출 요구가 있었을 것이 추단되는데

---

137) 배종대·이상돈·정승환·이주원, '형사소송법(제2판)', 홍문사, 2016, 199면.
138) 이순옥, 앞의 논문, 354면; 신이철, '형사소송법 제218조의 유류물 또는 임의제출물의 압수에 대한 소고', 96면("생각건대 제출의 임의성의 판단은 구체적 상황에 따라 종합적으로 판단해야 하므로 수사기관의 제출요구가 있었다는 사정만으로 곧바로 임의성이 부정할 것은 아니지만, 그럼에도 불구하고 수사기관의 우월적 지위가 있다는 점을 고려해 보면 임의성이 쉽게 인정되기도 어려울 것으로 판단된다").

(특히 피의자의 경우 수사기관의 요구가 없었음에도 자발적으로 임의제출을 한다는 것은 상정하기 어렵다), 임의제출을 설시한 판례가 수사기관의 임의제출 요구에 대하여 문제 삼지 않는 것을 보면 수사기관이 제출을 요구하였다는 이유만으로 임의성을 부정할 수는 없다는 견해라고 판단된다.

다. 소결

수사기관의 임의제출 요구가 없는데 임의제출이 이루어지는 경우는 많지 않을 것으로 보이는 점, 영장없이 소유자 등에게 제출을 명하여 물건을 제출받으면 제출의 임의성이 부정되어 위법한 압수로 보아야 한다는 견해에 따르면 임의제출물의 압수를 규정한 형사소송법 제218조가 형해화될 우려가 있다는 점, 법문상 임의제출 요구여부에 대한 어떠한 규정도 없는 점 등을 고려하면 수사기관이 제출을 요구하였다는 이유만으로 임의성을 부정할 수는 없다는 견해가 타당하다.

5. 제출 내지 그에 대한 동의의 방법

가. 논의의 소재

임의제출 시 그 동의의 방법이 어떠한지, 제출 방법이 어떠한지에 대한 논의, 특히 묵시적 동의에 의한 임의제출이 가능한지에 대한 논의가 있다. 미국의 동의에 의한 수색의 경우는 묵시적 동의가 가능한지에 대한 논의가 있다.

나. 비교법적 논의

1) 미국의 사례

피의자가 '수색에 동의하겠느냐'는 취지로 말하는 경찰에게 문을 열어주면서 안으로 들어오도록 한 경우에는 피의자가 동의를 한다는 말은 안 했더라도, 상황에 따라서는 피의자가 묵시적으로 수색에 동의를 한 것으로 볼 수 있을 것이다. 그러나 늦은 저녁에 많은 경찰이 출동하여 현관문을 두드리고, 경찰이라고 하면서 수 분에 걸쳐 현관문을 개방할 것을 요구한 때에는 그 현관문을 열어준 것만으로는 압수수색에 동의하였다고 인정하기 어려울 것이다. 이때 피의자가 '경찰이 안으로 들어오는 것에 반대하지 않았다는 것'을, '경찰이 안으로 들어와 수색하는 것에 묵시적으로 동의했다'고까지 취급할 수는 없다. 만약 위와 같이 동의를 추단하여 취급해 버린다면 경찰이 집으로 들어온 사실 자체에 의하여 피의자의 동의가 추인되는 부당함이 발생하기 때문이다.[139]

경찰이 열차에서 피의자의 동의하에 가방을 수색하였는데, 그 가방 안에서 열쇠로 잠겨 있는 다른 가방을 발견하고, '이 다른 가방 안에 금제품이 있는지 확인하기 위하여 열어 볼 수 있느냐'고 묻자 피의자가 주머니에 있던 열쇠를 꺼내어 경찰에게 건네준 때에는, 비록 피의자가 말로 명시적인 동의를 하지 않았다고 하더라도 잠긴 부분을 수색하는 것에 대한 동의가 있는 것으로 볼 수 있다는 판례도 있다. 이와 같은 상황에서는 '피의자가 수색의 범위를 명확하게 제한하지 않은 것'이나, '피의자가 수색에 반대를 하지 않는다는 것'이 '경찰의 수색이 피의자가 동의한 범위 내에 속한다는 것'을 나타내 준다고 한다.[140]

---

139) U.S. v. Shaibu, 920 F.2d 1423 (1990)
140) U.S. v. Gordon, 173 F.3d 761 (1999)

2) 영국의 사례

가택(premises)에 대한 수색과 압수에 있어 동의에 의한 수색을 하려면, 원칙적으로 출입을 허용할 수 있는 자(person entitled to grant entry)에게 그가 가진 권리를 고지하고, 서면 동의서를 받아야 한다. 경찰은 수색의 목적과 범위를 설명하고, 수색의 대상인 물건이나 사람 그리고, 수색의 장소를 가능한 한 구체적으로 특정해서 알려주어야 한다. 출입을 허용한 상대방에게 출입에 동의할 의무가 없다는 것과 압수된 물건은 증거로 사용될 수 있다는 것을 명확하게 알려주어야 한다. 이때 그 상대방이 범죄 혐의자가 아닌 때에는 수색의 목적을 설명할 때 그가 혐의자가 아니라는 설명을 해 주어야 한다. 물론 서면 동의를 받는 것이 불가능한 경우도 있는데, 그러한 경우란 글을 쓸 수 없거나, 글을 쓰는데 장애가 있는 등 동의를 하는 자에게 특별한 사정이 있는 것을 말하며, 긴급한 수색의 필요성을 말하는 것은 아니다.[141]

한편 영장에 의한 수색을 하거나, 혹은 영장 없이 수색할 때 그 장소를 점유하는 자(the occupier of premises)가 동의하는 경우에는 서면 동의서를 받을 필요가 없다.[142] 또한 그 주택이 점유된 것이 아니거나, 점유자·관리자가 없거나, 혹은 관리자에게 알리는 경우 수색의 목적 달성에 지장이 발생하거나 경찰관이나 다른 사람에게 위험이 발생할 것이라고 판단될 때에는 상대방에게 출입을 요청하는 근거를 설명하거나, 출입을 허락하라고 요구할 필요가 없다.[143]

즉 영국은 입법으로 동의의 방법에 대하여 비교적 구체적으로 규정하고 있는 것으로 보인다.

---

141) 안성수, 앞의 논문, 322-323면; Code B. 2. 3(a) 및 5. 1.(관련 원문: "The consent must, if practicable, be given in writing on the Notice of Powers and Rights"), Code B 5.2
142) Code B 5A
143) 안성수, 앞의 논문, 323면; Code B 6.4

다. 한국의 실무 규정

한편, 임의제출이 가장 빈번하게 일어나고 국민의 생활에 밀접한 관련이 있는 경찰 수사단계에서 적용되는 범죄수사규칙(경찰청 훈령 제1057호) 제142조는 '임의 제출물의 압수 등'이라는 제목으로 제2항에서 '경찰관은 소유자등이 임의 제출한 물건을 압수할 때에는 제출자에게 임의제출의 취지 및 이유를 적은 별지 제62호서식의 임의제출서를 받아야 하고, 「경찰수사규칙」 제64조 제1항의 압수조서와 같은 조 제2항의 압수목록교부서를 작성하여야 한다. 이 경우 제출자에게 압수목록교부서를 교부하여야 한다'고 규정하고 있어, 임의제출 시 임의제출서를 받도록 명시하고 있다(2023. 5. 10. 현재 기준). 임의제출서 양식의 적정성은 별론으로 하고(추후 다른 목차에서 살펴볼 것이다), 임의제출서를 받는 것 자체는 바람직한 태도라고 할 것이다.

다만 2023. 5. 10. 현재 적용되는 검찰사건사무규칙(법무부령 제204호)[144]과 고위공직자범죄수사처 사건사무규칙(고위공직자범죄수사처규칙 제24호)에서는 임의제출서에 대한 내용을 찾아볼 수 없었다. 위 검찰사건사무규칙 제50조는 '임의 제출 등'이라는 제목하에 압수조서 작성, 압수목록 교부 등에 대하여 규정되어 있으나, 임의제출동의서에 대한 문구는 없었다.[145]

---

144) 전술한 2022년 검사 수사권 축소 개정에 따라 관련 법무부령도 변경이 있을 수 있으나 참고용으로 적시하였다. 이상 및 이하 검찰 내지 검사와 관련된 대검찰청 예규, 법무부령, 기타 대통령령 등 규정 기재 부분에서 같다.

145) 검찰사건사무규칙
제50조(임의 제출 등)
① 검사가 법 제218조에 따라 유류(遺留)한 물건 또는 임의로 제출하는 물건을 압수한 경우에는 별지 제50호서식의 압수조서를 작성한다. 다만, 피의자신문조서 또는 진술조서에 압수의 취지를 기재하는 것으로 압수조서의 작성을 갈음할 수 있다.
② 법 제219조에서 준용하는 법 제129조에 따른 압수목록의 교부는 별지 제51

라. 소결

앞에서 살펴본 미국의 사례는 주로 물리적인 물체에 대한 수색을 할 경우에 논의된 것이다. 즉 피의자가 '수색에 동의하겠느냐'고 말하는 경찰관에게 문을 열어주면서 안으로 들어오도록 한 경우, 늦은 저녁에 많은 경찰이 출동하여 현관문을 두드리고, 경찰이라고 하면서 수 분에 걸쳐 현관문을 개방할 것을 요구한 때에 문을 열어준 경우, 경찰이 열차에서 피의자의 동의하에 가방을 수색하였는데, 그 가방 안에서 열쇠로 잠겨 있는 다른 가방을 발견하고, '이 다른 가방 안에 금제품이 있는지 확인하기 위하여 열어 볼 수 있느냐'고 묻자 피의자가 주머니에 있던 열쇠를 꺼내어 경찰에게 건네준 경우 등을 논의의 전제로 상정하고 있다.

비록 '대용량 정보 저장장치의 탐색'이 '수색'과 유사한 면이 있다고 하더라도, 일단 한국의 임의제출은 '어떠한 물체를 제출'하는 것을 의미한다. 이에 대하여 묵시적인 동의 상황은 억지로 만들지 않으면 상정하기 어렵다. 설령 범죄자가 어떤 사람의 어떤 물질(책, 스마트폰 등)을 빼앗기 위하여 추적하던 중, 그 어떤 사람이 경찰을 발견하여 그 어떤 물질의 보호를 위하여 별다른 말이 없이 그 어떤 물질을 경찰에게 넘겨주었거나, 평시에 어떤 사람이 말 없이 갑자기 경찰에게 어떠한 물질을 주었다고 하더라도 이러한 사정들만으로는 그 어떤 물질을 형사소송법 제218조에 의한 압수의 효력이 생기도록 임의제출 했다고 상정할 수는 없을 것이다. '압수'는 '혐의'가 전제되어야하는데, '묵시적' 임의제출 시 그 '혐의'가 불명확하거나 없을 수 있다는 점을 고려할 때 더욱 그러하다.

만약 경찰이 그 어떤 물질에 대한 임의제출 받는 것을 원할 경우 제

호서식의 압수목록교부서에 따른다.

③ 검사는 제1항에 따라 압수한 경우에는 지체 없이 별지 제52호서식의 압수물총목록을 작성하여 압수조서와 함께 압수물사무담당직원에게 인계하여 압수물 수리절차를 취하게 한다. (이하 생략)

출인의 명시적 의사를 확인하여야 할 것이다.

결국 현재 한국 형사소송법의 임의제출의 경우, 묵시적 동의 상황을 상정하기는 어렵고, 제출자의 명시적 동의하에 임의제출하는 것이 필요하다고 보아야 할 것이다.[146] 이렇게 해석하는 것이 제출인 보호, 임의성 보호, 임의성은 명확하게 증명하여야 하는 점 등을 고려할 때 타당하다.

---

146) 한편, '임의제출'과 '동의에 의한 압수'가 개념상 구별됨을 전제로 하여 '묵시적 동의에 의한 압수'는 불허되어야 한다는 취지의 견해도 있다(김정한, 앞의 논문, 258면).

제6절 임의제출물 압수의 효과

형사소송법 제218조는 '영장에 의하지 아니한 압수'라는 제목 하에 "검사, 사법경찰관은 피의자 기타인의 유류한 물건이나 소유자, 소지자 또는 보관자가 임의로 제출한 물건을 영장없이 압수할 수 있다"라고 규정하고 있고, 형사소송법 제108조는 "임의 제출물 등의 압수'라는 제목 하에 '소유자, 소지자 또는 보관자가 임의로 제출한 물건 또는 유류한 물건은 영장없이 압수할 수 있다"라고 규정하고 있다.

즉 효용성 및 제도의 의의 측면에서 보자면, 제출자가 언제든지 별다른 제약 없이 '임의로' 제출물을 회수할 수 있는 경우, 그 임의제출이라는 제도의 효용이 떨어지고 제도의 존재 의의가 퇴색된다. 따라서 임의제출이라는 제도를 유지할 경우 제출자가 별다른 제약 없이 '임의로' 제출물을 회수할 수 없도록 해야 그 제도의 의의와 효용성이 있다. 이에 따라 임의제출의 일단의 일반적인 효력을 일반적인 '압수'의 효력과 마찬가지로 인정함이 타당하고, 이는 현행 형사소송법의 태도이다.

수사기관의 경우, 영장에 의한 압수 보다 이러한 임의제출물 '영치'[147]를 이용한다면 물건에 대한 점유를 비교적 쉽게 취득할 수 있게 된다. 물건 점유의 취득 자체는 영장 없이 가능하지만, 영치의 효과는 압수와 동일하다. 즉, 제출자는 임의로 환부 받을 수 없다.[148] 위 효과에

---

147) 형사소송법상 소유자나 소지자 또는 보관자가 임의로 제출한 물건이나 유류(遺留)한 물건을 영장 없이 그 점유를 취득하는 법원 또는 수사기관의 강제처분(형사소송법 제108, 218조). 압수의 일종이나 협의의 압수는 상대방의 의사에 반하여 행하는 강제처분으로서 법관의 압수·압수영장을 필요로 하지만 영치는 임의적인 것이므로 영장을 필요로 하지 않는다. 그러나 임의적(任意的)이라고 하더라도 압수와 동일한 효력을 갖는다[https://terms.naver.com/entry.naver?docId=3654532&cid=42131&categoryId=42131 (이병태 저, 법문북스 출판의 '법률용어사전'을 인터넷 데이터화 한 네이버 지식백과, 법률용어사전 중 '영치', 2021. 11. 28. 최종 방문)]

대한 대법원의 해석도 마찬가지이다(대법원 2021. 11. 18. 선고 2016도348 판결).

따라서 수사기관은 유류한 물건이나 임의제출하는 물건을 압수한 때에는 영장에 의한 압수와 동일하게 압수조서를 작성하여야 한다고 할 것이다(형사소송법 제49조 제1항).

압수조서에는 연월일시와 장소를 기재하고 이를 행한 자와 참여한 사법경찰관리가 기명날인 또는 서명을 하여야 하는데(형사소송법 제50조 제1항 본문), 특히, 압수조서에는 품종, 외형상의 특징과 수량을 기재하여야 한다(형사소송법 제49조 제3항). 그리고 공무원인 수사기관이 작성하여 피압수자 등에게 교부해야 하는 문서인 압수물 목록을 수사기관이 작성하여 소유자, 소지자, 보관자 기타 이에 준할 자에게 교부해야 한다.

즉, 피압수자에게 압수목록을 교부하여야 하는데(형사소송법 제219조, 제129조), 이 압수목록에는 작성연월일이 기재되어야 하고(형사소송법 제57조 제1항), 그 내용도 사실에 부합하여야 한다. 압수물의 목록은 피압수자 등이 압수물에 대한 환부·가환부 신청(형사소송법 제218조의2)을 하거나 압수처분에 대한 준항고(형사소송법 제417조)를 하는 등 권리행사절차를 밟는 가장 기초적인 자료가 된다.

결국, 영치의 효과가 압수(압류)와 동일하기 때문에 영치된 물건도 환부 및 가환부의 대상이 되는 것이다.

다만, 임의제출은 말 그대로 '임의'로 제출하는 것이고, '임의'동행의 경우 피의자가 언제든지 퇴장 내지 이석할 수 있다는 점 등을 고려할 때(대법원 2011. 6. 30. 선고 2009도6717 판결 참조), 현행 형사소송법과 같이 임의제출의 효력에 '압수(강제)'를 직결시키는 것은 적절하지 않은 측면이 있다. 또한 수사기관은 사전 내지 사후 영장 발부의 번거로움을 피하고, 임의제출 범위가 광범위한 점 등을 고려하여 수사편의상 형사소송법 제218조에 의한 임의제출을 선호하는데, 이러한 수사기관의 선호와

---

148) 같은 견해로, 신동운, 앞의 책, 285면.

그와 관련한 수사권 남용 가능성이 있으므로, 우리는 경각심을 가질 필요가 있다. 이와 관련하여, 제출자가 후에 그 동의한 뜻을 변경하는 경우, 혹은 소유자가 원하는 경우 등의 사정이 있으면 임의제출물에 대한 탐색을 중단하거나 폐기하거나 혹은 임의제출물을 되돌려 받을 수 있도록 제도를 설계함이 타당한데, 다른 목차[목차 제3장 제12절 '(임의제출 후) 탐색 중단·폐기권 내지 회수권(철회권) 인정 필요']에서 살펴본다.

제7절 위법한 압수물의 임의제출 문제

1. 위법수집증거 일반론 및 논의의 원인

원칙적으로 임의제출 압수의 요건을 충족하지 못하면 위법한 압수가 되어 유죄의 증거로 사용할 수 없게 되고, 이에 기초하여 얻은 제2차적 증거 역시 증거능력이 없다고 보아야 한다. 또한 위법한 압수와 함께 제출자로부터 작성 받은 임의제출동의서도 원칙적으로 증거능력이 부정되어야 할 것이다. 이에 대해서는 성질·형상불변론 등 반대견해가 있을 수 있으나, 위법수집증거배제법칙이 형사소송법에 명문으로 추가[149]된 후에는 그 반대견해의 정당성을 인정하기 어렵다.

대법원은 경찰이 피고인을 체포한 후 20m 떨어진 피고인의 집에서 집안을 수색하여 칼과 합의서를 압수하였을 뿐만 아니라 사후영장을 청구하지도 않은 사안에서, 위 칼과 합의서는 물론 그 '임의제출물 동의서', '압수조서 및 목록', '압수품 사진'역시 증거능력이 없다고 판시하기도 하였다.[150]

문제는 위법한 압수가 있은 직후에 임의제출이 이루어지는 경우에도 임의성이 인정될 수 있는지, 그에 따라 임의제출된 물건에 증거능력을 인정할 수 있는지에 있다.

압수 후 정당한 제출자에게 그 제출대상물이 다시 환부되었는지 여부가 판단에 영향을 미칠 수 있으므로, 논의의 편의상 아래에서는 위법한 압수 직후에 환부하지 않고 다시 임의제출을 받은 경우와, 위법한 압수물 반환 후 다시 임의제출 받은 경우를 나누어 살펴보기로 한다.

---

149) 형사소송법 제308조의2(위법수집증거의 배제) 적법한 절차에 따르지 아니하고 수집한 증거는 증거로 할 수 없다.(2007. 6. 1. 본조 신설)
150) 대법원 2010. 7. 22. 선고 2009도14376 판결.

2. 위법한 압수 후 제출물 미환부 상태에서 임의제출을 받은 경우

가. 관련 판례

대법원은 밀입국하면서 필로폰을 밀수입하는 피의자에 대해 위법한 수색을 통해 바지선의 다른 장소에서 필로폰 약 6.1kg을 발견한 다음 피의자를 현행범 체포를 하면서 그 필로폰을 임의제출 형식으로 압수한 사안에서(이른바 '바지선 필로폰 압수' 사건), 이미 사실상 압수한 것으로 보이는 필로폰에 대해 검찰수사관이 피고인에게 임의제출의 의미, 효과 등에 관하여 고지하였다는 점과 임의제출 받기 위하여 피고인을 기망하거나 협박하였다고 볼 아무런 사정이 없다는 점 등을 감안하여 임의제출로서의 압수가 적법하다고 판시한 바 있다.[151] 이 판례를 두고, 압수수색영장 및 사후영장제도를 사실상 형해화하는 결과를 용인하는 것이므로 예외를 좁게 해석해야 한다는 평가가 있고,[152] 위 대법원 판례 사안의 수색을 위법한 수색으로 보는 견해도 있다.[153]

나. 검토 및 소결

생각건대 이미 수사기관이 위법하게 사실상 압수한 상태에서 그 직후에 이루어진 제출에 임의성을 인정하는 것은 헌법상 영장주의의 원칙을 잠탈할 위험이 상당하다. 위법한 압수 이후에 이루어진 사후적 동의를 통해 증거능력을 부여할 수 없다는 점 등을 고려해 보면,[154] 위법한

---

151) 대법원 2016. 2. 18. 선고 2015도13726 판결.
152) 이주원, 앞의 책, 220-221면.
153) 신이철, '형사소송법 제218조의 유류물 또는 임의제출물의 압수에 대한 소고', 104면.
154) 대법원 2011. 4. 28. 선고 2009도2109 판결 등.

압수상태에 의한 영향이 완전히 배제되고 제출자의 의사결정의 자유가 확실하게 보장되었다고 볼 만한 특별한 사정이 없는 이상 위법압수와 임의제출 사이의 인과관계가 단절된 것으로 보기는 어렵다고 해야한다.

이러한 특별한 사정을 고려함이 없이 증거능력을 부정하자는 견해도 있을 수 있으나, 이른바 개과천선과 같은 전적인 자유 하에 수사기관에 증거를 제출하는 것까지 인정하지 않을 이유는 없다는 점에서 '위법압수와 임의제출 사이의 인과관계가 단절된 경우'까지 임의제출을 부정할 것은 아니다. 물론 '위법한 압수상태에 의한 영향이 완전히 배제되고 제출자의 의사결정의 자유가 확실하게 보장되었다고 볼 만한 특별한 사정'은 매우 엄격하게 해석되어야 할 것이고, 공판단계에서는 검사가 이를 합리적 의심을 배제할 수 있을 정도로 증명하여야 할 것이며, 결국 '위법압수와 임의제출 사이의 인과관계가 단절된 경우' 및 '임의성'이 인정될 확률은 매우 적을 것이다.

3. 위법하게 압수된 압수물을 환부한 후 임의제출 받은 경우

가. 구체적 논점

수사기관이 별개의 증거를 피압수자 등에게 환부하고, 그 후에 임의제출을 받은 경우 유죄의 증거로 사용할 수 있는지가 문제된다.

나. 관련 법리

대법원 판례상 원칙적으로 수사기관이 절차에 위반하여 수집한 증거는 물론 이를 기초로 하여 획득한 2차적 증거 역시 유죄인정의 증거로 삼을 수 없는 것이 원칙이지만, 위법수집증거와 2차적 증거 사이에 인과

관계가 단절 또는 희석되었다고 평가할 수 있는 경우를 중심으로 전체적·종합적으로 고려하여 예외적으로 2차적 증거를 증거로 사용할 수는 있다.[155]

인과관계의 단절·희석 여부 판단과 관련하여서는 보통 영미법계에서 말하는 ① 위법한 수사가 이루어진 후에 피고인이 자유의사에 따라 증거를 제공한 경우(오염순화 예외), ② 다른 수단으로도 어차피 발견되었을 증거인 경우(불가피 발견의 예외), ③ 위법한 수집방법과 별개로 수집한 증거인 경우(독립된 증거원의 예외) 등이 거론되고 있지만, 한국 대법원 판례는 '예외적으로 2차적 증거의 증거능력을 인정할 수 있는 경우에 해당하는지 여부는 먼저 1차적 증거수집과 관련된 모든 사정들[156]을 살펴보고, 나아가 1차적 증거를 기초로 하여 다시 2차적 증거를 수집하는 과정에서 추가로 발생한 모든 사정들까지 구체적 사안에 따라 주로 인과관계의 희석 또는 단절여부를 중심으로 전체적 종합적으로 고려하여야 한다'는 취지로 판시하고 있다.[157]

다. 관련 법리에 따른 관점 정리

이러한 논의와 관련하여 압수된 압수물을 환부한 후 임의제출 받은 경우에는, 환부 후 다시 제출하는 과정에서 수사기관의 우월적 지위에 의하여 명목상만 임의제출이고, 실제로는 강제적인 압수가 행하여 질 수 있음을 특히 고려해야 할 것이고, 결국 인과관계를 단절 또는 희석하는

---

155) 대법원 2007. 11. 15. 선고 2007도3061 전원합의체 판결 등.
156) 절차 조항의 취지와 그 위반의 내용 및 정도, 구체적인 위반 경위와 회피가능성, 절차조항이 보호하고자 하는 권리 또는 법익의 성질과 침해 정도 및 피고인과의 관련성, 절차위반행위와 증거수집 사이의 인과관계 등 관련성의 정도, 수사기관의 인식과 의도 등을 말한다(대법원 2009. 3. 12. 선고 2008도11437 판결).
157) 대법원 2009. 3. 12. 선고 2008도11437 판결; 대법원 2018. 4. 26. 선고 2018도2624 판결; 대법원 2018. 5. 11. 선고 2018도4075 판결 등.

사정은 검사가 '합리적 의심을 배제할 수 있을 정도'로 증명하여야 하며 검사가 그 증명에 실패한 경우 증거능력을 인정할 수 없다고 해야 한다.

라. 관련 판례

대법원은 '조세포탈 사건을 수사하면서 영장기재 혐의사실과 무관한 관련서류와 USB 등을 위법하게 압수하여 보관하던 중, 이미 구속되어 재판을 받고 있던 피고인의 동생을 불러 돌려준 직후 사업상 불이익으로 위협하면서 임의제출 하도록 하여 USB에 저장된 영업실적표를 증거로 제출한 사안'에서(이른바 '한국 까르푸 사건'), '위법한 압수물인 별건증거를 검찰청에서 피고인의 동생에게 돌려준 후 바로 그 자리에서 조세포탈사건의 조사권한이 있는 세무공무원에게 다시 제출하도록 한 경우 위법하다'는 취지로 판시 하고 있는데, 결국 피고인의 동생이 세무공무원에게 USB 등을 제출할 때에 제출의 임의성을 검사가 합리적 의심의 여지없는 입증을 못함으로써 최초의 압수와 2차적 증거의 인과관계가 단절되었다고 보기 어려워 증거능력이 부정되었다.[158]

다만 대법원은 이 사건에서 '검사 또는 사법경찰관은 범죄수사에 필요한 때에는 피의자가 죄를 범하였다고 의심할 만한 정황이 있는 경우에 판사로부터 발부받은 영장에 의하여 압수·수색을 할 수 있으나, 압수·수색은 영장 발부의 사유로 된 범죄 혐의사실과 관련된 증거에 한하여 할 수 있는 것이므로, 영장 발부의 사유로 된 범죄 혐의사실과 무관한 별개의 증거를 압수하였을 경우 이는 원칙적으로 유죄 인정의 증거로 사용할 수 없다. 다만 수사기관이 그 별개의 증거를 피압수자 등에게 환부하고 후에 이를 임의제출 받아 다시 압수하였다면 그 증거를 압수한 최초의 절차 위반행위와 최종적인 증거수집 사이의 인과관계가 단절되었다고 평가할 수 있는 사정이 될 수 있으나, 환부 후 다시 제출하는

---

158) 대법원 2016. 3. 10. 선고 2013도11233 판결.

과정에서 수사기관의 우월적 지위에 의하여 임의제출의 명목으로 실질
적으로 강제적인 압수가 행하여질 수 있으므로, 그 제출에 임의성이 있
다는 점에 관하여는 검사가 합리적 의심을 배제할 수 있을 정도로 증명
하여야 하고, 임의로 제출된 것이라고 볼 수 없는 경우에는 그 증거능력
을 인정할 수 없다'고 판시하여 '수사기관이 그 별개의 증거를 피압수자
등에게 환부하고 후에 이를 임의제출받아 다시 압수하였다면 그 증거를
압수한 최초의 절차 위반행위와 최종적인 증거수집 사이의 인과관계가
단절되었다고 평가할 수 있는 사정이 될 수 있다'는 취지의 판시를 하기
도 하였다.

마. 검토 및 소결

결국 이른바 개과천선과 같은 전적인 자유 하에 수사기관에 증거를
제출하는 것까지 인정하지 않을 이유는 없다는 점에서 위법압수와 임의
제출 사이의 인과관계가 단절된 경우까지 임의제출을 부정할 것은 아니
다. 물론 '위법압수와 임의제출 사이의 인과관계가 단절된 것'은 매우 엄
격하게 해석되어야 할 것이고, 공판단계에서는 검사가 이를 합리적 의심
을 배제할 수 있을 정도로 증명하여야 할 것이며, 결국 '위법압수와 임의
제출 사이의 인과관계가 단절된 경우' 및 '임의성'이 인정될 확률은 매우
적을 것이다.

이는 이전 목차에서 살펴보았던 '위법한 압수 직후 제출물을 환부하
지 않은 채 임의제출을 받은 경우'의 논의와 유사하다. 그러나 '위법한
압수 직후 제출물을 환부하지 않은 채 임의제출을 받은 경우' 보다는 그
래도 '위법하게 압수된 압수물을 환부한 후 임의제출 받은 경우'가 제출
자에게 더 임의성이 인정될 여지가 조금이나마 더 많을 것이다.

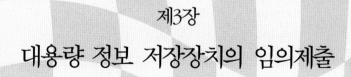

제3장

대용량 정보 저장장치의 임의제출

제1절 논의의 소재

1. 장을 바꾸어 서술하는 이유

앞에서 서술한 바와 같이, 휴대전화 등 대용량 정보 저장장치의 임의제출과 관련된 문제들은 최근에 빈번히 문제되고 있고, 그 논의 분야도 방대하다.

물론 대용량 정보 저장장치와 일반적인 물체의 임의제출이 그 근간에 있어서 '본질적으로 완전히 다르다'고 할 수는 없고, '임의'라는 본질은 같다고 할 수 있다. 또한 디지털 증거 파일 하나하나를 기준으로 본다면 그 임의제출 논의가 전통적인 그것과 대부분 유사할 것이다.

다만, 일반적인 물체의 임의제출의 경우에는 그 물체를 제출하면 수사기관이 그 물체의 현상을 즉시 획득한다고 볼 수 있기에 형사소송법 제121조 내지 제123조의 '(영장) 집행'이라는 과정이 문제될 소지가 적은데 대용량 정보 저장장치의 경우 그 '탐색' 과정이 필요하여 위 '집행'과 유사한 측면이 존재하고, 그 '탐색'과정에서 참여권 등 수 많은 법적 쟁점이 생겨난다. 그리고 전통적인 유체물과는 달리 디지털 증거 파일 '하나'라고 하더라도 그 '하나'의 파일 안에 거의 무한대의 다양한 정보도 저장될 수 있다. 또한 그 파일도 마치 우주에 별들이 많은 것처럼 매우 많을 수도 있다. 이에 따라 대용량 정보 저장장치는 그 압수에 따라 관련되는 그 정보의 양, 정보 침해 가능성도 매우 높고 다양하다고 할 수 있다. 이상과 같은 대용량 정보 저장장치의 특징을 고려할 때 대용량 정보 저장장치는 전통적인 유체물과 질적으로 다른 부분이 존재하고, 대용량 정보 저장장치의 임의제출의 고유한 논의가 존재한다.

따라서 대용량 정보 저장장치의 임의제출에 대하여 장을 바꾸어 심도 있는 논의를 할 필요가 있다

물론 본장의 논의 중에 전통적인 물체의 임의제출에도 직접 적용될 수 있는 논의들도 있고, 전통적인 물체 중에서 '다량'의 문서나 물질을 임의제출하는 것은 본장에서 서술할 대용량 정보 저장장치의 임의제출과 유사하거나 같을 측면이 있을 수 있다. 따라서 본장의 논의가 전통적인 물체의 임의제출에 차용되거나 적용될 수도 있을 것이다.

그러나 아무리 다량의 문서나 물질이라도 임의제출 시 육안으로 확인이 가능할 수는 있는 반면, 대용량 정보 저장장치에 저장된 전자정보는 컴퓨터 등 전자 기기가 없으면 육안으로 확인이 불가능하고, 아무리 다량의 문서라고 하더라도 수록된 정보의 양이 대용량 정보 저장장치에 저장된 전자정보의 양에는 못 미칠 가능성이 매우 높으며, 정보의 혼재 가능성도 대용량 정보 저장장치가 일반적인 문서나 물질보다 월등할 것이다. 또한 전통적인 문서나 물질은 컴퓨터 등 전자 기기의 '검색(탐색)' 기능을 이용할 수 없다. 그리고 정보화 시대에 이른 현재 현실적으로 다량의 문서나 물질의 임의제출이 문제되는 경우보다 대용량 정보 저장장치가 문제되는 경우가 훨씬 많을 것이고, 본장의 논의들은 대용량 정보 저장장치의 등장과 발전에 따라 촉발된 것이 대다수이다.

따라서 대용량 정보 저장장치의 임의제출에 대한 논의를 심도있게 하고, 위 논의 중 차용 내지 적용이 가능한 부분은 전통적인 문서나 물질에 차용하거나 적용하는 구조가 현실적으로 더 이론과 실무에 유용하고 적합할 것이다.

2. 대용량 정보 저장장치의 임의제출에 대한 논의 개관

휴대전화 등 대용량 정보 저장장치의 임의제출과 관련된 문제들은 최근에 빈번히 문제되고 있고, 그 논의 분야도 방대하다.

한편 비교법적으로는 이에 대한 심도 있는 구체적인 논의를 찾기 어려우며, 한국이 전세계적으로 보아도 선도적인 논의를 하고 있는 것으로 파악된다.

전자기술의 발달로 인하여 컴퓨터, USB(Universal Serial Bus, 이동식 기억장치), 휴대전화(스마트폰), 외장하드, 웹 하드(서버, 클라우드 등) 등 대용량 정보 저장장치(정보저장매체)가 일상화 되었다. 특히 스마트폰이 보편화되면서 휴대전화는 통신기기일 뿐 아니라 개인이 어디에나 가지고 다니는 대용량 정보 저장장치로도 기능하고 있다.

이러한 대용량 정보 저장장치에는 개인에 대한 거의 모든 정보, 심지어 그 개인도 망각하고 있거나 모르는 자신에 대한 정보가 들어있다고 보아도 과언이 아니다. 즉 이는 양과 질적으로 막대하고 훌륭한 증거가치를 지닌 증거가 된다. 수사기관도 이러한 사정을 잘 알고 있기에, 위와 같은 대용량 정보 저장장치에 대한 압수수색을 원하는 경우가 많고, 사전 압수수색영장이 아닌 임의제출물의 압수(형사소송법 제218조), 체포현장에서의 영장 없는 압수(형사소송법 제216조 제1항 제2호) 등 긴급압수로 이루어지는 경우도 상당하다(특히 휴대전화의 경우 그 '휴대성' 상 사람이 직접 신체에 가지고 다니는 경우가 많아 더욱 그러한 상황이다).

그러나 대용량 정보 저장장치를 압수한다면 개인정보, 사생활의 비밀과 자유, 정보에 대한 자기결정권, 재산권 등이 침해받을 우려가 크기에, 이러한 대용량 정보 저장장치에 대하여 임의제출을 인정할 것인지, 인정한다면 그 허용범위는 어디까지인지, 저장정보의 탐색과 추출 등 압수 집행 과정에 참여권을 보장하여야 할 것인지 등에 대한 논의가 있다.[1]

물론, 만약 휴대전화, 컴퓨터 등으로 피해자에게 상해를 입혔다거나,

---

[1] 한편, 전자증거의 수집(영장에 의한 압수수색, 영장주의 예외 모두 포함)에 대하여 명확히 입법해야 한다는 견해들이 많아지고 있다(김영규, '미국 연방대법원의 "휴대폰에 저장된 개인정보 보호"에 대한 판결의 의의', 형사정책연구 제25권 제4호, 한국형사정책연구원, 2014, 243-244면; 박지영, '정보저장매체에 관한 압수수색 제도의 문제점과 개선방안', 국회현안보고서, 2015, 6면; 박형식, '현행범 체포시 핸드폰 압수·수색의 한계와 효율성 제고방안', 경찰학논총 제13권 제2호, 원광대학교 경찰학연구소, 2018, 276면 등).

그것이 훔친 장물인 경우 등 대용량 정보 저장장치 내부의 정보가 아니라 그 장치 자체가 유체물로 증거가치를 가지는 경우에는 다른 증거물들과 마찬가지로 임의제출에 의한 압수가 인정된다고 할 것이다(이설을 찾을 수 없다).

스마트폰은 개인이 휴대하고 보급률도 매우 높기 때문에, 대용량 정보 저장장치의 임의제출의 경우 많은 경우에 스마트폰이 문제될 것이나, '대용량 정보 저장장치' 모두에 본장의 논의가 적용될 수 있다. 임의성, 임의제출자, 전자정보의 탐색 등 임의제출과 압수 내지 탐색이 이루어지는 과정은 대용량 정보 저장장치 모두가 동일하거나 유사할 것이기 때문이다. 즉 USB나 외장하드 등 개인이 비교적 쉽게 휴대할 수 있는 물건에 대한 경우는 물론이고, 개인이 쉽게 휴대하거나 소지하기 어려운 웹하드(서버, 클라우드 등)의 경우에도 "디지털 증거와 '임의제출자'" 등의 목차에서 전술한대로 소유자, 소지자, 보관자의 관념을 인정할 수 있기에 스마트폰의 임의제출과 같거나 유사한 논의가 이루어 질 수 있다.

다만 웹 하드, 클라우드, 서버 등 쉽사리 휴대하지 못하는 대용량 정보저장장치는 주로 정보통신업체가 관리하고 있기에, 실무상 정보통신업체가 관리하는 대용량 정보 저장장치 관련하여서는 대부분 영장에 의한 압수가 이루어지고 있는 점, 개인정보는 개인정보 보호법,[2] 정보통신

---

2) [참조] 개인정보 보호법

제17조(개인정보의 제공)

① 개인정보처리자는 다음 각 호의 어느 하나에 해당되는 경우에는 정보주체의 개인정보를 제3자에게 제공(공유를 포함한다. 이하 같다)할 수 있다.

1. 정보주체의 동의를 받은 경우

2. 제15조제1항제2호·제3호·제5호 및 제39조의3제2항제2호·제3호에 따라 개인정보를 수집한 목적 범위에서 개인정보를 제공하는 경우

제18조(개인정보의 목적 외 이용·제공 제한)

① 개인정보처리자는 개인정보를 제15조제1항 및 제39조의3제1항 및 제2항에 따른 범위를 초과하여 이용하거나 제17조제1항 및 제3항에 따른 범위를 초과하여 제3자에게 제공하여서는 아니 된다.

② 제1항에도 불구하고 개인정보처리자는 다음 각 호의 어느 하나에 해당하는

망 이용촉진 및 정보보호 등에 관한 법률[3] 등에 의하여 보호되고 있어
정보통신업체가 함부로 내지 임의로 다루기 어려운 점, 통신의 경우라면
통신비밀보호법[4] 등으로 개인정보가 보호되는 측면이 있는 점 등을 고

경우에는 정보주체 또는 제3자의 이익을 부당하게 침해할 우려가 있을 때를
제외하고는 개인정보를 목적 외의 용도로 이용하거나 이를 제3자에게 제공
할 수 있다. 다만, 이용자(「정보통신망 이용촉진 및 정보보호 등에 관한 법
률」제2조제1항제4호에 해당하는 자를 말한다. 이하 같다)의 개인정보를 처
리하는 정보통신서비스 제공자(「정보통신망 이용촉진 및 정보보호 등에 관
한 법률」제2조제1항제3호에 해당하는 자를 말한다. 이하 같다)의 경우 제1
호·제2호의 경우로 한정하고, 제5호부터 제9호까지의 경우는 공공기관의 경
우로 한정한다.

1. 정보주체로부터 별도의 동의를 받은 경우
2. 다른 법률에 특별한 규정이 있는 경우
3. 정보주체 또는 그 법정대리인이 의사표시를 할 수 없는 상태에 있거나 주소
   불명 등으로 사전 동의를 받을 수 없는 경우로서 명백히 정보주체 또는 제3
   자의 급박한 생명, 신체, 재산의 이익을 위하여 필요하다고 인정되는 경우
4. 삭제
5. 개인정보를 목적 외의 용도로 이용하거나 이를 제3자에게 제공하지 아니하
   면 다른 법률에서 정하는 소관 업무를 수행할 수 없는 경우로서 보호위원
   회의 심의·의결을 거친 경우
6. 조약, 그 밖의 국제협정의 이행을 위하여 외국정부 또는 국제기구에 제공
   하기 위하여 필요한 경우
7. 범죄의 수사와 공소의 제기 및 유지를 위하여 필요한 경우
8. 법원의 재판업무 수행을 위하여 필요한 경우
9. 형(刑) 및 감호, 보호처분의 집행을 위하여 필요한 경우

3) [참조] 정보통신망 이용촉진 및 정보보호 등에 관한 법률
   제3조(정보통신서비스 제공자 및 이용자의 책무)
   ① 정보통신서비스 제공자는 이용자를 보호하고 건전하고 안전한 정보통신서
      비스를 제공하여 이용자의 권익보호와 정보이용능력의 향상에 이바지하여
      야 한다.
   제49조(비밀 등의 보호)
   누구든지 정보통신망에 의하여 처리·보관 또는 전송되는 타인의 정보를 훼손
   하거나 타인의 비밀을 침해·도용 또는 누설하여서는 아니 된다.
4) [참조] 통신비밀보호법

려할 때, 정보통신업체 등 정보통신 서비스제공자가 영장에 의하지 않고 임의제출의 방법으로 서비스이용자(계정주 등)의 정보를 수사기관에게 제공하는 경우는 드물 것이다.

3. 외국의 논의 상황 개관

대용량 정보 저장장치의 '임의제출'과 관련하여, 미국, 유럽(독일, 영국 등), 캐나다, 호주, 일본 등 외국에서의 관련 논의를 찾기 위하여, Westlaw(http://www.westlaw.com, 미국, 호주, 캐나다, 유럽의 판례, 법령, 문헌 등 제공), Westlaw UK(http://uk.westlaw.com, 영국, 유럽 판례, 법령, 문헌 등 제공), HEINONLINE(http://heinonline.org, 미국, 캐나다의 주요 법률 저널 등 제공), beck-online(https://beck-online.beck.de, 독일 판례, 법령, 문헌 등 제공), juris(https://www.juris.de, 독일 판례, 법령, 문헌 등 제공), D1-Law 제일법규법률정보(http://www.d1-law.com, 일본 판례, 법령, 문헌 등 제공), TKC Law Library(http://ipos.lawlibrary.jp, 일본 판례, 법령, 문헌 등 제공), Westlaw Japan(http://go.westlawjapan.com, 일본 판례, 법령,

---

제3조(통신 및 대화비밀의 보호)
① 누구든지 이 법과 형사소송법 또는 군사법원법의 규정에 의하지 아니하고는 우편물의 검열·전기통신의 감청 또는 통신사실확인자료의 제공을 하거나 공개되지 아니한 타인간의 대화를 녹음 또는 청취하지 못한다. (후략)
제4조(불법검열에 의한 우편물의 내용과 불법감청에 의한 전기통신내용의 증거사용 금지)
제3조의 규정에 위반하여, 불법검열에 의하여 취득한 우편물이나 그 내용 및 불법감청에 의하여 지득 또는 채록된 전기통신의 내용은 재판 또는 징계절차에서 증거로 사용할 수 없다.
제5조(범죄수사를 위한 통신제한조치의 허가요건)
① 통신제한조치는 다음 각호의 범죄를 계획 또는 실행하고 있거나 실행하였다고 의심할만한 충분한 이유가 있고 다른 방법으로는 그 범죄의 실행을 저지하거나 범인의 체포 또는 증거의 수집이 어려운 경우에 한하여 허가할 수 있다. (후략)

문헌 등 제공), 구글 학술검색(scholar.google.co.kr, 전세계 학술 관련 검색 사이트) 등에서 관련 자료를 찾아보았으나, 최근 15년간 이와 관련된 유의미한 논의는 찾기 어려웠다(필자의 검색 실력 부족에 기인한 것일 수 있음).[5]

물론 미국 연방대법원의 Riley v. California 사건[6] 관련하여 '체포현장'에서 스마트폰 등 정보저장매체 긴급 '압수'시 영장 필요 여부에 관련한 논의는 있었으나 대부분 미국 연방대법원의 결정을 지지하는 입장이었고, 주로 일반원칙인 '합리성', '비례성'을 기준으로 판단하자는 논의는 있었으나 한국에서의 논의 보다 특별히 발전 있는 논의는 찾을 수 없었다.

결국 대용량 정보 저장장치의 임의제출 논의에 있어서는 한국이 세계적으로도 선도적이고 구체적인 논의를 하고 있는 것으로 판단된다(2023. 5. 11. 기준). 이하 비교법적으로 유의미한 논의가 있는 경우에만 비교법적 논의를 하도록 한다.

---

5) 일본에서는 증거수집 과정에서 컴퓨터 파일이 임의제출된 일본 도쿄지방재판소(東京地方裁判所) 2022. 7. 20.(令和04年 07月20日) 선고 평성 30년[平成30年(刑わ)]제1936호 / 제2206호 사건이 있었으나, 단지 제출의 임의성, 진술의 신빙성 등이 문제되었을 뿐, 이 글에서 말하는 대용량 정보 저장장치의 임의제출과 관련된 쟁점들이 문제되지는 않았다.

6) Riley v. California, 573 U.S. 373 (2014)

제2절 외국의 경향(영장주의 확대 추세)

1. Riley v. California 사건(2014년)

종래 미국 법원들은 체포에 수반한 수색의 법리를 그대로 적용하여, 휴대전화에 대해서도 체포 현장에서의 영장 없는 수색과 압수가 가능한 것으로 해석해왔다. 그러나 미 연방대법원은 Riley 판결[7]에서 '체포 현장에서 압수된 휴대전화에 저장된 디지털 증거를 수색하기 위해서는 영장이 필요하다'는 취지로 판단했다. 즉 체포 현장에서 영장 없이 휴대전화를 압수할 수 있다고 하더라도, 휴대전화에 저장된 디지털 정보의 수색에는 영장이 필요하다는 것으로, 휴대전화라는 '물체 자체'와 '휴대전화 내 저장된 전자증거'는 별개라는 것이다. Riley 판결의 사안은 Chimel v. California 판례에서 확립된 체포에 수반한 영장 없는 수색의 법리가 휴대전화에 저장된 전자증거의 수색에는 적용될 수 없다고 본 것이다.[8]

위 미국 연방대법원 판결은 특히 개인정보가 다량 저장되어 있는 스마트폰 내의 정보 수색과 관련하여서는 이를 그대로 적용할 수 없다고 판단한 것으로 보인다.[9] '긴급압수'의 경우 그 압수의 주목적은 이를 집행하는 공무원에 대한 위해 방지로 해석된다.

긴급압수의 효력은 단말기 자체에만 미치고 스마트폰 내 전자정보의

---

7) Riley v. California, 573 U.S. 373 (2014)

8) 김종구, '영장주의의 예외와 휴대폰 전자증거 수색의 한계-미국의 United States v. Cano 판례 (2019)와 관련하여-', IT와 법 연구 제21집, 경북대학교 IT와 법 연구소, 2020, 266-267면.

9) 같은 해석으로는, 최윤정, '전자정보 압수수색에 적용되는 영장주의 원칙과 그 예외에 관한 법적 검토-휴대폰 등 모바일 기기를 중심으로-', 저스티스 통권 153호, 한국법학원, 2016, 137면; 황성민, '스마트폰에 대한 긴급압수·수색의 효력 범위에 관한 고찰', 법학논총 제44권 제3호, 단국대학교 법학연구소, 2020, 85면.

습득을 위해서는 별도의 영장이 필요하다는 취지의 위 미국 연방대법원 판례의 판시사항은, 예외적으로 영장 없이 압수수색이 가능한 한국에게도 참고가 될 수 있을 것이다.[10] 즉 특히 정보저장매체에 있어서는 정보의 대량성과 사생활 보호의 중요성 상 영장주의의 취지를 강화하여 되도록 영장주의의 예외 인정을 지양하는 것(영장을 요구하는 것)이 필요하다.

2. Carpenter v. US 사건(2018년)

미국 연방대법원은 2018. 6. 22. Carpenter v. US 사건[11]에서 이제 수사기관이 휴대폰 위치에 관한 과거 셀 사이트 위치정보(cell site location information)[12]를 수집하려면 사전에 영장을 발부 받아야 한다고 판결했다. 이동통신업체가 확보하고 있는 휴대폰 위치 데이터 기록의 사생활 보호를 강조한 것이다. 이 사건은 휴대전화 위치 정보와 프라이버시권에 관한 기념비적인 판결로 평가받는다. 미국 연방대법원은 5 대 4로 영장 없이 휴대전화의 물리적 위치 기록을 포함하는 과거 기록(historical records containing the physical location of cell phones)에 접근하는 것은 미국 수정헌법 제4조 위반이라고 판결했다. 이 사건 이전에는 수사기관이 범죄수사와 관련성(relevance to a criminal investigation)을 소명 하고 법원의 공개명령(court order)을 얻어서 통신사업자로부터 휴대전화의 위치 기록을 수집할 수 있었다. 그러나 이 판결로 이제 수사기관은 이러한 정보에 접근하려면 영장(search warrant)을 발부받아야 한다.[13]

---

10) 같은 취지의 견해로, 황성민, 앞의 논문, 85면.
11) Carpenter v. United States, No. 16-402, 585 U.S. (2018)
12) 무선통신사업자는 GPS 데이터나 셀 사이트 위치정보(cell site location information)를 통하여 휴대전화의 위치를 알 수 있다. 셀 사이트 위치정보는 가까운 셀 타워(cell tower)에서 얻으며, 이 정보를 통해 휴대전화의 위치를 정확히 알 수 있다.
13) 김종구, '휴대전화 위치정보 수집과 영장주의에 관한 비교법적 고찰-미연방대법원의 Carpenter v. United States(2018) 사례를 중심으로-', 형사법의 신동향 통

미국 연방대법원은 이 사건에서도 사생활 내지 개인정보 관련 정보에 대하여는 영장주의를 더 엄격하게 요구하는 경향을 이어갔다. 이러한 영장주의 보장 입장은 한국의 사생활 내지 개인정보가 문제되는 사안에 시사점을 줄 수 있다.

3. 미국 판례 사례들이 주는 시사점과 관련 헌법재판소 결정

미국 연방대법원은 수사기관이 개인정보, 사생활과 관련된 정보에 접근하기를 원할 때 점차 영장을 더 요구하고 있다고 해석된다.

개인정보 및 사생활 관련 정보의 중요성(내밀성), 과학 기술의 발전으로 인한 개인정보 및 사생활 관련 정보의 집적추세 등을 고려할 때, 위와 같은 미국 연방대법원의 영장주의 원칙 확대 추세는 바람직하다. 현대사회에서 스마트폰 등 대용량 정보저장매체가 개인정보와 사생활 정보의 보고임은 더 이상의 설명을 요하지 않는다.

이와 관련하여 한국 헌법재판소도 통신비밀보호법(2005. 5. 26. 법률 제7503호로 개정된 것) 제13조 제1항 중 '검사 또는 사법경찰관이 수사를 위하여 '필요한 경우' 전기통신사업자에게 정보통신기기의 위치를 확인할 수 있는 발신기지국의 위치추적자료 및 접속지의 추적자료가 포함된 통신사실 확인자료의 열람이나 제출을 요청할 수 있다고 한 부분(이하 '이 사건 요청조항'이라고 한다)'에 대하여 헌법불합치 결정을 하였다(헌법재판소 2018. 6. 28. 선고 2012헌마191 등 결정). 이 결정은 개인정보를 중요시하는 추세를 반영한 것이라고 할 것이다.

권 제60호, 대검찰청, 2018. 9., 81-82면. 다만, 이 판결의 적용범위는 넓지 않으며, 위치정보를 포함하는 비즈니스 기록과 관련한 제3자 이론(third-party doctrine)을 변경한 것도 아니라는 견해가 있다. 또한 이 판결은 실시간 휴대전화 위치정보(real-time cell phone site location information)와 같은 문제는 다루지 못한 한계가 있다는 지적도 있다(김종구, 위의 논문, 81-82면).

그 헌법불합치 결정의 근거는, 수사기관은 위치정보 추적자료를 통해 특정 시간대 정보주체의 위치 및 이동상황에 대한 정보를 취득할 수 있으므로 위치정보 추적자료는 충분한 보호가 필요한 민감한 정보에 해당되는 점, 그럼에도 이 사건 요청조항은 수사기관의 광범위한 위치정보 추적자료 제공요청을 허용하여 정보주체의 기본권을 과도하게 제한하는 점, 위치정보 추적자료의 제공요청과 관련하여서는 실시간 위치추적 또는 불특정 다수에 대한 위치추적의 경우 '보충성 요건'을 추가하거나 대상범죄의 경중에 따라 보충성 요건을 차등적으로 적용함으로써 수사에 지장을 초래하지 않으면서도 정보주체의 기본권을 덜 침해하는 수단이 존재하는 점, 수사기관의 위치정보 추적자료 제공요청에 대해 법원의 허가를 거치도록 규정하고 있으나 수사의 필요성만을 그 요건으로 하고 있어 절차적 통제마저도 제대로 이루어지기 어려운 현실인 점 등을 고려할 때, 이 사건 요청조항은 과잉금지원칙에 반하여 청구인들의 개인정보자기결정권과 통신의 자유를 침해한다는 것이다.

이와 같은 헌법불합치 결정에 따라서 위치정보 추적자료에 대하여 '다른 방법으로는 범죄실행을 저지하기 어렵거나 범인의 발견·확보 또는 증거의 수집·보전이 어렵다는 등의 보충적인 요건(보충성 요건)'이 통신비밀보호법 제13조 제2항으로 추가되었다(2019. 12. 31. 법률 제16849호로 개정).

제3절 임의제출의 허부

휴대전화 등 대용량 정보 저장장치의 경우는 임의제출의 형태로 영장주의의 예외를 인정할 수 없고, 휴대폰을 임의제출을 받은 경우라도 그 내용을 수색하기 위해서는 사후에라도 별도의 압수수색영장을 발부받아야 한다는 견해가 있다.[14]

그러나 형사소송법에 '어떠한 물건에 대한 임의제출은 불가능하다'는 규정이 전혀 없는 점, 개인이 수사기관에 증거를 자유롭게 제출하는 것을 막을 이유는 없는 점 등을 고려할 때, 제출자가 진정한 임의성을 가지고 제출한 경우에도 임의제출을 부정할 필요는 없다. 따라서 일률적으로 임의제출을 부정하는 것은 부당하다.

대법원 2021. 11. 18. 선고 2016도348 전원합의체 판결 등도 대용량 정보 저장장치의 임의제출 자체는 긍정하고 있다.

---

14) 신양균·조기영, 앞의 책, 276면 이하.

제4절 탐색 가능 범위

1. 대용량 정보 저장장치 '자체'가 유체물로서 증거물인 경우

만약 휴대전화, 컴퓨터 등으로 피해자에게 상해를 입혔다거나, 그것이 훔친 장물인 경우 등 대용량 정보 저장장치 내부의 정보가 아니라 그 장치 자체가 유체물로서 증거가치를 가지는 경우에는, 정당한 제출자의 명시적인 동의가 없는 한, 그 내부 정보의 압수수색은 금지된다고 할 것이다.

그 내부 정보와 범죄와의 관련성이 없기 때문이다. 즉 휴대전화 등 기기 자체에 대한 임의제출물 압수의 효력은 그 기기에 저장되어 있는 전자정보까지는 미치지 않는다고 보아야 한다.[15] 만약 정당한 수사의 단서가 있어 그 내부 정보를 탐색하고 싶다면 정당한 제출자에게 이러한 사정을 설명하고 그 범위를 지정하여 동의를 받거나, 따로 사전영장을 발부받아서 절차에 따라 압수수색을 시행해야 할 것이다.

2. 대용량 정보 저장장치의 '정보'가 증거가치가 있는 경우

가. 논의의 소재

대용량 정보 저장장치 자체가 아닌 그 장치에 저장되어 있는 정보가 압수수색의 대상인 경우(전자정보가 증거가치를 가지는 경우)인데 그 저장장치가 임의제출된 경우, 수사기관은 어느 범위까지 압수수색을 할 수

---

15) 최윤정, '전자정보 압수수색에 적용되는 영장주의 원칙과 그 예외에 관한 법적 검토-휴대폰 등 모바일 기기를 중심으로-', 저스티스 통권 153호, 한국법학원, 2016, 131면.

있는지, 제출자의 참여권은 인정되는지 등이 문제된다.

현재 수사실무에서는 임의제출동의서에 '휴대전화', '컴퓨터', 'USB'라고만 기재하고 대용량 저장장치에 저장된 정보를 수집하는 경우가 적지 않다. 이에 따라 제출자가 동의한 정보 탐색범위, 제출자의 정보 탐색 및 추출 등 영장 집행 과정에의 참여의사가 문서로 확인되지 않는 경우가 많아 더 문제가 된다.

물론, 먼저 수사기관이 그 '임의성'을 증명하여야 할 것은 전제된다. 즉 앞에서 검토한대로, 수사기관은 제출자의 자발적인 의사에 의하여 제출이 이루어졌다는 것을 객관적인 사정에 의하여 명백히 증명해야 할 것이다.[16]

나. 문제된 범죄사실과 관련된 정보에 대한 압수수색

이에 대하여 사생활 보호, 다수의 파일의 존재 가능성 등에 비추어 전자정보에 대하여 별도의 영장을 받아야 한다는 견해가 있을 수 있다.

그러나 임의제출자의 의사도 '문제된 범죄사실과 관련된 정보에 대하여는 탐색을 허용하는 것'이 전제되는 점, 임의제출이 현행법상 허용되는 점 등에 비추어 보면, 굳이 별도의 영장을 받을 필요는 없다고 할 것이다. 즉 만약 정당한 제출자가 자발적인 의사로 제출을 했다면 일단 그 제출 시 문제된 범죄사실과 관련된 정보에 대한 압수수색은 적법하다고 보아야 할 것이다. 또한 데이터 복원, 분석은 휴대전화기라는 유체물에 화체된 정보를 취득하는 행위로서 압수에 부수하는 처분이므로 영장 없이 복원, 분석이 이루어지더라도 적법하다고 해야 한다.[17]

---

16) 대법원 2015. 7. 9. 선고 2014도16051 판결 등 참조.

17) 같은 취지 및 참조로 박정난, '임의제출된 휴대폰 내 전자정보의 압수범위 및 피압수자의 참여권 보장 – 대법원 2021. 11. 18. 선고 2016도348 판결 –', 법조 제 71권 제2호(통권 제752호), 법조협회, 2022, 380면; 신이철, '형사소송법 제218조의 유류물 또는 임의제출물의 압수에 대한 소고', 101면. 이에 대하여 일단 삭

대법원도 2021. 11. 18. 선고 2016도348 전원합의체 판결에서 아래와 같이 판시하여 같은 취지로 보인다.

"임의제출자의 의사에 따른 전자정보 압수의 대상과 범위가 명확하지 않거나 이를 알 수 없는 경우에는 임의제출에 따른 압수의 동기가 된 범죄혐의사실과 관련되고 이를 증명할 수 있는 최소한의 가치가 있는 전자정보에 한하여 압수의 대상이 된다. 이때 범죄혐의사실과 관련된 전자정보에는 범죄혐의사실 그 자체 또는 그와 기본적 사실관계가 동일한 범행과 직접 관련되어 있는 것은 물론 범행 동기와 경위, 범행 수단과 방법, 범행 시간과 장소 등을 증명하기 위한 간접증거나 정황증거 등으로 사용될 수 있는 것도 포함될 수 있다. 다만 그 관련성은 임의제출에 따른 압수의 동기가 된 범죄혐의사실의 내용과 수사의 대상, 수사의 경위, 임의제출의 과정 등을 종합하여 구체적·개별적 연관관계가 있는 경우에만 인정되고, 범죄혐의사실과 단순히 동종 또는 유사 범행이라는 사유만으로 관련성이 있다고 할 것은 아니다"

다. 문제된 범죄사실과 다른 혐의 관련 정보에 대한 압수수색

1) 논의의 소재

대용량 정보저장 장치가 임의제출된 경우 그 압수수색 시 별건의 정보가 나왔을 경우의 처리방법이 문제된다. 위 장치 안에는 매우 많은 정보가 들어있을 가능성이 높기 때문이다.

제된 데이터는 휴대전화기와 일체인 압수대상물이라고는 할 수 없으므로 이를 분석하는 행위는 무체정보를 취득하는 새로운 프라이버시 침해행위로서 정보를 추출해서 오감의 작용을 통해 인식하므로 검증영장이 필요하다는 견해와, 분석행위는 특별한 전문지식과 기술이 필요로 하는 처분이므로 감정에 해당하고 수사기관과는 다른 감정수탁자에 의한 분석이라는 새로운 프라이버시 침해처분이므로 감정처분허가장이 필요하다는 견해 등이 제기될 수 있다.

2) 학설

'임의제출 시 문제된 범죄사실과 다른 혐의 관련 정보에 대한 압수수색'에 대하여, '어차피 임의제출한 것이니 수사기관이 다른 혐의 관련 정보에 대하여도 자유로이 압수, 탐색할 수 있다는 견해'가 주로 수사기관 측에서 제시되고 있다. 실제로 스마트폰 등 정보저장 장치가 임의제출된 경우 이 정보저장 장치를 면밀히 탐색하여 별건을 인지하는 수사가 계속되어 왔다. 최근에 선고된 판결들(대법원 2021. 11. 18. 선고 2016도348 전원합의체 판결, 대법원 2021. 11. 25. 선고 2016도82 판결, 대법원 2021. 11. 25. 선고 2020도3796 판결 등)에서 무죄 확정된 부분들이 주로 위와 같은 별건 인지 수사에 따른 것이었다(위 판결들에 대하여는 추후 다른 목차에서 살펴본다).

한편으로는, 임의제출된 전자정보의 압수가 적법한 것은 어디까지나 제출자의 자유로운 제출 의사에 근거한 것을 근거로 하여 압수(탐색)의 범위는 임의제출자의 의사에 따라야 한다는 견해가 있는데,[18] 이 견해에 따르면 별건 정보 발견시 원칙적으로 압수가 불가능하다고 볼 것이다.

3) 판례

대법원은 2021. 11. 18. 선고 2016도348 전원합의체 판결에서 아래와 같이 판시하였다.

"임의제출된 정보저장매체에서 압수의 대상이 되는 전자정보의 범위를 초과하여 수사기관 임의로 전자정보를 탐색·복제·출력하는 것은 원칙적으로 위법한 압수·수색에 해당하므로 허용될 수 없다. 만약 전자정보에 대한 압수·수색이 종료되기 전에 범죄혐의사실과 관련된 전자정보를 적법하게 탐색하는 과정에서 별도의 범죄혐의와 관련된 전자정보를

---

18) 박용철, 앞의 논문, 23면; 장석준, 앞의 논문, 834면 참조.

우연히 발견한 경우라면, 수사기관은 더 이상의 추가 탐색을 중단하고 법원으로부터 별도의 범죄혐의에 대한 압수·수색영장을 발부받은 경우에 한하여 그러한 정보에 대하여도 적법하게 압수·수색을 할 수 있다. 따라서 임의제출된 정보저장매체에서 압수의 대상이 되는 전자정보의 범위를 넘어서는 전자정보에 대해 수사기관이 영장 없이 압수·수색하여 취득한 증거는 위법수집증거에 해당하고, 사후에 법원으로부터 영장이 발부되었다거나 피고인이나 변호인이 이를 증거로 함에 동의하였다고 하여 그 위법성이 치유되는 것도 아니다."

즉 대법원은 원칙적으로 별건 압수는 불가능하되, 우연히 별건의 정보를 발견한 경우 탐색을 중단하고 압수수색을 원하면 그에 대한 영장을 발부받으라는 입장이다.

4) 검토 및 소결

임의제출 시 문제된 범죄사실과는 다른 내용의 혐의 관련 정보에 대해서는, 휴대전화 임의제출자의 의사가 언제나 휴대폰에 저장된 모든 정보를 제공하겠다는 의사로 볼 수 없는 점, 이에 대하여 임의제출자가 예상하기도 어려울 수 있다는 점, 영장주의의 예외는 엄격히 해석되어야 하는 점 등을 고려할 때, 원칙적으로 압수수색, 복원, 분석이 불가능하다고 보아야 한다. 별건의 증거 발견시 그에 대한 압수수색을 원하면, 위 대법원 2016도348 판결 설시처럼 탐색을 중단하고 별건에 대한 영장을 받는 것이 현재로서는 합리적인 해결책으로 보인다(별건 정보 발견시의 처리에 대하여는 다른 목차에서 상세하게 다루도록 한다).

다만 피의자인 정당한 임의제출자가 자발적으로 대용량 저장장치의 모든 정보를 압수수색해도 좋다는 의사를 명시적으로 밝힌 경우에는 그러한 모든 정보에 대한 압수수색도 허용될 것이다. 정보에 대한 정당한 처분권한 있는 사람은 자유롭게 수사기관에게 그 정보를 제출할 수도 있기에 이러한 경우까지 광범위한 압수수색을 인정하지 않을 필요는 없다. 다만 앞에서 살펴본 바와 같이 그 '임의성'은 엄격하게 판단하여야 할 것이고, 피의자가 아닌 자의 임의제출에 대하여는, 다른 목차 '제5절 피의자 아닌 제3자의 임의제출'에서 논의하도록 한다.

3. 임의제출자의 탐색 범위 제한의사를 반영할 것인지 여부

가. 논의의 소재

앞서 살펴 본대로 임의제출은 제출자의 임의성(자발성)에 근거를 두고 있는 것인데, 그 제출자에게 제출여부 결정권을 넘어서 제출 후 탐색범위 제한권까지 인정할 것인지가 문제된다.

나. 학설

이에 대하여 임의제출된 전자정보의 압수가 적법한 것은 어디까지나 제출자의 자유로운 제출 의사에 근거한 것을 근거로 임의제출자의 탐색범위 제한의사를 반영해야 한다는 취지의 견해가 있다.[19]

---

19) 박석훈·함영욱·백승철, '전자증거의 압수수색 및 임의제출 과정에서의 데이터 범위 한정가능성에 대한 고찰', 법조 통권 제705호, 법조협회, 2015, 47면; 최윤정, 앞의 논문, 131-132면; 장석준, 앞의 논문, 834면; 허준, '제3자 동의에 의한 디지털 증거 압수·수색의 한계', 64면; 박용철, '정보저장매체 임의제출 압수의 의의', 외법논집 제46권 제1호, 한국외국어대학교 법학연구소, 2022, 270-271면 [다만, 박용철 앞의 논문에서는, 수사할 수 있는 범죄혐의의 범위를 제출자의 의사에 우선적으로 맡기는 것에 대하여 형사소송법과 형사소송규칙에 근거가 없기에, 추후 위 법과 규칙 개정시 수사 가능한 범죄 혐의 범위를 지정함에 있어 "제출자가 범죄 혐의를 두고 있는 등"으로 한정하여 규정하는 것이 필요하다고 한다(박용철, 앞의 논문, 271면)].

다만, 임의제출은 강제처분인 '압수'의 효과를 가지고 있음(즉 기본적으로 강제처분임)을 중시하여, 임의제출의 범위는 수사기관이 제출자가 피의자인지 피의자 아닌 피해자 등 제3자인지, 제출자의 나이·지능·교육 정도, 제출 당시의 정황(체포·변호인의 조력·숙고 기회 부여 등)을 고려하여 범죄혐의사실과의 관련성(즉 동의의 범위), 동의거부권의 고지 등을 이행했는지 여부를 기준으로 하여야 한다는 견해도 있다.[20)]

또한 '어차피 임의제출한 것이니 임의제출자의 의사와 관련없이 수사기관이 자유롭게 탐색할 수 있다는 견해'가 주로 수사기관 측에서 제시되고 있다.

다. 판례

임의제출자의 탐색 범위 제한의사를 반영해야 한다는 판시를 하고 있다.[21)]

---

20) 김재윤, '(토론문) 영장에 의하지 아니한 압수의 의의', 2021년 한국비교형사법학회 동계학술회의 '증거법의 현재와 미래' 자료집 중 토론문, 한국비교형사법학회, 2021, 68면.

21) ① 서울고등법원 2017. 7. 5.선고 2017노146 판결(대법원 2017. 10. 31. 선고 2017도12643 판결로 확정). 이 서울고등법원 판결은 제출 여부 뿐 아니라 제출대상인 물건의 범위도 소유자·소지자·보관자가 그 의사에 따라 임의로 정할 수 있다는 취지로, 구체적으로는 "형사소송법 제218조에 의하면, 소유자, 소지자 또는 보관자가 임의로 제출하는 물건은 수사기관이 이를 압수할 수 있는바, 이 경우 제출 여부 뿐 아니라 제출대상인 물건의 범위도 소유자·소지자·보관자가 그 의사에 따라 임의로 정할 수 있다고 보인다"고 설시했다. 이에 대하여 피고인들이 위법수집증거 등을 이유로 상고하였으나, 대법원은 원심이 영장주의, 위법수집증거배제법칙 등에 관한 법리를 오해한 잘못이 없다며 피고인들의 상고를 기각하여 원심을 확정지었다(대법원은 검사의 상고도 기각하였음).

② 서울서부지방법원 2018. 5. 10.선고 2017노1029 판결(대법원 2019. 7. 10. 선고 2018도8371 판결로 확정). 위 서울서부지방법원 판결은 임의제출로 압수할 수 있는 범위는 혐의사실과의 관련성이 아니라 제출자의 의사에 따라 정해진다

특히 대법원은 2021. 11. 18. 선고 2016도348 전원합의체 판결에서 "범죄혐의사실과 관련된 전자정보와 그렇지 않은 전자정보가 혼재되어 있는 정보저장매체나 복제본을 수사기관에 임의제출하는 경우 제출자는 제출 및 압수의 대상이 되는 전자정보를 개별적으로 지정하거나 그 범위를 한정할 수 있다"라고 판시하였다.

라. 검토 및 소결

앞에서 검토한 대로 임의제출은 강제처분으로 영장주의 예외 제도 중 하나라고 할 것이다. 그러나 사후영장도 요구받지 않는데 이는 '임의성(자발성)'에 근거한 것이기 때문이다. 따라서 사후영장도 요구받지 않는 현실에서 임의제출의 범위를 제출자의 의사가 아닌 수사기관의 상황 등 제반사정을 고려하여 결정한다면, 제출자, 피의자, 피고인에게 불의의 타격을 줄 소지가 있다. 따라서 예측가능성을 중시하고 영장주의 예외를 엄격하게 인정하여 인권침해를 방지하고, 수사권 남용을 방지하기 위하여 대법원 2016도348 판결의 위 원칙 설시에는 동의한다.

즉, 임의제출의 취지(임의성을 근거로 영장 없는 압수 가능)상 그 범위는 제출자가 정할 수 있다고 보아야 할 것이다. 제출자는 자발적 동의에 의해 임의제출물을 제출한 것이며, 임의제출물을 제출하지 않을 수도 있었기 때문이다. 따라서 자발적으로 동의한 범위 내에서 압수수색 할 수 있다고 보는 것이 타당하다. 이러한 관점은 여러 디지털 증거의 경우

고 봄이 타당하다는 취지이다. 구체적으로는 "임의제출에 의한 압수의 근거인 형사소송법 제218조에는 같은 법 제215조와 달리 그 목적물을 관련성 있는 물건으로 한정한다는 문언이 없는바, 임의제출로 압수할 수 있는 범위는 혐의사실과의 관련성이 아니라 제출자의 의사에 따라 정해진다고 봄이 타당하다"고 설시했다. 이에 대하여 피고인이 상고하였으나, 대법원은 원심판결에 임의제출물 압수, 위법수집증거, 2차적 증거의 증거능력 등에 관한 법리오해의 위법이 없다는 취지로 상고를 기각하여 원심을 확정지었다.

에도 똑같이 적용되어야 한다.

오히려 일반 물건보다는 디지털 증거가 가지고 있는 특성상 임의제출자의 의사에 의해 그 범위를 한정하는 것이 필요하다.

한편, 일반적인 서류나 도구와 같은 물건의 경우는 대부분 제출자가 제출하고자 하는 부분만 따로 떼어서 제출할 수 있으므로 문제될 상황이 많지 않아 보이나, 디지털 증거의 경우 하나의 정보저장매체에 제출하고 싶은 정보와 제출하고 싶지 않은 정보가 혼재되어 있을 수 있고, 이를 분리하기 위해서는 특별한 기술이나 조치가 필요하기 때문에, 임의제출자가 한정한 범위 내에서만 탐색(수색), 분리, 제출(압수)이 가능하도록 기술적 조치 내지 임의제출자의 구분(선별) 행위가 선행되어야 할 것이다.[22] 따라서, 디지털 증거의 경우 정보저장매체를 제출하는 제출자가 그 범위(예를 들어 키워드 검색이나 특정 폴더 지정) 한도 내에서만 탐색, 제출에 동의하였다면 수사기관으로서는 그 의사에 한정되어야 할 것이고, 그 범위를 넘어선 탐색(수색)과 취득(압수)으로 인해 취득한 증거는 증거능력이 부정되어야 한다.[23] 앞서 살펴본 대로 위 2016도348 전원합의체 판결도 같은 취지이다.

결국, 제출자가 피의자, 피고인이고, 제출자가 임의제출의 의미를 이해한 상태에서 '혐의사실과 무관하게 모든 정보를 탐색해도 좋다'는 의사를 명시적으로 표시한 경우에는 제출자의 의사에 따라 모든 정보를 압수, 수색, 탐색할 수 있을 것이다. 그러나 그러한 경우가 아니라면 원칙적으로 임의제출 시 문제된 혐의사실에 한정된 정보만을 압수, 수색, 탐색해야 할 것이다.[24]

---

22) 같은 취지 및 참조로, 허준, '제3자 동의에 의한 디지털 증거 압수·수색의 한계', 64면.

23) 같은 견해 및 참조로, 박석훈·함영욱·백승철, 앞의 논문, 49-50면.

24) 이와 관련하여 2022. 1. 7. 제21대 국회에 형사소송법 일부개정법률안이 발의되었다. 이수진 의원이 대표발의한 의안번호 14302호가 그것이며, 방어권 보장 등이 제안이유이다. 2022. 1. 10.에 소관상임위인 법제사법위원회에 회부된 상태이다(2023. 5. 10. 현재 기준). 그 관련 내용은 아래와 같다.

4. 제출자로부터 임의제출 범위를 확인해야 하는지 여부

가. 논의의 소재 및 판례

대법원 2016도348 전원합의체 판결은, 수사기관은 제출자로부터 임의제출의 대상이 되는 전자정보의 범위를 확인함으로써 압수의 범위를 명확히 특정하여야 한다고 밝히고 있다. 즉 원칙적으로 '수사기관에게 임의제출의 대상이 되는 전자정보의 범위 확인 의무를 부과하고 있다'고 할 것인데, 이와 관련한 논의가 있다.

나. 관련 논의

이에 대하여 법문에도 규정이 없는데 수사기관에게 위와 같은 임의제출 범위 확인 의무를 부과하는 것은 타당하지 못하고 수사 효율성을 떨어뜨린다는 지적이 수사기관 측을 중심으로 제기되고 있다.
한편, 임의제출은 그 '임의성'이 담보되어야 하고, 임의성 내지 증거능력 내지 압수가능범위 판단에 있어서 임의제출의 범위도 중요한 논점이기에 대법원의 설시에 찬성하는 입장도 있다.[25]

(개정, 신설되는 부분은 밑줄, 제219조에서 제108조도 준용하게 함)

제108조(영장에 의하지 아니한 압수)
① 검사, 사법경찰관은 피의자 기타인의 유류한 물건이나 소유자, 소지자 또는 보관자가 자발적이고 명시적인 동의에 의하여 제출한 물건을 영장 없이 압수할 수 있다.
③ 제1항에 따른 압수의 목적물이 정보 또는 정보저장매체등인 경우에는 탐색할 정보의 범위를 정하고 피고사건과 관계가 있다고 인정할 수 있는 것에 한정하여 소유자·소지자 또는 보관자로부터 제출받아야 한다.

25) 박정난, 앞의 논문, 385면 참조.

다. 관련 실무규정

경찰청 훈령 제1030호인 '디지털 증거의 처리 등에 관한 규칙' 제22
조[26)]는 '전자정보확인서(간이 포함)'를 제출하도록 하고 있으나, 그 확인
서에는 임의제출의 범위에 대한 내용이 없고, 단지 압수목록, 파일명, 해
시값, 원본과의 동일 여부 확인 등에 그치고 있다(2023. 5. 10. 기준).

대검찰청 예규 제1285호인 '디지털 증거의 수집·분석 및 관리 규정'
제25조[27)] 제1항은 전자정보가 저장된 정보저장매체등을 임의제출 받는
경우에는 임의제출의 취지와 범위를 확인하여야 한다고 규정하고 있다.
위 경찰청 훈령(디지털 증거의 처리 등에 관한 규칙)과 달리 임의제출의
범위를 확인하여야 한다고 규정하고 있는 것인데 이는 위 대법원 2016도

---

26) 제22조(임의제출)

① 전자정보의 소유자, 소지자 또는 보관자가 임의로 제출한 전자정보의 압수
에 관하여는 제13조부터 제20조까지의 규정을 준용한다. 다만, 별지 제1호
서식의 전자정보확인서는 별지 제2호서식의 전자정보확인서(간이)로 대체
할 수 있다.

② 제1항의 경우 경찰관은 제15조제1항 또는 제16조제1항의 사유가 없더라도
전자정보를 임의로 제출한 자의 동의가 있으면 위 해당규정에서 정하는 방
법으로 압수할 수 있다.

③ 경찰관은 정보저장매체등을 임의로 제출 받아 압수하는 경우에는 피압수자
의 자필서명으로 그 임의제출 의사를 확인하고, 제출된 전자정보가 증거로
사용될 수 있음을 설명하고 제출받아야 한다.

④ 저장된 전자정보와 관련성 없이 범행의 도구로 사용 또는 제공된 정보저장
매체 자체를 임의제출 받은 이후 전자정보에 대한 압수·수색·검증이 필요
한 경우 해당 전자정보에 대해 피압수자로부터 임의제출을 받거나 압수·수
색·검증영장을 신청하여야 한다.

27) 제25조(임의 제출 정보저장매체등에 대한 조치)

① 전자정보가 저장된 정보저장매체등을 임의제출 받는 경우에는 임의제출의
취지와 범위를 확인하여야 한다.

② 정보저장매체등에 저장된 전자정보를 임의 제출하는 것으로서 전자정보에
대한 탐색·복제·출력이 필요한 경우에는 본 장에서 규정한 절차를 준용한다.

348 판결의 취지에 부합하기는 한다(2023. 5. 10. 기준).

라. 검토 및 소결

임의제출은 말 그대로 '임의성(자발성)'에 근거하여 영장 없는 압수가 허용되는 것이기에, 제출자는 아예 그 제출을 안 할 수도 있는 것이었다. 따라서 임의제출의 범위도 제출자의 의사에 귀속됨을 원칙으로 하는 대법원 2016도348 판결의 취지에 공감하며, 아울러 그 '임의제출의 범위'를 명확히 하도록 수사기관에게 임의제출 범위 확인 의무를 부과하는 위 판결의 취지에도 공감한다. 이러한 의무는 수사기관에게 번거로울 수 있지만, 그 의무를 다함으로서 수사기관도 불필요한 증거능력 시비를 줄일 수 있을 것이고, 궁극적으로 인권 향상에 기여할 것이다.

앞에서 살펴본 대로 '임의제출 범위 확인'에 대하여, 경찰에는 명확한 훈령이 없지만, 검찰은 예규[28]로 임의제출의 범위에 대하여 확인하도록 규정하고 있다(물론 위 예규가 실제 얼마나 잘 지켜지는지는 미지수이다).

---

28) 디지털 증거의 수집·분석 및 관리 규정(대검찰청 예규 제1285호) 제25조 제1항 "전자정보가 저장된 정보저장매체등을 임의제출 받는 경우에는 임의제출의 취지와 범위를 확인하여야 한다"

제5절 피의자 아닌 제3자의 임의제출

1. 논의의 소재 및 판례

대법원 2016도348 전원합의체 판결은, 피의자가 소유, 관리하는 정보 저장매체를 피의자 아닌 피해자 등 제3자가 임의제출하는 경우에는, 그 임의제출 및 그에 따른 수사기관의 압수가 적법하더라도 임의제출의 동기가 된 범죄혐의사실과 구체적·개별적 연관관계가 있는 전자정보에 한하여 압수의 대상이 되는 것으로 더욱 제한적으로 해석하고 있다.

이러한 해석이 타당한지에 대하여 논의가 있다.

2. 관련 논의

이에 대하여 형사소송법은 소유자, 소지자, 보관자를 임의제출 가능자(제출자 유형)로 규정하고 있을 뿐 그 제출자 유형별 제출 효과의 차이를 규정하고 있지 않고, 제출자의 의사가 최우선으로 고려되어야 한다는 점 등을 근거로 대법원의 위와 같은 해석에 반대하는 견해가 있다.[29] 주로 수사기관 쪽의 견해이다. 피해자 보호를 중시하는 입장에서도 같은 견해를 지지할 수 있다.

위 견해는 관련성의 범위를 피의자 임의제출과 달리 볼 이유가 없고, 관련성의 범위를 좁게 볼 경우 그 객관적 기준의 설정이 곤란한 점, 제출자의 동의를 영장에 갈음하는 것으로 보는 전제에서, 영장에 의한 압수 시에는 통상의 관련성 법리에 따라 영장이 발부될 것이므로, 피의자 임의제출의 경우와 통일적으로 보는 것이 합리적일 뿐만 아니라 절차경제도 달성할 수 있다는 점, 참여권 보장이 필요하다는 전제에서는 탐색

---

29) 박정난, 앞의 논문, 384-385면 참조.

과정의 피의자 참여를 통해 무관정보의 무분별한 탐색으로 인한 기본권 침해를 막을 수 있게 되므로 굳이 대법원 2016도348 판결과 같이 제한적으로 해석할 실익이 없다는 점 등을 근거로 할 수 있다.[30]

한편, 피의자의 불의타를 방지하여 법적안정성을 보장해야 한다는 취지로 대법원의 해석에 찬성하는 견해도 있을 것이다.[31]

위 견해는 제3자가 임의제출한 경우 피의자 스스로 전자정보를 임의제출한 것과 동일하게 볼 수는 없다는 점, 휴대전화에 저장된 전자정보는 특히 사적 프라이버시의 총화로써 본인의 동의 없이 이를 탐색하는 것은 사생활의 비밀 기타 인격적 법익의 심각한 침해를 수반하는 특별한 사정이 존재한다고 볼 수 있으므로, 전자정보의 임의제출 범위를 피의자 임의제출보다 엄격히 심사할 필요가 있는 점, 제3자 임의제출이 적법한 경우라도 본인의 사생활의 비밀과 인격적 법익 침해 우려 시에는 본인의 동의가 필요하다는 법리를 고려하면, 전자정보의 임의제출 범위 해석은 엄격하게 할 필요가 있는 점 등을 근거로 할 수 있다.[32]

위 대법원 2016도348 판결에 찬성하면서, 대상물의 소유자 또는 적법한 점유자가 아니거나 그 물건을 수사기관에서 넘겨주는 것으로부터 아무 권리도 제한당하지 않는 사람이 임의로 제출한 경우에는 강제수사요건의 예외를 형성하는 일련의 법리가 의미를 가질 수 없고(하물며 해당 물건이 증거물이 되어 피의자를 처벌하는 데에 도움이 되길 바라는 피해자가 수사기관에 물건을 임의로 전해 준 경우에 강제수사 예외법리를 제한 없이 적용하는 것은 더욱 불합리하다), 그러므로 형사소송법 제218조, 제108조에서 '소유자, 소지자 또는 보관자'로 되어있는 것은 피의자

---

30) 장석준, 앞의 논문, 845면 참조.
31) 유사 취지로, 이순옥, '2021년도 형사소송법 중요 판례에 대한 검토', 형사소송이론과 실무 제14권 제1호, 한국형사소송법학회, 2022, 171면; 전치홍, '임의제출된 정보 저장매체에 대한 적법한 압수수색 절차', 형사정책 제34권 제1호(통권 제69호), 한국형사정책학회, 2022, 183면.
32) 장석준, 앞의 논문, 845면 참조.

등 물건의 압수수색으로 인해 권리가 제한되는 사람으로 축소해석해야 한다는 입장도 있다.[33]

3. 검토 및 소결

대법원이 '피의자 아닌 사람이 피의자가 소유·관리하는 정보저장매체를 임의제출한 경우'로 한정하여 논의하고 있는 점, 정보저장매체는 매우 대용량의 사생활 정보가 들어있을 수 있다는 점 등을 고려할 때, 대법원의 제한적 해석에 찬성한다. 대법원의 제한적 해석을 긍정하는 견해의 근거들도 타당하다고 생각된다. 다만, "'관련성'을 위한 구체적 제언 및 개정안 제시" 목차에서 후술하듯, 피해자가 있는 범죄의 경우, 피해자 보호를 위해 같은 피해자에 대한 증거는 임의제출 받을 수 있도록 함이 상당하다.

물론 수사의 효율성, 제출자의 의사의 중요성, 법조문 등을 근거로 대법원의 해석에 반대하는 견해도 그 근거가 있지만, 수사효율(실체적 진실발견)과 인권보호를 이익형량할 때, 대법원과 같이 해석하지 않으면 피의자의 인권이 침해될 소지가 너무 크다.

4. 개정안 제시

전술한대로 법조문 등을 근거로 대법원의 해석에 반대하는 견해가 있기에 법문을 명확하게 개정하면 좋을 것이다(현재와 같은 간단한 임의제출 규정만으로는 대법원의 해석이 타당한지에 대한 논란이 계속될 수 있다). 이 논문에서 제시하는 개정안은 아래 표와 같다(신설 내지 수정되는 부분은 밑줄).[34]

---

33) 홍영기, '2021년 형사법분야 대법원 주요판례와 평석', 안암법학 제64권, 안암법학회, 2022, 173면 참조.

[표 2] 형사소송법 제218조, 제108조 개정안
(피의자·피고인 아닌 제3자 임의제출의 경우 압수의 대상 제한)

현행 형사소송법	형사소송법 개정안
제218조(영장에 의하지 아니한 압수) 검사, 사법경찰관은 피의자 기타인의 유류한 물건이나 소유자, 소지자 또는 보관자가 임의로 제출한 물건을 영장없이 압수할 수 있다.	제218조(영장에 의하지 아니한 압수) 검사, 사법경찰관은 피의자 기타인의 유류한 물건이나 소유자, 소지자 또는 보관자가 임의로 제출한 물건을 영장없이 압수할 수 있다. 다만 피의자가 소유·관리하는 제106조 제3항의 정보저장매체등을 피의자 아닌 제3자가 임의제출하는 경우에는 임의제출의 동기가 된 범죄혐의사실과 구체적·개별적 연관관계가 있는 전자정보에 한하여 압수의 대상이 된다.
제108조(임의 제출물 등의 압수) 소유자, 소지자 또는 보관자가 임의로 제출한 물건 또는 유류한 물건은 영장없이 압수할 수 있다.	제108조(임의 제출물 등의 압수) 소유자, 소지자 또는 보관자가 임의로 제출한 물건 또는 유류한 물건은 영장없이 압수할 수 있다. 다만 피고인이 소유·관리하는 제106조 제3항의 정보저장매체등을 피고인 아닌 제3자가 임의제출하는 경우에는 임의제출의 동기가 된 범죄혐의사실과 구체적·개별적 연관관계가 있는 전자정보에 한하여 압수의 대상이 된다.

---

34) '정보저장매체등'이 규정된 형사소송법 제106조 제3항('법원은 압수의 목적물이 컴퓨터용디스크, 그 밖에 이와 비슷한 정보저장매체(이하 이 항에서 "정보저장매체등"이라 한다)인 경우에는 기억된 정보의 범위를 정하여 출력하거나 복제하여 제출받아야 한다. 다만, 범위를 정하여 출력 또는 복제하는 방법이 불가능하거나 압수의 목적을 달성하기에 현저히 곤란하다고 인정되는 때에는 정보저장매체등을 압수할 수 있다') 등을 참조하였다.

제6절 임의제출의 '관련성'

1. 논의의 소재

형사소송법 제106조 제1항 본문은 "필요한 때에는 피고사건과 관계가 있다고 인정할 수 있는 것에 한정하여 증거물 또는 몰수할 것으로 사료하는 물건을 압수할 수 있다"고 규정하여 '관련성'을 규정하고 있다.

영장에 의한 압수에 있어서는 위 '관련성'이 적용됨에 이설을 찾기 어려우나, 임의제출물 압수를 규정하는 형사소송법 제108조, 제218조에는 그러한 관련성이 명시되어 있지 않기에, 임의제출물 압수의 경우에도 관련성이 필요한지, 필요하다면 그 관련성의 범위는 어떠한지 등이 논의되고 있다.

이하에서는 '관련성' 요건의 도입 및 도입이유, 일반적인 관련성 논의, 관련 실무규정 등을 간략히 살펴본 후 임의제출의 경우에도 '관련성'이 필요한지, 필요하다면 관련성의 범위는 어떠한지, 관련 판례의 설시는 무엇이고 그 설시의 문제는 무엇인지 등을 다각도로 살펴보기로 하겠다.

2. 관련성 요건의 도입 및 도입이유

국회는 2011. 7. 18. 형사소송법 제106조 제1항을 "법원은 필요한 때에는 피고사건과 관계가 있다고 인정할 수 있는 것에 한정하여 증거물 또는 몰수할 것으로 사료하는 물건을 압수할 수 있다. 단, 법률에 다른 규정이 있는 때에는 예외로 한다"로, 동법 제215조 제1항을 "검사는 범죄수사에 필요한 때에는 피의자가 죄를 범하였다고 의심할 만한 정황이 있고 해당 사건과 관계가 있다고 인정할 수 있는 것에 한정하여 지방법원

판사에게 청구하여 발부받은 영장에 의하여 압수, 수색 또는 검증을 할 수 있다"로, 동조 제2항을 "사법경찰관이 범죄수사에 필요한 때에는 피의자가 죄를 범하였다고 의심할 만한 정황이 있고 해당 사건과 관계가 있다고 인정할 수 있는 것에 한정하여 검사에게 신청하여 검사의 청구로 지방법원판사가 발부한 영장에 의하여 압수, 수색 또는 검증을 할 수 있다"로 각 개정(법률 제10864호)하여 압수수색 시 '관련성'을 명문화 했다.

기존 법문상으로는 '필요성'만이 요건으로 규정되어 있었지만, 이 필요성 요건 외에도 관련성, 비례성도 요구된다는 견해가 다수 있었고, 대법원도 위 견해와 같은 취지로 판시하여 '관련성'과 '필요성'을 요구하는 설시를 해 왔는데(대법원 2008. 7. 10. 선고 2008도2245 판결,[35] 대법원 2011. 5. 26.자 2009모1190 결정[36] 등), 결국 입법으로까지 반영된 것이다.[37]

국회는 위 개정이유로 '수사기관의 책임감을 높이고, 피의자·피고인의 인권침해를 최소화하며, 수사현실과 법률규정이 부합하도록 현행법을 정비'를 들고 있다.[38]

---

[35] 대법원 2008. 7. 10. 선고 2008도2245 판결 중 '어떤 물건이 긴급체포의 사유가 된 범죄사실 수사에 필요한 최소한의 범위 내의 것으로서 압수의 대상이 되는 것인지는 당해 범죄사실의 구체적인 내용과 성질, 압수하고자 하는 물건의 형상·성질, 당해 범죄사실과의 관련 정도와 증거가치, 인멸의 우려는 물론 압수로 인하여 발생하는 불이익의 정도 등 압수 당시의 여러 사정을 종합적으로 고려하여 객관적으로 판단하여야 한다' 등.

[36] 대법원 2011. 5. 26.자 2009모1190 결정 중 '저장매체 자체를 수사기관 사무실 등으로 옮긴 후 영장에 기재된 범죄 혐의 관련 전자정보를 탐색하여 해당 전자정보를 문서로 출력하거나 파일을 복사하는 과정 역시 전체적으로 압수·수색영장 집행의 일환에 포함된다고 보아야 한다. 따라서 그러한 경우 문서출력 또는 파일복사 대상 역시 혐의사실과 관련된 부분으로 한정되어야 하는 것은 헌법 제12조 제1항, 제3항, 형사소송법 제114조, 제215조의 적법절차 및 영장주의 원칙상 당연하다' 등.

[37] 민수영, '압수수색에서 범죄사실과의 관련성 및 다른 범죄에 대한 증거사용의 문제-대법원 2019도14341판결을 중심으로-', 홍익법학 제22권 제1호, 홍익대학교 법학연구소, 2021, 425-426면 참조.

[38] 법제처 국가법령정보센터 https://www.law.go.kr/lsInfoP.do?lsiSeq=114886&ancYd

한편 이상과 이하의 '관련성'에 대한 학계의 논의는, '영장에 의한 압수수색검증'과 관련하여 주로 논의된 것이다. 형사소송법은 기본적으로 영장에 의한 강제처분을 규정하고 있기 때문이다. 따라서 '임의제출'의 경우와는 일부 맞지 않을 수 있지만, 형사소송법 제106조는 동법 제219조에 의하여 임의제출에도 준용된다고 할 것이고, 그 '관련성'이라는 단어 자체는 같기에, 이상과 이하의 '관련성' 논의를 살펴보는 것은 의미가 있음을 밝혀둔다.

3. '관련성'의 적용과 관련된 논의 및 판례 (전자정보를 중심으로)

'관련성'의 의미에 대하여는 해당사건의 증거로서 사용될 수 있다는 의미로 해석하는 견해,[39] 압수수색영장을 신청하고 있는 해당 범죄의 사실과 전자기록이 객관·주관·시간적으로 관련이 있어야 한다는 의미라는 견해,[40] 요증사실을 입증하는 증거로서 사용이 가능한 물건(정보저장매체 포함) 또는 전자정보의 연관성이라는 견해,[41] '해당 혐의사실'과 '해당 피의자'에 관한 관계에서 해당 사건과 관계가 없는 다른 사건의 증거수집을 허용하지 않는다는 취지로 해석하는 견해[42] 등 다양한 견해들이 있다.

이러한 다양한 견해의 존재와 '관련성'이라는 단어 자체가 광범위한 의미를 가지고 있음은, '관련성'의 해석이 매우 다양할 수 있다는 것을

=20110718&ancNo=10864&efYd=20120101&nwJoYnInfo=N&efGubun=Y&chrClsCd=010202&ancYnChk=0#0000 (2021. 12. 19. 최종 방문)

39) 정대희·이상미, '디지털증거 압수수색절차에서의 '관련성'의 문제', 형사정책연구 제26권 제2호, 한국형사정책연구원, 2015, 101-102면.

40) 오기두, 전자증거법 제1판, 박영사, 2015, 247면.

41) 조광훈, '압수·수색절차에서 '관련성'에 관한 고찰', 사법 통권 제33호, 사법발전재단, 2015, 261면.

42) 이주원, 앞의 책, 182-184면.

보여준다.

한편, '관련성'의 적용 정도와 관련하여서는, 크게 엄격하게 적용하여야 한다는 취지의 입장과, 완화하여 적용하여도 된다는 취지의 입장으로 나눌 수 있는 것으로 보인다.

관련성을 엄격하게 적용하여야 한다는 취지의 입장은, 영장에 적시된 죄명과 범죄사실로 구성된 사실만을 관련성 인정의 전제사실로 보고 있다. 즉 헌법상 영장주의를 엄격하게 적용할 것을 요구하며 영장에 기재된 범죄사실과 관련성이 있는 증거만 압수수색할 수 있다는 취지이다.[43] 이 견해는 피의자, 피고인 등 피처분자의 기본권 보호를 중시하는 입장에 속한다.

관련성을 완화하여 적용하여도 된다는 취지의 입장은, 기본적 사실관계 동일성이 인정되거나, 동종 내지 유사 범행과 관련이 있다면 영장 기재 범죄사실과는 다소 다르더라도 그 관련성을 인정할 수 있다고 본다.[44] 즉 영장에 적시된 죄명 및 범죄사실과 다소 다르더라도 관련성 인정의 전제사실이 된다는 것이다. 이 견해는 실체적 진실발견과 수사효율성을 중시하는 입장에 속한다.

한국 대법원은 앞에서 살펴본 바와 같이, 범죄혐의사실과 관련된 전자정보에는 범죄혐의사실 그 자체 또는 그와 기본적 사실관계가 동일한 범행과 직접 관련되어 있는 것은 물론 범행 동기와 경위, 범행 수단과 방법, 범행 시간과 장소 등을 증명하기 위한 간접증거나 정황증거 등으로 사용될 수 있는 것도 포함될 수 있다는 입장으로(대법원 2021. 11. 18. 선고 2016도348 판결), '관련성을 일부 완화하여 적용하여도 된다는 취지의 입장'으로 해석된다.

---

43) 신동운, '간추린 신형사소송법(제14판)', 법문사, 2022, 230면 참조.
44) 박민우, '수사기관의 압수에 있어 관련성 요건의 해석과 쟁점에 대한 검토', 경찰학연구 제16권 제1호, 경찰대학 경찰학연구편집위원회, 2016, 20면; 손동권, '새로이 입법화된 디지털 증거의 압수, 수색제도에 관한 연구; 특히 추가적 보완입법의 문제', 형사정책 제23권 제2호, 한국형사정책학회, 2011, 334면.

다만, 위 대법원 2016도348 판결은 '임의제출에 따른 압수의 동기가
된 범죄혐의사실과 관련되고 이를 증명할 수 있는 최소한의 가치가 있
는 전자정보에 한하여 압수의 대상이 된다'라는 설시, 즉 '최소한의 가
치', '한하여'라는 표현을 쓰고 있다. 이는 일종의 '비례성'을 말하는 것으
로도 해석될 수 있는데, 대법원은 과거에도 압수시 '증거가치', '비례성'
도 고려해야 한다는 판시들을 이어왔다.45) 결국 대법원은 위 2016도348
판결에서 '최소한의 가치', '한하여'라는 표현을 통하여 '관련성'을 '비례
성'으로 제한할 수 있다는 함의를 드러낸 것으로 해석할 수도 있다.

'비례성'은 대한민국 헌법 제37조 제2항46)에 따라 전반적으로 적용되
는 원칙으로 '비례성' 요건으로 '관련성'의 확장을 막는 것은 당연하고
필요하다. 그러나 비례성의 기준인 '과도하다'를 판단하는 것은 쉽지 않
을 것이고, 위 대법원 2016도348 판결도 '최소한', '한하여'라는 표현은 쓰
고 있지만 후술하듯 그 구체적인 기준을 제시했다고 보기는 어렵다.

4. 관련 실무규정

2021. 8. 30. 개정되어 현재(2023. 5. 10.)까지 적용되고 있는 경찰청 훈
령 제1030호인 '디지털 증거의 처리 등에 관한 규칙' 제12조 제2항, 제13
조, 제14조 등에는 영장 신청, 관련자 참여, 영장 집행시 관련성을 고려
해야 한다는 취지의 규정이 있다.

---

45) '어떤 물건이 긴급체포의 사유가 된 범죄사실 수사에 필요한 최소한의 범위 내
　의 것으로서 압수의 대상이 되는 것인지는 당해 범죄사실의 구체적인 내용과
　성질, 압수하고자 하는 물건의 형상·성질, 당해 범죄사실과의 관련 정도와 증
　거가치, 인멸의 우려는 물론 압수로 인하여 발생하는 불이익의 정도 등 압수
　당시의 여러 사정을 종합적으로 고려하여 객관적으로 판단하여야 한다(대법원
　2008. 7. 10. 선고 2008도2245 판결)' 등.
46) 국민의 모든 자유와 권리는 국가안전보장·질서유지 또는 공공복리를 위하여
　필요한 경우에 한하여 법률로써 제한할 수 있으며, 제한하는 경우에도 자유와
　권리의 본질적인 내용을 침해할 수 없다.

한편, 2022. 5. 18. 개정되어 현재(2023. 5. 10.)까지 적용되고 있는 대검찰청 예규 제1285호인 '디지털 증거의 수집·분석 및 관리 규정' 제20조 제1항에도 영장 집행시 관련성을 고려한다는 취지를 규정하고 있다.

다만 특이하게도 위 대검찰청 예규 제22조는 '관련성의 판단기준'이라고 하여 동조 제1항에 '주임검사등은 압수·수색시를 기준으로 압수·수색·검증영장에 기재된 피의자나 진범 및 공범의 범죄혐의와 기본적인 사실관계가 동일하거나 동종·유사 범행과 관련된다고 의심할 만한 상당한 이유가 있는 범위 내의 전자정보, 이들의 범행 동기나 목적 그 밖에 형법 제51조(양형의 조건)[47]에서 규정한 사항에 해당한다고 인정되는 범위 내의 전자정보, 이러한 전자정보의 출처증명 기타 법정에서 디지털 증거의 정확성과 신뢰성의 입증에 필요한 범위 내의 전자정보 등을 함께 압수할 수 있다'고 규정하고 있다. 즉 기본적 사실관계 동일성, 동종 유사 범행과 관련, 범행동기나 목적, 그 밖에 형법 제51조(양형의 조건)에서 규정한 사항, 출처증명, 증거의 정확성과 신뢰성의 입증에 필요한 범위를 '관련성'의 판단기준으로 제시하고 있는 것이다. 대법원 2021. 11. 18. 선고 대법원 2016도348 전원합의체 판결 설시와 비교하면, 대부분 유사하나, 형법 제51조에 규정된 범인의 연령, 지능과 환경 및 출처증명, 증거의 정확성과 신뢰성의 입증까지도 고려하는 위 대검찰청 예규가 더 관련성을 넓게 인정할 여지가 있다고 보인다.

5. 임의제출의 경우에도 '관련성' 요건이 필요한지

앞에서 살펴본 대로 국회는 2011. 7. 18. 형사소송법 개정을 통하여,

---

47) 제51조(양형의 조건) 형을 정함에 있어서는 다음 사항을 참작하여야 한다.
 1. 범인의 연령, 성행, 지능과 환경
 2. 피해자에 대한 관계
 3. 범행의 동기, 수단과 결과
 4. 범행 후의 정황

압수수색에서의 관련성 요건을 동법 제106조 등에 명문화하였다. 그런데 이에 대하여 '임의제출물 압수에서도 관련성 요건이 적용되는지'가 문제되어 왔다. 주로 '영장에 의한 압수' 상황에서의 '관련성' 요건이 문제되어 왔기 때문이다.

수사기관의 임의제출물 압수가 규정되어 있는 형사소송법 제218조에는 관련성 요건이 규정되어 있지 않고, 관련성 요건이 기본적으로 영장에 의한 압수를 전제로 한 것이라는 사정에 주목하면 임의제출물 압수에는 관련성이 적용되지 않는다고 볼 여지는 있다. 그러나 형사소송법은 제219조에서 '법원의 압수수색 규정들'을 '수사기관의 압수, 수색 또는 검증'에 준용하도록 하고 있고, 앞에서 살펴본 바와 같이 임의제출은 강제처분으로 보아야 할 것이기에 '관련성' 요건은 임의제출물 압수에도 적용된다고 해석함이 타당하다.[48]

대법원도 2016도348 전원합의체 판결에서 '관련성' 요건이 임의제출물 압수에도 동일하게 적용된다는 것을 분명히 밝히고 있다. 위 판결은 임의제출의 형식을 통하여 선별압수의 원칙을 우회하는 길을 차단하려는 의지가 표현된 것이기도 하다.[49]

6. '관련성'의 기준에 대한 논의

임의제출물의 압수에서의 '관련성'을 영장에 의한 압수에서의 '관련성'과 달리 보는 견해도 있을 수 있다. 이 견해는 다시 임의제출물의 압수에서의 관련성을 영장에 의한 압수에서의 관련성보다 더 완화해서 해석하자는 견해(이하 '완화해석설'이라고 한다)와 임의제출물의 압수에서

---

48) 같은 견해 및 참조로, 김정한, 앞의 논문, 257면; 전치홍, '임의제출된 정보 저장 매체에 대한 적법한 압수수색 절차', 형사정책 제34권 제1호(통권 제69호), 한국형사정책학회, 2022, 188-189면; 허준, 앞의 논문, 62면.

49) 법률신문(이상원), 2021. 3. 17.자 '[2021년 분야별 중요판례분석] 형사소송법' 참조.

의 관련성을 영장에 의한 압수에서의 관련성보다 더 엄격하게 해석하자
는 견해(이하 '엄격해석설'이라고 한다)로도 나눌 수 있다.[50]

완화해석설은 영장에 의한 압수와는 달리 형사소송법 제218조가 '관
련성'을 규정하고 있지 않고, 임의제출물 압수는 실체적 진실발견을 위
하여 인정되는 것이며, 임의제출이 상당 부분 범행의 전모를 파악하기
어려운 수사의 초기 단계에서 이루어지므로 영장에 의한 압수에서 관련
성과 동일하게 보는 것은 너무 좁게 보는 해석이라는 점 등을 근거로 한
다. 그러나 완화해석설은 실무상 임의제출물 압수의 진행 시 제출자나
피고인의 권리 보호를 위한 절차가 미비하기 때문에 비판이 가능하다.[51]
또한 '임의제출이 상당 부분 범행의 전모를 파악하기 어려운 수사의 초
기 단계에서 이루어진다'고 볼 만한 근거가 부족하고(실제로 임의제출은
수사의 전 단계에서 활발히 이용되고 있고, 수사의 초기 단계에서 더 많
이 일어난다고 보이지 않는다. 물론 그 초기 단계가 언제까지인지도 불
명확하다), '관련성'의 기준을 혼동시킬 수 있다는 비판도 가능하다.

엄격해석설은 수사실무상 임의제출물의 압수가 남용될 우려가 있고,
제출의사가 수사기관의 관여나 개입으로 오염될 우려도 있으며, 임의제
출물의 압수는 수사상 강제처분이므로 최대한 피고인에게 불리하지 않
게 해석하여야 하는 점 등을 근거로 한다. 그러나 엄격해석설은 임의제
출 의사의 불명확을 이유로 추정적 의사의 출발점을 지나치게 좁게 해
석하는 것은 영장에 의한 압수 사안과 균형을 잃을 수 있다는 비판이 가
능하다.[52] 또한 '관련성'의 기준을 혼동시킬 수 있다는 비판도 가능하다.

한편 위와 같은 비판점들과 '임의제출물 압수는 영장에 의한 압수와
마찬가지로 강제처분의 성격을 지닌다'는 점 등을 근거로 임의제출물의
압수와 영장에 의한 압수의 '관련성'을 동일하게 관련성을 해석함이 타
당하다는 견해도 있다(이하 '동일해석설'이라고 한다).[53]

---

50) 장석준, 앞의 논문, 835면 참조.
51) 장석준, 위의 논문, 835-836면 참조.
52) 장석준, 위의 논문, 836면 참조.

이에 대하여 필자는 예측가능성과 방어권 보장 등을 이유로, 엄격해석설을 지지하나, 이에 대하여는 대법원 2016도348 판결을 비판하는 부분인 "임의제출에 있어서의 '관련성'을 엄격 해석하여야 하는 이유" 목차에서 상세히 서술하기로 한다.

7. 임의제출에 있어서 '관련성'을 엄격 해석하여야 하는 이유

가. 관련 논의 및 판례

이와 관련하여, "'관련성'의 기준에 대한 논의" 목차에서 전술한 '엄격해석설'과 '완화해석설', '동일해석설'이 있다.

한편, 앞에서 살펴본 대로 대법원 2021. 11. 18. 선고 2016도348 판결 등을 분석해 볼 때, '동일해석설'이 현재 한국 대법원의 입장인 것으로 보인다. 용어의 통일적 해석은 바람직하기에 위 입장에도 상당한 근거가 있다.

나. '관련성'과 '임의성'의 관계

임의제출에 있어서 '임의성'을 엄격하게 해석하여 임의제출물의 압수를 제한하면, '관련성'은 완화하여 해석할 여지가 있다. 한편으로 임의제출에 있어서 '관련성'을 엄격하게 해석하여 임의제출물의 압수를 제한하면, '임의성'은 완화하여 해석할 여지도 있다. 즉 임의제출에 있어서 어떤 요건을 엄격하게 보면, 다른 요건은 완화하여 해석할 수 있는 것이다 (이는 모든 제도에 있어서 마찬가지이다). 여러 제도의 경우 위와 같이 해석해야 제도의 원활한 활용을 돕고, 형해화를 막을 수 있다.

---

53) 장석준, 위의 논문, 836면.

다만, 임의제출의 특이성에 주목할 필요가 있다. 앞에서 살펴본 대로 임의제출은 그 '임의성', '자발성'에 근거하여 이루어지는 것이고, 영장주의의 예외이며, 수사기관에 의하여 영장주의의 우회로로 쓰이는 등 수사기관의 제도 남용 우려도 있다. 현재 그럴 일은 적겠지만 수사기관이 마음 먹고 '임의성' 등 임의제출 요건에 대하여 조작 내지 은폐하려고 한다면 개인이 그것을 밝히기는 쉽지 않을 것이다. 그렇기 때문에 제출자 내지 피압수자, 피의자보다 수사기관에게 더 엄격하게 요건을 해석하는 것도 가능하다.

즉 반드시 '임의성'과 '관련성'의 엄격 내지 완화 해석이 각 반비례 관계에 있는 것은 아니고, 각 요건('임의성', '관련성')을 모두 엄격하게 해석할 수도 있다. 위와 같이 각 요건을 모두 엄격하게 해석한다고 하더라도 논리적 모순이 생기지는 않고, 오히려 제출자 내지 피압수자, 피의자의 인권보호에 부합하며, 수사기관의 적법절차 준수 내지 인권보호를 촉구할 수 있는 장점이 있다. 수사기관은 엄격한 해석 하에서도 임의제출을 받을 수 있다면 임의제출을 받으면 되고, 아니면 영장주의 원칙으로 돌아가서 사전 내지 사후 영장을 발부받는 방안을 모색하여야 할 것이다. 수사기관이 영장주의를 지키면서 수사하는 것이 원칙이고, 임의제출을 활용하지 않더라도 영장을 받아 압수할 수 있는 대안이 있는 것이다. 만약 인권보호에 부합하는 해석으로 인하여 어떠한 제도가 활용되지 않거나 형해화 된다면 그 제도의 존재 내지 유지가 인권보호에 역행하는 측면이 있었던 것은 아닌지 생각해 볼 필요가 있다.

다. 관련성에 대한 대법원의 판시들과 그에 대한 비판

1) 관련성을 부정한 판결들

먼저 대법원 2021. 11. 25. 선고 2016도82 판결[54]이 있다.

이 판결 사안은, 피고인이 2014. 7. 28. 08:15경 안양시 동안구에 있는 지하철 4호선 인덕원역 전동차 안에서 피해자 1을 추행하였다는 '공중밀집장소에서의 추행'의 점[성폭력범죄의처벌등에관한특례법위반(공중밀집장소에의추행), 이하 '공중밀집장소에의추행'이라 한다]과, 2014년 초경 안양시 ○○구에 있는 피고인의 거주지에서 당시 교제 중이던 피해자 2(여) 몰래 휴대전화로 나체와 음부를 촬영하였다는 '카메라 등 이용 촬영'의 점[성폭력범죄의처벌등에관한특례법위반(카메라등이용촬영), 이하 '카메라등이용촬영'이라 한다]으로 기소된 사건이다.

피고인은 2014. 7. 28. 지하철 내에서 카메라등이용촬영 혐의로 현행범 체포되면서, 피고인 소유의 휴대전화(이하 2016도82 판결 관련 목차 내용에서 '이 사건 휴대전화'라 한다)를 사법경찰관에게 임의로 제출하였고, 사법경찰관은 즉시 이를 영장 없이 압수하였다.

경찰이 압수된 이 사건 휴대전화에서 삭제된 전자정보 일체를 복원하고, 복원된 전자정보를 복제한 시디(CD)를 수사기록에 편철하였는데, 피고인이 지하철에서 촬영한 피해자의 영상은 발견하지 못하였다. 대신 복원된 전자정보 중 여성의 나체와 음부가 촬영된 사진 파일을 출력하여 그 출력물을 수사기록에 추가로 편철하였다. 검사는 피고인에 대한 피의자신문 과정에서 사진 파일에 관하여 신문하였고, 이에 피고인은 2014년 초경의 카메라등이용촬영 범행을 자백하였다.

경찰은 압수된 이 사건 휴대전화에서 여성의 나체와 음부가 촬영된 사진 파일이 발견된 후 공소가 제기되고 사진 파일과 그 출력물이 증거로 제출되기까지, 수사기관이 법원으로부터 해당 범죄 혐의에 관한 별도의 압수·수색영장을 발부받은 바 없다. 또한, 경찰은 휴대전화를 압수한 후 삭제된 전자정보를 복원하고 그 정보를 탐색·출력하는 과정에서, 피고인에게 참여의 기회를 보장하거나, 압수한 전자정보 목록을 교부하거나 또는 피고인이 그 과정에 참여하지 아니할 의사를 가지고 있는지 여

---

54) 편의상 이 논문에서 '불법촬영물 복원 사건'이라고도 필요시 칭하기로 한다.

부를 확인한 바가 없다.

대법원은 피고인이 2014. 7. 28. 공중밀집장소인 지하철 내에서 여성을 추행한 행위와 2014년 초경 다세대 주택에서 몰래 당시 교제 중이던 여성의 나체와 음부를 촬영한 행위는 범행 시간과 장소뿐만 아니라 범행 동기와 경위, 범행 수단과 방법 등을 달리하고, 카메라등이용촬영죄의 증거인 여성의 나체와 음부가 촬영된 사진은 임의제출에 따른 압수의 동기가 된 범죄혐의사실(공중밀집장소에의추행)과 구체적·개별적 연관관계 있는 전자정보로 보기 어렵다고 판단하였다. 즉 '관련성'을 부정한 것이다. 결국 대법원은 공중밀집장소에의추행만 유죄 선고하고 카메라등이용촬영죄는 무죄 선고한 원심을 수긍하였다.

그리고 대법원 2021. 11. 25. 선고 2020도3796 판결[55]이 있다.

이 판결 사안은, 피고인이 2018. 6. 15.경 피해자 A의 다리 부위를 휴대전화(이하 2020도3796 판결 관련 목차 내용에서 '이 사건 휴대전화'라고 한다. 피고인은 경찰서 지구대로 임의동행 후 이 사건 휴대전화를 임의제출하였다) 동영상 촬영한 사실과(카메라등이용촬영), 2018. 1. 27.경 인터넷 사이트 '텀블러'에서 아동·청소년인 여학생들이 학교 기숙사에서 교복을 벗으며 옷을 갈아입는 속옷 차림의 모습이나, 샤워를 마치고 나오는 나체 상태의 모습 등 총 42개의 파일을 다운로드 받아 자신의 휴대전화에 소지한 사실(아동·청소년의성보호에관한법률위반(음란물소지), 이하 '음란물소지'라고 한다. 수사기관은 이 사건 휴대전화에서 음란물소지 대상인 동영상들(이하 2020도3796 판결 관련 목차 내용에서 '이 사건 각 동영상'이라 한다)을 발견하였다)로 기소된 사안이다.

대법원은, '피고인이 2018. 6. 15. 피해자 A의 치마 속을 몰래 촬영한 행위와, 피고인이 2018. 1. 27.경 피고인의 집에서 이 사건 각 동영상을 휴대전화에 다운로드 받아 소지한 행위는 범행 시간과 장소뿐만 아니라 범행 동기와 경위, 범행 수단과 방법 등이 전혀 달라서 기본적 사실관계

---

55) 편의상 이 논문에서 '음란물소지 발각 사건'이라고도 필요시 칭하기로 한다.

의 동일성을 인정하기 어려움은 물론, 후자의 행위가 전자의 행위의 간접증거 내지 정황증거에 해당한다고 보기도 어렵다. 이 사건 휴대전화에서 발견된 이 사건 각 동영상은 임의제출에 따른 압수의 동기가 된 범죄혐의사실과 구체적·개별적 연관관계 있는 전자정보로 볼 수 없고, 그럼에도 수사기관이 영장 없이 이 사건 각 동영상을 취득한 이상 이는 증거능력이 없다'는 취지로 음란물소지 부분을 무죄로 판단한 원심을 수긍하였다.

2) 관련성을 인정한 판결들

먼저 대법원 2021. 11. 25. 선고 2019도6730 판결[56]이 있다.

이 판결 사안은 피고인이 ① 2018. 2. 15.부터 2018. 4. 25.까지 공소사실 범죄일람표 순번 제1 내지 47번 기재와 같이 총 47회에 걸쳐 피고인 소유의 휴대전화(이하 2019도6730 판결 관련 목차 내용에서 '이 사건 휴대전화'라 한다)의 카메라로 성명불상 피해자들의 신체를 촬영한 사실과 (이하 '순번 1-47번 범행'이라 한다), ② 2018. 4. 25. 16:00경 의정부역 5번 출구 에스컬레이터에서 범죄일람표 순번 제48번 기재와 같이, 피해자(여, 인적사항 불상)의 치마 속을 이 사건 휴대전화로 몰래 촬영하려다 미수에 그친 사실(이하 '순번 48번 범행'이라 한다)로 기소된 사안이다.

대법원은 ① 순번 1-47번 범행에 관한 동영상은 2018. 2. 15.부터 2018. 4. 25.까지 약 2개월에 걸쳐 촬영된 것으로 순번 48번 범행 일시인 2018. 4. 25.과 시간적으로 근접한 점, ② 순번 1-47번 범행은 순번 48번 범행과 마찬가지로 카메라의 기능과 정보저장매체의 기능을 함께 갖춘 이 사건 휴대전화로 공공장소에서 촬영된 점을 주된 근거로, 순번 1-47번 범행은 범행의 상습성이 의심되거나 피고인의 성적 기호 내지 경향성의 발현에

---

56) 편의상 이 논문에서 '에스컬레이터 불법촬영 사건'이라고도 필요시 칭하기로 한다.

따른 일련의 범행의 일환으로 이루어진 것으로 의심되어 순번 48번 범행의 동기와 경위, 범행 수단과 방법 등을 증명하기 위한 간접증거나 정황증거 등으로 사용될 수 있다고 보았다. 즉 결국 순번 1-47번 범행과 순번 48번 범죄혐의사실과 구체적·개별적 연관관계를 인정할 수 있다고 판단하였다(시간적 근접이 인정되고, 범행 태양이 유사하다는 취지).

결국 대법원은 "수사기관이 위 휴대전화에 담긴 내용을 조사하는 과정에서 순번 1-47번 범행의 동영상을 확인하고 이를 복제한 시디는 임의제출에 의해 적법하게 압수된 전자정보로서 그 증거능력이 인정"된다고 판시하며 원심을 파기 환송하였다.

그리고 대법원 2021. 11. 25. 선고 2019도9100 판결[57]이 있다.

이 판결 사안은 피고인이 2018. 10. 12. 01:25경, 같은 달 19. 00:04-00:06경 및 같은 달 21. 23:52-00:00경 각 안산시 ○○구 불상의 주택 화장실 창문 앞에서, 휴대전화(이하 2019도9100 판결 관련 목차에서 '이 사건 휴대전화'라고 한다)를 이용하여 샤워를 하고 있는 성명불상 피해자들의 나체 영상(이하 2019도9100 판결 관련 목차 내용에서 '이 사건 각 동영상'이라 한다)을 열린 창문 사이로 몰래 촬영(카메라등이용촬영)한 사실과, 2018. 10. 27. 01:26경 피해자 ○○○가 거주하는 안산시 ○○에 있는 건물 앞에서, 다른 사람의 화장실을 훔쳐보고 나체사진을 촬영할 마음으로 대상을 물색하던 중 위 건물 거주자만 이용하는 위요지인 건물 옆 통로로 들어가 피해자 ○○○의 집 앞 화장실에 이르러 창문 넘어 그 안에서 씻고 있던 피해자의 모습을 훔쳐보는 등 피해자 ○○○가 거주하는 건조물에 침입한 사실(건조물침입)로 기소된 사안이다.

피고인은 위와 같이 피해자 ○○○가 거주하는 건조물에 침입하여 창문 넘어 그 안에서 씻고 있던 피해자의 모습을 훔쳐보다가, 피해자 ○○○의 신고로 출동한 경찰에게 현행범 체포되었다. 이 때 경찰은 피고인으로부터 이 사건 휴대전화를 임의제출 받았대반면, 당초의 혐의사실이

---

57) 편의상 이 논문에서 '샤워자 불법촬영 사건'이라고도 필요시 칭하기로 한다.

던 건조물 침입 시인 2018. 10. 27.경 성폭력처벌법위반(카메라등이용촬영)죄는 불투명처리가 된 유리를 통하여 내부를 촬영한 것인데, 피해자의 알몸 색깔만 보일 뿐 형체조차 특정하기 어렵다는 등의 이유로 기소되지 않았다.

대법원은, "이 사건 각 동영상은 2018. 10. 12., 같은 달 19. 및 같은 달 21. 각 자정 무렵 약 10일에 걸쳐 촬영된 것으로 2018. 10. 27.과 시간적으로 근접하고, 카메라의 기능과 정보저장매체의 기능을 함께 갖춘 이 사건 휴대전화로 주택 화장실 창문 사이로 여성의 나체를 촬영하였다는 점에서 이 사건 임의제출에 따른 압수의 동기가 된 범죄혐의사실과 범행 장소, 수단, 방법 등이 유사하다"고 판시하며, 이 사건 각 동영상은 이 사건 임의제출에 따른 압수의 동기가 된 범죄혐의사실과 구체적·개별적 연관관계가 있는 전자정보라고 관련성을 인정하였다.

결국 대법원은 이 사건 각 동영상의 증거능력을 인정하였고, 이 사건 공소사실 중 카메라등이용촬영죄 부분을 무죄로 판단한 원심의 판단에는 법리오해의 잘못이 있다며 원심을 파기하였다.

영장에 의한 압수가 이루어졌던 대법원 2021. 11. 25. 선고 2021도10034 판결도 있다.

이 사건(대법원 2021. 11. 25. 선고 2021도10034 판결)은 주로 영장에 의한 압수가 문제된 사안이나, 대법원이 관련성을 판단할 때 2016도348 판결을 인용하였기에, 간략하게 살펴본다.

이 판결 사안은 피고인이 여러 아동·청소년들을 상대로 성적 학대행위, 촬영행위를 하고 그 외에 아동·청소년이용음란물을 소지하였다는 혐의로 기소된 사건이다.

압수수색영장 기재 범죄사실과 다른 피해자들에 대한 공소사실 사이에 객관적 관련성이 인정되는지 여부가 쟁점이었는데, 수사기관은 피해자 A에 대한 강제추행과 카메라 이용 촬영을 범죄사실로 하여 피고인의 휴대전화 등에 대한 압수수색영장을 발부받았고, 그 집행과정에서 피해자 A에 대한 범죄사실 외에도 다른 피해자들에 대한 범죄사실과 관련한 전자정보를 압수하였다.

원심(제2심)은 피해자 A에 대한 음란물 제작과 성적 학대행위 부분만 유죄로 판단하고, 다른 피해자들에 대한 부분에 관하여는 각 범죄사실 사이에 객관적 관련성이 인정되지 않아 수사기관이 압수한 전자정보의 증거능력이 인정되지 않고 이를 근거로 한 2차적 증거도 인과관계가 희석·단절되지 않는다고 보아 무죄로 판단하였대피해자 A를 제외한 나머지 피해자들에 대한 범행 부분인 제1심 판시 별지 범죄일람표 1 기재 각 청소년성보호법 위반(음란물제작·배포 등), 각 아동복지법 위반(아동에 대한 음행강요·매개·성희롱 등), 각 청소년성보호법 위반(음란물소지) 부분, 별지 범죄일람표 2 기재 각 아동복지법 위반(아동에 대한 음행강요·매개·성희롱 등) 부분, 별지 범죄일람표 3 기재 각 청소년성보호법 위반(음란물소지) 부분을 무죄로 판단하였다)].

위 제1심 별지 각 범죄일람표에 따르면, 피고인의 범행 기간은 2018. 9. 12.부터 2020. 3. 16.까지이고(약 1년 6개월), 각 범죄일람표 순번의 합은 18회이다.

대법원은, 압수수색영장은 피해자 A에 대한 범죄사실과 관련한 직접증거뿐 아니라 그 증명에 도움이 되는 간접증거 또는 정황증거를 확보하기 위한 것이라고 볼 수 있고, 그 압수수색영장에 따라 압수된 전자정보 및 그 분석결과 등은 혐의사실의 간접증거 또는 정황증거로 사용될 수 있는 경우에 해당하여 압수수색영장 기재 혐의사실과의 객관적 관련성이 인정된다고 판단하여, 원심판결의 무죄부분 중 다른 피해자들에 대한 부분을 파기환송하였다.

대법원 2021. 12. 16. 선고 2017도2592 판결[58])도 있다.

이 판결 사안은 피고인이 2015. 8. 4. 19:30경부터 같은 날 21:10경 사

---

58) 편의상 이 논문에서 '현행범인 체포 다음 날 임의제출 사건'이라고도 필요시 칭하기로 한다.

이 서울 금천구 소재 호프집에서 피해자 A(여)와 만나 함께 술을 마시면서 피고인의 휴대전화(이하 2017도2592 판결 관련 목차 내용에서 '이 사건 휴대전화'라고 한다) 카메라 기능을 이용하여 피해자의 하체 부위 등을 몰래 촬영한 사실로 기소된 사건이다.

피고인은 사건 당일인 2015. 8. 4. 20:00경 피해자를 만났다가 헤어진 후 22:30경 건물 1층 여자화장실의 변기 바깥쪽에서 이 사건 휴대전화로 변기 안쪽을 찍는 듯한 행동을 취하다가 목격자에 의하여 붙잡혔고, 같은 날 22:40경 현행범인으로 체포되었다(즉 이 사건 공소사실과 다른 건으로 현행범 체포된 것이다). 이후 피고인은 경찰에서 조사를 받다가 다음 날인 2015. 8. 5. 03:30경 경찰에 이 사건 휴대전화를 임의제출하였는데, 당시 작성한 임의제출서 중 '제출자의 처분의견(반환의사 유무)' 란에는 '반환'이라고 기재되어 있었고, 피고인은 같은 날 이 사건 휴대전화에 대한 소유권포기서도 작성하여 제출하였다.

이 사건 원심(제2심)은 피고인에 대한 최초의 혐의사실은 성적 목적으로 여자화장실에 침입하여 여성들의 용변을 보는 모습 등을 촬영하였다는 것이고, 이 사건 휴대전화에 있던 피해자의 사진은 피해자의 하체 부분을 촬영한 것으로서, 모두 카메라등이용촬영죄에 해당하거나 그와 관련된 것인 점, 피고인이 원심까지는 임의제출의 범위에 관한 주장을 하지 않았던 점 등을 근거로 이 사건 휴대전화에 있던 피해자의 사진도 피고인이 임의제출한 범위 내에 포함된다고 판단하였다. 즉 이 사건 공소사실과 체포 당시의 최초의 혐의사실 사이의 관련성을 인정한 것이다. 이에 따라 제2심은 피고인의 위법수집증거 주장을 배척하였고, 더 나아가 피고인이 촬영한 피해자의 하체부위는 '성적 욕망 또는 수치심을 유발할 수 있는 다른 사람의 신체'에 해당한다며 피고인에게 유죄를 선고하였다(제1심 파기).

대법원은 이 사건 휴대전화에 있던 피해자의 사진도 피고인이 임의제출한 범위 내에 포함된다고 본 제2심을 수긍하였다(비교적 간단한 설시만을 하였다).

대법원 2021. 12. 30. 선고 2018도7994 판결도 있다.

이 판결 사안은, 피고인이 ① 2016. 10. 10.경부터 2017. 2. 4. 13:21경까지 공소사실 범죄일람표 순번 제1 내지 20번 기재와 같이 총 20회에 걸쳐 피고인 소유의 휴대전화(이하 2018도7994 판결 관련 목차 내용에서 '이 사건 휴대전화'라 한다)의 카메라로 성명불상 피해자들의 신체를 촬영한 사실과(이하 '순번 1-20번 범행'이라 한다), ② 2017. 2. 4. 18:30경 지하철에서 범죄일람표 순번 제21번 기재와 같이, 피해자의 허벅지 부위를 이 사건 휴대전화로 촬영하였다는 사실(이하 '순번 21번 범행'이라 한다)로 기소된 사건이다. 피고인은 순번 21번 범행 피해자의 신고를 받고 출동한 경찰에게 이 사건 휴대전화를 임의제출하였다.

대법원은, ① 순번 1-20번 범행에 관한 사진은 2016. 10. 10.부터 2017. 2. 4 13:21.까지 약 4개월에 걸쳐 촬영된 것으로 순번 21번 범행 일시인 2017. 2. 4. 18:30과 시간적으로 근접한 점, ② 순번 1-20번 범행은 순번 21번 범행과 마찬가지로 카메라의 기능과 정보저장매체의 기능을 함께 갖춘 이 사건 휴대전화로 공공장소에서 촬영된 점을 주된 근거로, 순번 1-20번 범행은 범행의 상습성이 의심되거나 피고인의 성적 기호 내지 경향성의 발현에 따른 일련의 범행의 일환으로 이루어진 것으로 의심되어 순번 21번 범행의 동기와 경위, 범행 수단과 방법 등을 증명하기 위한 간접증거나 정황증거 등으로 사용될 수 있다고 보았다. 즉 결국 순번 1-20번 범행과 순번 21번 범죄혐의사실과 구체적·개별적 연관관계를 인정할 수 있다고 판단하였다(시간적 근접이 인정되고, 범행 태양이 유사하다는 취지이며, 앞에서 살펴본 대법원 2021. 11. 25. 선고 2019도6730 판결의 설시와 흡사하다).

결국 대법원은 "이 사건 휴대전화에 담긴 내용을 조사하는 과정에서 출력한 이 사건 각 사진은 임의제출에 의해 적법하게 압수된 전자정보로서 그 증거능력이 인정"된다고 판시하며 원심을 파기 환송하였다.

대법원 2022. 1. 13. 선고 2016도9596 판결[59]도 있다.

이 판결 사안은, 피고인이 2015. 6. 7.경 피해자 A의 신체를 휴대전화(이하 관련 목차 내용에서 '이 사건 휴대전화'라고 한다)로 몰래 촬영했다는 혐의(이하 관련 목차 내용에서 '2015년 범행'이라 한다)로 임의제출받은 휴대폰에서 2014. 8. 22.경 피해자 B의 신체를 이 사건 휴대전화로 몰래 촬영한 혐의(이하 관련 목차 내용에서 '2014년 범행'이라 한다)의 증거 영상 파일을 발견한 사건이다.

이에 대하여 원심(제2심)은 비록 각 범행(2014년 범행, 2015년 범행)의 적용 법조가 동일하다고 할지라도, 범죄의 일시, 장소, 수단, 방법, 상대방 등에서 차이가 크므로, 별도의 압수수색영장 없이 압수수색할 수 있는 동종 유사의 범행에 해당한다고 보기 어렵다는 이유로, 이에 대하여 별도로 압수수색 영장을 받지 않은 경우 영장주의 위반으로 판시하였다.

그러나 대법원은 원심(제2심)을 파기환송하였다. 그 파기환송의 이유는 2014년 범행에 관한 영상은 그 증거능력이 인정된다는 것인데, '관련성'에 대하여는, 2014년 범행에 관한 영상을 비롯한 이 사건 휴대전화에서 발견된 약 2,000개의 영상은 2년여에 걸쳐 지속적으로 이 사건 휴대전화로 촬영된 것으로, 범죄의 속성상 해당 범행의 상습성이 의심되거나 피고인의 성적 기호 내지 경향성의 발현에 따른 일련의 범행의 일환으로 이루어진 것으로 의심되어, 2015년 범행의 동기와 경위, 범행 수단과 방법 등을 증명하기 위한 간접증거나 정황증거 등으로 사용될 수 있어 2015년 범죄혐의사실과 구체적·개별적 연관관계를 인정할 수 있다는 것이다.

대법원 2022. 2. 17. 선고 2019도4938 판결도 있다.

이 판결 사안은, 피고인이 2017. 6. 28.부터 2017. 9. 2.까지 범죄일람표 순번 1 내지 7 기재와 같이 휴대전화(이하 관련 목차 내용에서 '이 사건 휴대전화'라고 한다)의 카메라로 성적 욕망이나 수치심을 유발할 수

---

59) 편의상 이 논문에서 '약 2,000개 영상 발견 사건'이라고도 필요시 칭하기로 한다.

있는 성명 불상 피해자들의 신체를 그 의사에 반하여 촬영하였다는 범죄사실과(이하 통틀어 관련 목차 내용에서 '순번 1-7번 범행'이라고 한다). 2017. 9. 4. 00:13경 고양시 ○○마트 부근 횡단보도 앞에서 보행 신호를 기다리던 짧은 치마를 입은 피해자의 뒤로 다가가, 이 사건 휴대전화로 다리를 몰래 촬영하였다는 범죄사실로(이하 관련 목차 내용에서 '순번 8번 범행'이라고 한다) 기소된 사건이다.

원심(제2심)은 피고인이 순번 8번 범죄 현장에서 피고인이 임의제출한 이 사건 휴대전화 관련하여, 피고인이 이 사건 휴대전화에 담긴 순번 1-7번 범행 영상까지 제출할 의사였다고 볼 수 없고, 순번 1-7번 범행은 순번 8번 범행과 관련성도 없으며, 수사기관이 이 사건 휴대전화를 탐색하면서 피고인의 참여권을 보장하지 않고 압수한 전자정보 목록을 교부하지 않았다는 등의 이유로, 순번 1-7번 범행 부분에 대하여 유죄를 선고한 제1심을 파기하고 무죄를 선고하였다.

그러나 대법원은 원심(제2심)을 파기환송하였다. 그 파기환송의 이유는 순번 1-7번 범행으로 촬영한 영상의 출력물과 파일 복사본을 담은 시디(CD)는 임의제출에 의해 적법하게 압수된 전자정보에서 생성된 것으로서 증거능력이 인정된다는 것인데, '관련성'에 대하여 구체적으로는 순번 1-7번 범행에 관한 동영상은 2017. 6. 28.부터 2017. 9. 2.까지 두 달 남짓한 기간에 걸쳐 촬영된 것으로 순번 8번 범행 일시인 2017. 9. 4.과 가깝고, 순번 8번 범행과 마찬가지로 이 사건 휴대전화로 버스정류장, 지하철 역사, 횡단보도 앞 등 공공장소에서 촬영되었는데, 위 범행들은 그 속성상 상습성이 의심되거나 성적 기호 내지 경향성의 발현에 따른 일련의 행위라고 의심할 여지가 많아, 각 범행 영상은 상호 간에 범행 동기와 경위, 수단과 방법, 시간과 장소에 관한 증거로 사용될 수 있는 관계에 있어, 순번 1-7번 범행 영상은 임의제출의 동기가 된 순번 8번 범죄혐의사실과 관련성 있는 증거라는 것이다.

3) 관련성 확장해석에 대한 비판

이상과 같은 판례의 설시들을 살펴보면, 대법원은 2016도348 전원합의체 판결에서 설시된 관련성이 있는 증거의 범위를 넓게 해석하고 있다고 할 것이다.

가) 결론은 타당한 사안들(관련성을 부정한 사안들)

대법원이 관련성을 부정한 2021. 11. 18. 선고 2016도348 전원합의체 판결의 사안은 임의제출 시 문제된 범행과 문제되지 않은 범행이 약 1년의 차이가 났고, 2021. 11. 25. 선고 2016도82 판결의 사안은 임의제출 시 문제된 범행과 문제되지 않은 범행이 약 4-6개월의 차이가 났는데, 각 범행 장소도 상이했던 점에 비추어 볼 때, 위 2016도348 전원합의체 판결 및 2016도82 판결 등 관련성이 부정된 사안들의 결론에 찬성한다.

나) 관련성을 인정한 사안들의 문제점

(1) '기간의 차이' 등 객관적 사정으로 관련성 예측 어려움

대법원이 관련성을 인정한 사안들을 살펴보면, 대법원 2021. 11. 25. 선고 2019도6730 판결의 사안은 임의제출 시 문제된 범행과 문제되지 않은 범행이 최대 약 2개월 차이가 나고, 대법원 2021. 11. 25. 선고 2019도9100 판결의 사안은 임의제출 시 문제된 범행과 문제되지 않은 범행이 최대 약 15일 차이가 나며, 대법원 2021. 11. 25. 선고 2021도10034 판결의 사안은 영장 청구 시 문제된 범행과 문제되지 않은 범행이 최대 약 14개월의 차이가 나고, 대법원 2021. 12. 30. 선고 2018도7994 판결의 사안은 임의제출 시 문제된 범행과 문제되지 않은 범행이 최대 약 4개월 차이가 나며, 2022. 1. 13. 선고 2016도9596 판결은 임의제출 시 문제된 범행과 문제되지 않은 범행이 약 10개월 차이가 나고, 2022. 2. 17. 선고 2019도4938 판결은 임의제출 시 문제된 범행과 문제되지 않은 범행이 약 2일 내지

2개월 차이가 난다.

또한 대법원 2021. 12. 16. 선고 2017도2592 판결은 현행범인 체포 시 문제된 혐의사실과 공소사실이 약 1-2시간 차이가 나는데, 현행범인 체포 시 문제된 혐의사실로는 기소되지 않은 것으로 보이고, 기소된 공소사실은 현행범인 체포 시 문제되지 않았다.

일단 위 2017도2592 판결 사안의 경우, 현행범인 체포 시에는 문제조차 되지 않았던 공소사실에 대하여 단지 적용법조와 행위태양이 같거나 유사하다는 이유만으로 피해자가 다른데도 '관련성'을 인정한 것은 관련성을 부당히 확장할 수 있는 여지를 주어 예측가능성과 영장주의 측면에서 타당하지 못하다(사실 현행범인 체포 시 카메라등이용촬영죄의 '피해자'가 있었는지 조차 명확하지 않다. 다만 현행범인 체포 시 문제된 혐의로 기소된 것이 확인되지 않는 것으로 보아, 현행범인 체포 시 '목격자' 외에 문제된 피해자는 없었던 것으로 보인다).

한편, 사실 관련성 판단에서 가장 눈에 띄는 것이, 혹은 확실한 것이 '기간의 차이'라고 할 것이다. 한 곳에서 일어나는 범죄는 드물기에 '범행 장소'는 다른 경우가 많고, '범행 수단'은 스마트폰이라는 다기능의 기기가 있는 이상 비슷할 여지가 많기 때문이다.

위 기간들 중 임의제출이 문제된 경우들을 비교해 보면, 대법원 판단에 따르면, 임의제출 시 문제된 범행과 4개월 차이가 나는 별건 범행에 대한 압수는 관련성이 부정되어 위법하고(2021. 11. 25. 선고 2016도82 판결), 약 2개월 차이가 나는 별건 범행에 대한 압수(2021. 11. 25. 선고 2019도6730 판결), 약 4개월 차이가 나는 별건 범행에 대한 압수(2021. 12. 30. 선고 2018도7994 판결), 약 10개월 차이가 나는 별건 범행에 대한 압수(2022. 1. 13. 선고 2016도9596 판결)는 관련성이 인정되어 적법했다.

위와 같은 대법원의 판시를 볼 때, 문제된 범죄사실과 별건 범죄사실은 어느 정도의 기간의 차이가 있어야 관련성을 인정받을 수 있는지 의문이다. 시간은 구분될 수도 있지만 본질적으로 연결되어 있다. 영장 청구 시 문제된 범행과 문제되지 않은 범행이 최대 약 14개월의 차이가 나는 2021도10034 판결(관련성 인정)까지 논의하자면 대법원의 관련성 판단 중 '기간의 차이'가 정말 예측하기 어려운 것을 알 수 있으나, 일단 위 2021도10034 판결의 사안은 임의제출이 아닌 사전 영장을 받은 사안이므로 앞으로의 논의에서 참조만 하도록 하겠다.

대법원은 2016도348 전원합의체 판결에서, "임의제출에 따른 압수의 동기가 된 범죄혐의사실과 관련되고 이를 증명할 수 있는 최소한의 가치가 있는 전자정보에 한하여 압수의 대상이 된다. 그 관련성은 임의제출에 따른 압수의 동기가 된 범죄혐의사실의 내용과 수사의 대상, 수사의 경위, 임의제출의 과정 등을 종합하여 구체적·개별적 연관관계가 있는 경우에만 인정되고, 범죄혐의사실과 단순히 동종 또는 유사 범행이라는 사유만으로 관련성이 있다고 할 것은 아니다"라고 천명하였는데, 이는 관련성이 '구체적·개별적 연관관계가 있는 경우에만 인정된다'는 것이 핵심이다. 그러나 대법원은 그 '구체적·개별적 연관관계'를 광범위하게 판단하고 있는 것으로 보인다.

물론 대법원은 2016도348 전원합의체 판결에서, "이때 범죄혐의사실과 관련된 전자정보에는 범죄혐의사실 그 자체 또는 그와 기본적 사실관계가 동일한 범행과 직접 관련되어 있는 것은 물론 범행 동기와 경위, 범행 수단과 방법, 범행 시간과 장소 등을 증명하기 위한 간접증거나 정황증거 등으로 사용될 수 있는 것도 포함될 수 있다"고도 판단했다. 그러나 그 '간접증거나 정황증거 등으로 사용될 수 있는 것'의 범위를 너무 넓게 보고 있는 것은 아닌지 의문이다.

(2) 불법촬영 범죄에서 관련성 확장의 문제
(가) 문제의 개관

한편 대법원은 2016도348 전원합의체 판결에서, "불법촬영 범죄 등의 경우 임의제출된 전자정보 압수의 범위'와 관련하여, '카메라의 기능과

정보저장매체의 기능을 함께 갖춘 휴대전화인 스마트폰을 이용한 불법촬영 범죄와 같이 범죄의 속성상 해당 범행의 상습성이 의심되거나 성적 기호 내지 경향성의 발현에 따른 일련의 범행의 일환으로 이루어진 것으로 의심되고, 범행의 직접 증거가 스마트폰 안에 이미지 파일이나 동영상 파일의 형태로 남아 있을 개연성이 있는 경우에는 그 안에 저장되어 있는 같은 유형의 전자정보에서 그와 관련한 유력한 간접증거나 정황증거가 발견될 가능성이 높다는 점에서 이러한 간접증거나 정황증거는 범죄혐의사실과 구체적·개별적 연관관계를 인정할 수 있다"고 판시하였다. 즉 '스마트폰 안에 저장되어 있는 같은 유형(이미지 파일 내지 동영상 파일 등)의 전자정보'는 관련성이 인정될 여지가 크다는 취지로 그 관련성을 다른 범죄보다 확장하였다.

앞서 살펴본 바와 같이 대법원은 '임의제출에 따른 압수의 동기가 된 범죄혐의사실과 관련된 전자정보'의 관련성(일반적인 관련성)도 추상적으로 설시하고 있는데, '불법촬영 범죄 등의 경우'에는 그 관련성을 더 확장하고 있다고 할 것이다.

일단 추상적인 일반적인 관련성 판단 기준을 더 넓히는 위와 같은 해석은 법적안정성, 예측가능성, 영장주의 상 큰 문제를 불러올 수 있다. 영장주의의 예외인 임의제출로 압수, 수색, 탐색할 수 있는 범위를 예측하기 어려워지기 때문이다.

(나) 파일 유형에 따른 확장의 문제

게다가 대법원이 '불법촬영 범죄 등의 경우 임의제출된 전자정보 압수의 범위'를 넓히는 근거로 사용한 '압수·수색의 대상인 전자정보의 유형이 이미지 파일 내지 동영상 파일 등으로 비교적 명확하게 특정되어 그와 무관한 사적 전자정보 전반의 압수·수색으로 이어질 가능성이 적다'는 취지의 논증은 타당하다고 보기 어렵다. 왜냐하면 대법원은 불법촬영의 경우 이미지 파일 내지 동영상 파일로 그 결과물이 특정됨을 이

야기 하지만, 사실 사생활 상 중요한 스마트폰 내부의 파일들은 대부분 이미지 내지 동영상 파일이다. 최근의 스마트폰을 사용하는 사람들은 개인의 생활을 사진과 동영상으로 남겨두는 경우가 대부분이기 때문이다. 스마트폰 워드 프로그램에 일기를 쓰는 사람들 보다는 스마트폰으로 사생활에 대한 사진과 동영상을 촬영하는 사람이 다수일 것이다. 즉 사진과 동영상 파일은 그 자체로 사생활과 연관되어 있을 확률이 매우 높다. 이러한 현실에서 '이미지 내지 동영상 파일'로 불법촬영 범죄 결과물이 특정되니까 사생활 침해 우려가 적다는 논증은 동의하기 어렵다.

(다) 상습성, 기호 내지 경향성 고려의 문제

한편 대법원은 범죄의 속성상 상습성이 의심되거나 피고인의 기호 내지 경향성의 발현에 따른 일련의 범행의 일환으로 이루어진 것으로 의심되면 그 관련성을 확대하고 있는 경향도 보이고 이러한 경향은 특히 불법촬영과 같은 종류의 범죄에 대하여 그렇다.

그러나 상습절도, 상습사기, 연쇄살인, 음주운전 기타 상습성·경향성 범죄의 예에서 알 수 있듯이 그 상습성, 기호 내지 경향성의 발현은 거의 대부분의 범죄에서 나타날 수 있다. 따라서 상습성과 경향성의 발현을 이유로 '관련성'을 확대하는 태도는 자칫 거의 대부분의 범죄 수사에서의 관련성을 확대할 수 있는 논거가 되므로 영장주의 원칙, 법적안정성과 예측가능성이 필요한 점 등에 비추어 수용하기 어렵다.

또한 비록 대법원 2016도348 판결 등에서 '범죄의 속성상'이라는 전제를 붙이면서 '상습성, 기호 내지 경향성'을 서술하고 있지만, '상습성, 기호 내지 경향성'은 '범죄' 자체의 특성이라기보다도 '행위자'의 속성으로 보이는데, 그러면 '범죄'를 넘어서 '행위자'별로도 '관련성'이 확대될 우려가 있고, 이렇게 되면 그 '관련성'이 매우 광활하게 확장될 여지도 생긴다. 대법원의 위와 같은 관련성 확대 경향은 이러한 점에 있어서도 부당하다.

라. 검토 및 소결

'관련성'이라는 단어는 그 뜻 자체가 넓기에 통일적 해석을 하는 것 자체가 어렵거나 불가능하거나 무의미할 수 있다.

또한 영장에는 '범죄사실', '압수할 물건', '압수수색검증을 요하는 사유' 등이 기재되어 있고, 형사소송법 제118조, 제219조에 의하여 압수수색영장은 처분을 받는 자(피처분자)에게 반드시 제시하여야 한다. 또한 처분을 받는 자가 피고인인 경우에는 영장 사본도 교부하여야 한다.[60] 즉 영장에 의한 압수의 경우 영장의 제시 내지 사본 교부로 인하여 피처분자는 그 '범죄사실', '압수할 물건', '압수수색검증을 요하는 사유'를 알 수 있다. 그런데 임의제출은 영장주의의 예외로서 '영장' 자체가 없기에 위와 같은 '범죄사실', '압수할 물건', '압수수색검증을 요하는 사유'를 알 수 없다.

이상과 같이 임의제출은 영장주의의 예외로서 '영장' 자체가 없기에 영장에 의한 압수와 달리 피처분자가 영장에 기재된 '범죄사실', '압수할 물건', '압수수색검증을 요하는 사유'를 알 수 없는 점, 임의제출은 애초에 '임의성'에 근거하여 영장 없는 압수가 가능한 제도라는 점 등을 고려하면, 전자정보 임의제출 시 '범죄사실', '압수할 물건', '압수수색검증을 요하는 사유' 등이 기재되어 수사에 대한 예측이 가능한 영장에 의한 전자정보의 압수보다 더 엄격하게 해당 범죄와의 '관련성' 등을 따져야 한다. 이렇게 해석하지 않으면 임의제출에 있어서 수사권이 남용되고 예측가능성이 저해되어 인권침해가 만연할 우려가 있다.

앞에서 살펴본 최근의 '2022년 검사 수사권 축소 개정'에 따라 형사소

---

60) 2022. 1. 11. 형사소송법 제118조의 개정에 의하여, 처분을 받는 자가 피고인인 경우에는 영장 사본을 원칙적으로 교부하게 되었다(그 전에는 영장 제시만 규정되어 있었음). 다만, 처분을 받는 자가 현장에 없는 등 영장의 제시나 그 사본의 교부가 현실적으로 불가능한 경우 또는 처분을 받는 자가 영장의 제시나 사본의 교부를 거부한 때에는 예외로 하였다(필자).

송법 제198조 제4항[61])이 신설(2022. 9. 10. 시행)되어 합리적 근거 없는 별개 사건 부당 수사와, 무관 사건에 대한 진술 강요를 금지하고 있는바, 이러한 입법의 취지도 고려하여야 한다.

특히 대법원의 여러 판시들과 같이 보면, 불법촬영류의 범죄들에 있어서는 '사실상 '관련성'이 '추정'된다고까지 볼 수 있다'는 문제의식이 있을 수 있다. 이러한 문제의식이 우려하는 상황이 더 악화되면 자칫 피고인에게 '관련성이 없다'는 입증책임을 지우는 수준까지 이르러 '입증책임은 검사에게 있다'는 대원칙을 우회할 소지까지도 있다. 법원은 이러한 문제의식에 유의해야 할 것이다.

마. '관련성'을 위한 구체적 제언 및 개정안 제시

앞에서 살펴본 바와 같이 현재(2023. 5. 10.) 대법원처럼 관련성을 해석하면 영장주의의 취지를 몰각시킬 수 있음은 물론이고, 법적안정성과 예측가능성에 큰 혼란을 줄 수 있다. '어떤 것까지 관련성이 있는 것인지'에 대하여 피의자, 피고인, 피해자, 일선 경찰, 검찰, 법원은 모두 대법원의 판단이 나올 때까지 확신을 못 가질 것이다. 그리고 어떠한 판단은 2016도348 판결처럼 대법원에서만 근 6년이 걸려야 선고될 수도 있다. 그렇다면 일선의 법집행은 혼란해지고 피의자, 피고인, 피해자 모두 그 권리를 제대로 보장받지 못할 수 있다.

이에 대하여 판례들이 쌓이면 관련성 판단의 기준이 더 명확해 질 것이라는 의견도 있을 수 있으나, 앞에서 서술한대로 애초에 추상적인 판단기준을 가지고 예측 가능한 기준을 정립하기는 쉽지 않다. 많은 판례

---

61) 수사기관은 수사 중인 사건의 범죄 혐의를 밝히기 위한 목적으로 합리적인 근거 없이 별개의 사건을 부당하게 수사하여서는 아니 되고, 다른 사건의 수사를 통하여 확보된 증거 또는 자료를 내세워 관련 없는 사건에 대한 자백이나 진술을 강요하여서도 아니 된다.

들이 쌓이면 기준이 설정될 여지도 있기는 하겠으나, 오히려 많은 판례들이 쌓여서 더 예측이 안 되는 상황이 초래될 위험도 충분하다.

대법원이 2021. 11. 18. 선고 2016도348 전원합의체 판결 등에서 설시하고 있는 관련성 판단 기준으로보이는 ○ 범죄혐의사실의 내용과 수사의 대상, ○ 수사의 경위, ○ 임의제출의 과정, ○ 범행 동기와 경위, 범행 수단과 방법, 범행 시간과 장소 등을 증명하기 위한 간접증거나 정황증거 등으로 사용될 수 있는지, ○ 상습성이 의심되는지, ○ 피고인의 기호 내지 경향성의 발현에 따른 일련의 범행의 일환으로 이루어진 것으로 의심되는지 등은 사실 광활하고 추상적인 판단기준들이다.

임의제출은 그 '임의성'에 근거하여 영장 없는 압수가 인정되는 특징을 가지고 있는바, 관련성도 영장에 의한 압수보다 오히려 엄격하게 해석되어야 한다. 영장에는 그래도 추상적일 수는 있지만 '범죄사실', '압수할 물건', '압수수색검증을 요하는 사유' 등이 기재되어 있는데, 임의제출 시에는 관련되는 범죄가 어떠한 '범죄사실'인지 등에 대하여 제출자는 예측하기 어려울 수도 있기 때문이다.

또한 한국 국회는 위 2011. 7. 18. 형사소송법 개정(법률 제10864호)의 개정이유로 '수사기관의 책임감을 높이고, 피의자·피고인의 인권침해를 최소화'를 들고 있기에, 이러한 개정이유(입법자의 의사)도 고려하여야 한다.

한편 관련성 요건의 출발점이 되는 '해당 사건'은 수사 단계에서의 영장이 일반영장으로 변질되는 것을 막기 위한 핵심적 안전장치이므로, 위 '해당 사건'은 '특정된 구성요건에 대입하여 재구성된 범죄사실'을 의미하는 것으로 한정 해석해야 한다는 취지의 견해도 있다.[62] 이 견해에 따르면 '해당 사건'의 범위가 축소되는데, 일본 형사소송법에서 말하는 소위 '소인(訴因)'[63]에 준하는 개념을 상정하는 것이다. 영장주의의 중요성

---

62) 신동운, '신형사소송법 제5판', 법문사, 2014, 418면.
63) '소인(訴因)'은 '구성요건에의 대입을 통하여 법률적으로 재구성된 범죄사실', '법률적 재구성을 거쳐서 공소장에 기재된 공소사실'이다(신동운, '간추린 신형

과 인권보호 측면에서 그 타당성이 높은 견해이자 선구적으로 가치 있는 문제의식을 제기한 견해이다. 이하 필자가 제시하는 입장은 이 견해로부터 영감을 받았다.

결국 일단 임의제출에 의한 압수의 관련성은 원칙적으로 '당해 사건(해당 사건)'에 한정된다고 보아야 한다.

당해 사건과 밀접한 시간 내의 행위는 관련성을 부여하자는 논의도 있을 수 있으나 그 '밀접한 시간'의 판단은 어렵다. 만약 밀접한 시간을 설정한다면 1초로 할 것인가, 1분으로 할 것인가, 17분으로 할 것인가, 1시간으로 할 것인가, 7시간 23분 45초로 할 것인가, 1일로 할 것인가, 3일로 할 것인가, 7일로 할 것인가, 15일로 할 것인가, 1달로 할 것인가, 2달 4일로 할 것인가, 6달로 할 것인가, 1년으로 할 것인가. 결국 위 '밀접한 시간'의 설정 기준을 정립하기는 어렵다. 또한 관련성을 중죄인지 여부로 판단하는 것도 어렵다. 무엇을 중죄로 볼 것인가도 문제이며, 중죄인지 여부와 관련성간 논리적 연관이 부족하다는 점에서 논리적이지도 않다. 한편 관련성을 여론과 결부지어서 판단하는 것이 지양되어야 할 것임은 별다른 설명이 필요가 없다. 무엇이 여론인지도 의문이 있는 경우가 많고, 여론과 관련성의 관계는 논리적 연관이 있는 관계가 아니며, 여론에 의한 판단은 그 정당성을 보장해 주지 못한다.

다만 피해자가 있는 범죄의 경우, 피의자 내지 피고인도 같은 피해자에 대한 범행에 대하여는 충분히 예측할 수 있다고 보이는 점, 당해 피해자의 권리보호도 중요한 점, 당해 피해자의 진술 등 사건 증거에서 같은 피해자에 대한 증거도 도출될 확률이 높은 점 등 고려 시 '피해자가 있는 범죄의 경우 같은 피해자에 대한 증거라면 '관련성'의 유무를 불문하고 제출받거나 압수할 수 있다(기간 불문. 물론 기간이 매우 오래되었

사소송법 제14판', 380-381면 참조). 즉 "피고인이 피해자의 물건을 '절취'하였다"와 같이 '사실'을 법률적으로 재구성한 표현인 '절취', '강취', '갈취', '장물 보관', '장물 취득' 등이 사용되었다면 그 법률적으로 재구성된 표현도 중시되는 것이다(신동운, '신형사소송법 제5판', 617면 참조).

다면 혐의자는 공소시효로 보호받을 수 있다)'고 하여야 한다. 피해자 보호의 취지상 같은 피해자의 대한 범죄는 성범죄와 절도죄처럼 그 성질을 달리해도 무방할 것이다. 물론 피고인의 방어권 보장도 매우 중요하지만 어떠한 사람이 '피해자'로 도출된다면, 같은 피해자에 대한 조사 과정에서 범죄가 발견될 수 있고, 피의자나 피고인의 예측가능성도 침해 소지가 적기 때문에 그 '피해자에 대한 보호'가 '피고인의 방어권 보장'보다 더 우선시 될 필요가 있다.

앞서 살펴본 대로, 현행 형사소송법의 임의제출 규정은 매우 간략하기에, 명확성과 예측가능성을 위하여 이러한 관련 입법이 가능하다면 하여도 좋을 것인데, 현재로서는 대법원이 관련성을 넓게 판단 내지 해석하고 있기에 이러한 대법원의 판단 내지 해석을 상쇄할 수 있는 입법이 필요하다고 할 것이다.

입법시 현행 형사소송법 제218조, 제108조에 새로운 단서, 항 내지 호를 신설하여 '정보저장매체의 임의제출에 의한 압수의 경우 압수 및 탐색 가능 범위는 원칙적으로 해당 사건에 한정된다. 다만 피해자가 있는 경우 동일 피해자에 대한 증거는 압수할 수 있다'는 취지의 법문을 신설하면 될 것이다(아래 표 제218조 제2항 및 제108호 제2항). 전술한대로 대법원도 관련성을 확장 해석하는 중이고, 법원이 임의제출을 받아 압수하면 수사기관도 이를 열람 내지 복사를 통하여 이용할 수 있으므로, 형사소송법 제218조는 물론 동법 제108조도 개정할 필요가 있다.

이렇게 해야 현재 수사기관과 법원에서 이루어지고 있는 다양한 관련성 확장 해석을 명확히 막을 수 있을 것이다. 법원과 수사기관이 '당해사건'만 '관련성'을 가진다고 해석하여 왔다면 오히려 이러한 개정이 관련성을 확장하는 것이겠지만, 전술한대로 현재 법원과 수사기관은 관련성을 확장 해석하고 있다.

앞서 제시한 임의제출 거부권 고지 규정 신설 관련한 개정안, 피의자 아닌 제3자 임의제출의 경우 압수의 대상 제한 관련한 개정안까지 고려

하면 아래와 같은 형식의 개정안이 된다.[64]

<표 3 형사소송법 제218조, 제108조 개정안(관련성 규정 신설 관련)>

현행 형사소송법	형사소송법 개정안
제218조(영장에 의하지 아니한 압수) 검사, 사법경찰관은 피의자 기타인의 유류한 물건이나 소유자, 소지자 또는 보관자가 임의로 제출한 물건을 영장없이 압수할 수 있다.	제218조(영장에 의하지 아니한 압수) ① 검사, 사법경찰관은 피의자 기타인의 유류한 물건이나 소유자, 소지자 또는 보관자가 임의로 제출한 물건을 영장없이 압수할 수 있다. 다만 피의자가 소유·관리하는 제106조 제3항의 정보저장매체등을 피의자 아닌 제3자가 임의제출하는 경우에는 임의제출의 동기가 된 범죄혐의사실과 구체적·개별적 연관관계가 있는 전자정보에 한하여 압수의 대상이 된다. ② 제1항에 의한 정보저장매체등에 대한 압수 및 탐색 가능 범위는 원칙적으로 해당 사건에 한정되나, 피해자가 있는 경우 동일 피해자에 대한 증거는 압수할 수 있다. ③ 임의제출물을 영장 없이 압수하기 전에 다음 각 호의 사항을 알려주어야 한다. 1. 해당 물건을 제출하지 아니할 수 있다는 것 2. 해당 물건을 제출하는 경우에는 임의로 다시 가져갈 수 없으며, 법정에서 유죄의 증거로 사용될 수 있다는 것
제108조(임의 제출물 등의 압수) 소유자, 소지자 또는 보관자가 임의로 제출한 물건 또는 유류한 물건은 영장없이 압수할 수 있다.	제108조(임의 제출물 등의 압수) ① 소유자, 소지자 또는 보관자가 임의로 제출한 물건 또는 유류한 물건은 영장없이 압수할 수 있다. 다만 피고인이 소유·관리하는 제106조 제3항의 정보저장매체등을 피고인 아닌 제3자가 임의제출하는 경우에는 임의제출의 동기가 된 범죄혐의사실과 구체적·개별적 연관관계가 있는 전자정보에 한하여 압수의 대상이 된다. ② 제1항에 의한 정보저장매체등에 대한 압수 및 탐색 가능 범위는 원칙적으로 해당 사건에 한정되나, 피해자가 있는 경우 동일 피해자에 대한 증거는 압수할 수 있다.

---

64) '정보저장매체등'이 규정된 형사소송법 제106조 제3항"법원은 압수의 목적물이 컴퓨터용디스크, 그 밖에 이와 비슷한 정보저장매체(이하 이 항에서 "정보저장매체등"이라 한다)인 경우에는 기억된 정보의 범위를 정하여 출력하거나 복제하여 제출받아야 한다. 다만, 범위를 정하여 출력 또는 복제하는 방법이 불가능하거나 압수의 목적을 달성하기에 현저히 곤란하다고 인정되는 때에는 정보저장매체등을 압수할 수 있다"] 등을 참조하였다.

	③ 임의제출물을 영장 없이 압수하기 전에 다음 각 호의 사항을 알려주어야 한다. 1. 해당 물건을 제출하지 아니할 수 있다는 것 2. 해당 물건을 제출하는 경우에는 임의로 다시 가져갈 수 없으며, 법정에서 유죄의 증거로 사용될 수 있다는 것

제7절 참여권 보장

1. 논의의 소재(일반적인 물체의 경우와 전자정보의 경우)

비록 '임의성'을 기본으로 하여 제출이 이루어지는 임의제출이지만, 임의제출도 압수의 효과가 있고, 정보저장매체에 저장된 정보의 압수수색의 경우 그 탐색과정이 수색·영장 집행과 유사하며, 전자정보의 특성상 다량의 정보가 혼재되어 있을 수 있으므로, 제출자, 피의자, 피고인 등의 참여권 보장에 대한 논의가 필요하다.

한편 정보저장매체가 아닌 일반적인 물체, 물건의 임의제출의 경우 임의제출과 거의 동시에 그 압수가 완료되는 것으로 보이고, 그 물체·물건에 다량의 정보가 저장된 것도 아니기에 참여권 보장이 논의될 의의 및 참여권 보장의 현실적 가능성·필요성이 적다. 물론 일반적인 물체·물건을 피의자 아닌 제3자가 임의제출 하는 경우에는 참여권 보장이 현실적으로 불가능한 면이 크다. 형사소송법 제219조에 의하여 준용되는 참여권 보장 규정인 동법 제121조 내지 제123조도 '영장의 집행' 시 참여권을 규정하고 있는데, 일반적인 물체·물건의 임의제출 시 통상적으로 '영장의 집행'에 해당하는 수사기관의 행위태양이 있다고 보기도 어렵다.

2. '참여권'의 필요와 관련한 논의 검토

대용량 정보 저장장치의 압수수색에서는 혐의사실과 관련이 없는 정보들이 탐색될 확률이 큰데, 이와 관련하여 대법원은 주로 '영장'에 의한 압수 관련하여 '참여가 필요하다'는 취지의 참여권 법리를 확립하여 왔다(대법원 2015. 7. 16.자 2011모1839 전원합의체 결정). 이와 관련하여 임의제출물의 압수에서도 참여권 법리가 적용되는지가 문제된다.[65]

　　이와 관련하여 피의자 인권 보호 측면 및 제출의 주체에 따라 참여권 인정여부를 달리 할 수는 없다는 취지에서 피압수자 측과 피의자에게도 참여권을 보장해야 한다는 견해가 있다.[66]

　　한편으로는, 임의제출물 압수는 제출자의 임의성을 근거로 하는 것이기에, 그 임의성 내지 제출자의 의사 확인이 명확히 이루어지기만하면 피의자의 참여권을 보장하는 것은 적정하지 않고, 형사소송법 규정상으로도 그 참여권을 반드시 필요하다고 보기도 어렵다는 견해도 있다.[67]

　　생각건대, 수사기관의 임의제출물 압수가 규정되어 있는 형사소송법 제218조에는 참여권이 규정되어 있지 않고, 참여권이 기본적으로 영장에 의한 압수를 전제로 한 것이라는 사정에 주목하면 임의제출물 압수에는 참여권 보장이 이루어지지 않는다고 볼 여지는 있다. 그러나 형사소송법은 제219조에서 '법원의 압수수색 규정들'을 '수사기관의 압수, 수색 또는 검증'에 준용하도록 하고 있고, 앞에서 살펴본 바와 같이 임의제출은 강제처분으로 보아야 할 것이기에 참여권 보장은 임의제출물 압수에도 적용된다고 해석함이 타당하다.[68]

　　대법원도 2016도348 전원합의체 판결에서 '피압수자의 참여권 법리가 임의제출에 의한 압수에서도 적용된다'는 취지의 설시를 하였다.

---

65) 전치홍, 앞의 논문, 188면 참조.

66) 박용철, '임의제출물 제도의 개선방안-휴대전화를 중심으로', 23면.

67) 박용철, '정보저장매체 임의제출 압수의 의의', 273면. 물론 이 견해는, 결론적으로 "임의제출물의 압수인 경우에도 실질적 피압수자인 피의자의 참여권을 인정하는 것은 수사기관의 별건 수사의 가능성도 있기 때문에 다각도로 적절한 것'으로 평가할 수 있으나, 이 역시 '법률상 명확한 근거가 없고, 해석론에 의존하는 것이므로 당연히 입법적 후속조치가 있어야 한다"고 주장하고 있다(박용철, 위의 논문, 273면). 같은 저자의 위 '임의제출물 제도의 개선방안-휴대전화를 중심으로'는 2022. 1. 31. 투고되었고, 위 '정보저장매체 임의제출 압수의 의의'는 2022. 2. 6. 투고되었는바, 위 '정보저장매체 임의제출 압수의 의의'에서 조금 논의를 확장한 것으로 보인다.

68) 같은 견해 및 참조로, 전치홍, 앞의 논문, 188-189면.

3. 비교법적 논의

가. 미국의 경우

미국 연방형사소송규칙은 피압수자 측에 대한 참여권의 사전통지를 명시적으로 규정하고 있지 않다. 미국의 경우, 대용량 정보 저장장치 등 정보저장매체를 탐색하여 관련 정보를 찾는 과정에서 피압수자 측의 참여가 보장되어야 한다는 판례나 논의는 찾기 힘들다.[69] 수사기관에 친화적인 미국의 경향이 반영된 것이 아닌가 한다.

다만, 연방형사소송규칙 41(f)(1)(B)[70]는 압수물 목록 작성과 관련하여 피압수자의 참여(presence)를 규정하고 있는데, 이를 보고 피압수자가 압수수색 집행절차에 참여하는 것을 전제하고 있다고 볼 수 있다는 견해가 있다.[71]

나. 독일의 경우

독일 형사소송법은 제106조 제1항에서 "수색할 공간 또는 그 대상(물

---

69) 박병민·서용성, '디지털 증거 압수수색 개선방안에 관한 연구-법률 개정에 관한 논의를 중심으로-', 사법정책연구원, 2021, 252면 참조.

70) Inventory. An officer present during the execution of the warrant must prepare and verify an inventory of any property seized. The officer must do so in the presence of another officer and the person from whom, or from whose premises, the property was taken. If either one is not present, the officer must prepare and verify the inventory in the presence of at least one other credible person. In a case involving the seizure of electronic storage media or the seizure or copying of electronically stored information, the inventory may be limited to describing the physical storage media that were seized or copied. The officer may retain a copy of the electronically stored information that was seized or copied.

71) 박병민·서용성, 앞의 논문, 252면 참조.

건)의 점유자는 수색에 입회할 수 있다. 점유자가 부재중인 경우에는 가능하다면 그 대리인 또는 성년인 친족, 동거인 또는 이웃이 입회하도록 하여야 한다"라고 규정하고 있다.[72]

또한 독일 연방헌법재판소는 정보저장매체에 대한 압수수색 명령의 효력을 다툰 2005년 결정에서 비례의 원칙만으로는 전자정보에 대한 자기결정권을 충분히 보장할 수 없다고 하면서 절차적 제한 수단으로 ① 사전 고지, ② 참여권 보장, ③ 정보수집 사실 통지, ④ 무관정보의 환부·삭제, ⑤ 증거사용 금지 등을 들고 있다. 특히 정보주체가 혐의사실과 관련된 전자정보를 선별하는 과정에 참여하였는지 여부에 중요한 의미를 부여하였다.[73] 그리고 강제처분의 목적에 반하는 경우가 아닌 한 정보주체의 참여는 비례의 원칙상 요구된다고도 판시하였다.[74]

다. 일본의 경우

일본 형사소송법 제113조[75]는 제1항은 "검찰관·피고인 또는 변호인은 압수장, 기록명령부압수장 또는 수색장의 집행에 입회할 수 있다. 단 신체의 구속을 받고 있는 피고인은 그러하지 아니하다"라고 규정하고 있

---

72) [원문] Der Inhaber der zu durchsuchenden Raume oder Gegenstände darf der Durchsuchung beiwohnen. Ist er abwesend, so ist, wenn moglich, sein Vertreter oder ein erwachsener Angehöriger, Hausgenosse oder Nachbar zuzuziehen.

73) BVerfG, Beschluss vom 12.4.2005 . 2 BvR 1027/02; 박병민·서용성, 앞의 논문, 253면.

74) BVerfG, Beschluss vom 16.6.2009 . 2 BvR 902/06; 박병민·서용성, 위의 논문, 253면.

75) [원문] 第百十三條

　1 檢察官、被告人又は弁護人は、差押状、記録命令付差押状又は捜索状の執行に立ち会うことができる。ただし、身体の拘束を受けている被告人は、この限りでない。

　2 差押状、記録命令付差押状又は捜索状の執行をする者は、あらかじめ、執行の日時及び場所を前項の規定により立ち会うことができる者に通知しなければならない。ただし、これらの者があらかじめ裁判所に立ち会わない意思を明示した場合及び急速を要する場合は、この限りでない。

고, 동조 제2항은 "압수장, 기록명령부압수장 또는 수색장의 집행을 하는 자는 미리 집행의 일시 및 장소를 전항의 규정에 의하여 입회할 수 있는 자에게 통지하여야 한다. 단 이들이 미리 재판소에 입회하지 아니하는 의사를 명시한 경우 및 급속을 요하는 경우에는 그러하지 아니하다"라고 규정하고 있어, 재판소(법원)의 압수수색의 경우 피고인 등의 참여권을 규정하고 있다.

그러나 위 제113조는 수사기관의 압수수색에는 준용되지 않으므로(일본 형사소송법 제222조에 준용 규정이 없음), 수사기관의 압수수색에 대한 참여권 보장 조문은 없다고 볼 수 있다. 단지 수사기관은 필요한 경우에는 피의자를 압수수색 시 입회하도록 할 수 있다(위 제222조 제6항[76]).

라. 프랑스의 경우[77]

프랑스 형사소송법 제97조 제3항은 "범죄수사에 필요한 전자정보를 압수함에는 전자정보가 담긴 물건을 압수하거나 피압수자의 입회하에 사본을 출력하는 방으로 한다"고 규정하고 있다.[78] 즉 전자정보 압수수색 시 명시적으로 피압수자의 참여를 규정하고 있다.

---

76) [원문] 檢察官、檢察事務官又は司法警察職員は、第二百十八條の規定により差押、搜索又は檢証をするについて必要があるときは、被疑者をこれに立ち会わせることができる。

77) 이하 프랑스 형사소송법 원문은 https://www.legifrance.gouv.fr/codes/section_lc/LEGITEXT000006071154/LEGISCTA000006182886/#LEGISCTA000006182886에서 인용하였고(2023. 5. 10. 최종 방문), 한국어 번역은 법무부 형사법제과 발간 프랑스 형사소송법[번역본 포함, 2011. 11. 발간, http://www.moj.go.kr/bbs/moj/175/423298/artclView.do (2023. 5. 10. 최종 방문)]과 박병민·서용성, 앞의 논문을 참조하여 번역하였다.

78) [원문] Il est procede a la saisie des donnees informatiques necessaires a la manifestation de la verite en placant sous main de justice soit le support physique de ces donnees, soit une copie realisee en presence des personnes qui assistent a la perquisition.

4. 판례에 대한 분석과 비판

가. 관련 판례와 이에 대한 학계의 입장

대법원은 2021. 11. 18. 선고 2016도348 전원합의체 판결에서 "압수의 대상이 되는 전자정보와 그렇지 않은 전자정보가 혼재된 정보저장매체나 그 복제본을 임의제출받은 수사기관이 그 정보저장매체 등을 수사기관 사무실 등으로 옮겨 이를 탐색·복제·출력하는 경우, 그와 같은 일련의 과정에서 형사소송법 제219조, 제121조에서 규정하는 피압수·수색 당사자(이하 '피압수자'라 한다)나 그 변호인에게 참여의 기회를 보장하고 압수된 전자정보의 파일 명세가 특정된 압수목록을 작성·교부하여야 하며 범죄혐의사실과 무관한 전자정보의 임의적인 복제 등을 막기 위한 적절한 조치를 취하는 등 영장주의 원칙과 적법절차를 준수하여야 한다"고 판시하여 임의제출의 경우 형사소송법 제219조, 제121조가 적용됨이 원칙임을 설시하였다.

참조로 대법원은 형사소송법 제219조, 제121조에서 규정한 변호인의 참여권은 '피압수자의 보호'를 위하여 변호인에게 주어진 '고유권'이라고 설시하였다(대법원 2020. 11. 26. 선고 2020도10729 판결).

이와 관련하여 피의자 인권 보호 측면에서 대법원의 입장에 찬성하는 견해가 있다.[79] 또한 '이 사건 휴대전화에 저장된 정보에 관한 정보주체인 피의자의 참여권을 인정하였다'라는 점에서 정보 프라이버시권 보장의 측면에서 환영할 만하다'는 견해도 있다.[80]

다만 피의자 인권 보호 측면에서 대법원의 입장에 찬성하는 견해도

---

79) 박용철, '정보저장매체 임의제출 압수의 의의', 272-273면; 박정난, 앞의 논문, 381면.
80) 전치홍, '대법원의 참여권 법리에 대한 비판적 검토-대법원 2021. 11. 18. 선고 2016도348 전원합의체 판결을 중심으로-", 형사소송 이론과 실무 제14권 제1호, 한국형사소송법학회, 2022, 30면.

한편으로는, 임의제출물 압수는 제출자의 임의성을 근거로 하는 것이기에, 그 임의성 내지 제출자의 의사 확인이 명확히 이루어지기만 하면 피의자 등의 참여를 요구하는 것은 부적정하고, 형사소송법 규정상으로도 그 참여권이 반드시 필요하다고 해석되지는 않아, 추후 명확한 입법이 필요하다고 하고 있다.[81]

한편, 2016도348 판결에서 피의자를 '실질적인 피압수자'로 보면서, 정보의 탐색 등 절차 전반에서 피의자에게 참여권을 보장하여야 한다고 부분은 수사 당시에 법령에 정해져 있지 않았던 절차를 수사기관에게 준수할 것을 요구하는 것으로, 법령의 개정을 통하여 논의되었어야 할 부분으로 보인다는 견해도 있다.[82]

위 판결(2016도348)에서 대법원은 피의자를 '실질적 피압수자'로 표현하였는데, 이와 관련된 문제도 있으나 '임의제출'시 참여권에 국한된 문제가 아니기에 상세한 서술은 하지 않기로 한다.[83]

한편, 임의제출이 문제된 사안은 아니지만, 최근인 2022. 5. 31. 대법원은, 준항고인이 '수사기관이 인터넷서비스업체 서버에 보관된 준항고

---

81) 박용철, '정보저장매체 임의제출 압수의 의의', 273면.
82) 이순옥, 앞의 논문, 171면. 필자도 명확한 입법의 필요성에는 공감한다.
83) 이에 대하여 ① 대법원은 '사건관계자의 참여권(피의자의 참여권)'으로서 정보 주체인 피의자의 참여권을 인정한 것이 아니라, 피압수자의 지위에서 정보 주체인 피의자의 참여권을 인정하고 있다(대법원은 '피의자의 참여권에 대한 명확한 설시 없이, 피압수자 참여권을 위주로 참여권 법리를 논한 종근당 사건 결정'의 문제점을 그대로 답습)는 비판, ② 대법원은 대량의 정보와 관련된 정보 주체의 정보 프라이버시권 보장을 위하여, 현행 형사소송법에는 존재하지 않는 "실질적 피압수자"라는 개념을 만든 것으로 보이나 "실질적 피압수자"라는 용어는 그 개념이 불명확하다는 점에서 해석상 또 다른 문제를 가져올 수 있다는 비판 등이 있다(전치홍, '대법원의 참여권 법리에 대한 비판적 검토-대법원 2021. 11. 18. 선고 2016도348 전원합의체 판결을 중심으로-', 형사소송 이론과 실무 제14권 제1호, 한국형사소송법학회, 2022, 30-31면).
경청할 가치가 있는 비판이나, 임의제출에 한정되는 논의가 아닌 '참여권'과 더 관련있는 논의인바, 이 논문에서는 간단히 서술하고, 추후 연구를 목표로 한다.

인의 전자정보를 압수·수색하는 과정에서 준항고인에게 형사소송법 제
219조, 제122조에 따른 압수·수색영장의 집행 일시와 장소를 미리 통지
하지 않는 등 참여의 기회를 보장하지 않았고, 그 밖의 압수·수색의 위
법 등이 있다'는 이유를 들어, 위 압수·수색의 취소를 청구한 사안에서,
준항고인을 서비스이용자로서 '실질적 피압수자이자 피의자'로 설시하
며, 인터넷서비스업체가 보관하는 준항고인(서비스이용자로서 실질적
피압수자이자 피의자)의 전자정보에 대한 수사기관의 압수·수색영장 집
행 시 준항고인에게 참여권이 있다는 점을 인정하였다(대법원 2022. 5.
31.자 2016모587 결정).[84]

나. 참여권에 대한 대법원의 판시들

1) 참여권 보장을 부정한 판결들

먼저 '관련성을 부정한 판결들'에서 살펴보았던 대법원 2021. 11. 25.
선고 2016도82 판결이 있다(구체적 사안 설명은 전술했으므로 생략).[85]
이 판결 사안에서 경찰은 압수된 이 사건 휴대전화에서 여성의 나체
와 음부가 촬영된 사진 파일이 발견된 후 공소가 제기되고 사진 파일과
그 출력물이 증거로 제출되기까지, 수사기관이 법원으로부터 해당 범죄
혐의에 관한 별도의 압수·수색영장을 발부받은 바 없다. 또한, 경찰은

---

84) 위 각주와 같은 취지로 역시 '실질적 피압수자'의 해석과 관련한 논쟁을 불러
   일으킬 수 있는 불명확한 설시이다.
85) 피고인이 2014. 7. 28. 공중밀집장소인 지하철 내에서 여성을 추행한 행위와
   2014년 초경 다세대 주택에서 몰래 당시 교제 중이던 여성의 나체와 음부를 촬
   영한 행위는 범행 시간과 장소뿐만 아니라 범행 동기와 경위, 범행 수단과 방
   법 등을 달리하고, 카메라등이용촬영죄의 증거인 여성의 나체와 음부가 촬영
   된 사진은 임의제출에 따른 압수의 동기가 된 범죄혐의사실(공중밀집장소에의
   추행)과 구체적·개별적 연관관계 있는 전자정보로 보기 어렵다고 대법원이 판
   단한 사례.

휴대전화를 압수한 후 삭제된 전자정보를 복원하고 그 정보를 탐색·출력하는 과정에서, 피고인에게 참여의 기회를 보장한 바가 없다.

대법원은 사진 및 이 사건 휴대전화에서 삭제된 전자정보를 복원하여 이를 복제한 시디는 경찰이 피압수자인 피고인에게 참여의 기회를 부여하지 않은 상태에서 임의로 탐색·복제·출력한 전자정보로서, 피고인에게 압수한 전자정보 목록을 교부하거나 피고인이 그 과정에 참여하지 아니할 의사를 가지고 있는지 여부를 확인한 바가 없으므로, 수사기관이 영장 없이 이를 취득한 이상 증거능력이 없다고 판단하였다. 즉 '참여권 보장'이 이루어지지 않았다고 판단하였다. 또한 후술하듯 압수목록 교부 보장도 이루어지지 않았다고 판단하였다.

그리고 대법원 2021. 12. 30. 선고 2019도18013 판결이 있다.

이 판결 사안은, 피고인이 2018. 8. 14.경 피해자에게 공포심이나 불안감을 유발하는 문자메시지를 보냈다는 정보통신망이용촉진및정보보호등에관한법률위반의 점과, 2018. 8. 10.경 피해자가 팬티만 입고 있는 모습을 피고인의 휴대전화로(이하 2019도18013 판결 관련 목차 내용에서 '이 사건 휴대전화'라고 한다) 3회 촬영하였다는 카메라등이용촬영의 점으로 기소된 사건이다.

피해자는 위와 같은 정보통신망이용촉진및정보보호등에관한법률위반의 점에 대하여 고소하였는데, 경찰은 피고인에 대한 피의자신문과정에서 위 카메라등이용촬영의 점에 대한 진술도 확보한 후, 이 사건 휴대전화를 임의제출 받았다.

경찰은 휴대전화를 압수한 후 디지털증거분석을 통해 삭제된 전자정보를 복원하고 그 정보를 탐색·복제·출력하는 과정에서, 피고인에게 참여의 기회를 보장한 바가 없다(피고인과 탐색과정을 함께한 것이 아님).

대법원은, 임의제출된 이 사건 휴대전화를 탐색하여 복원한 시디 및 사진 파일은, 경찰이 피압수자인 피고인에게 참여의 기회를 부여하지 않은 상태에서 탐색·복제·출력한 뒤 압수한 전자정보 목록을 교부하지도 않았으므로, 위법수집증거로서 증거능력이 없다고 하며, 카메라등이용촬영의 점을 무죄 판단한 원심의 판단을 수긍하였다(즉 정보통신망이용촉진및정보보호등에관한법률위반의 점은 유죄, 카메라등이용촬영의 점은 무죄).

그리고 대법원 2021. 12. 30. 선고 2020도2478 판결, 2019도14055 판결, 2019도18010 판결, 대법원 2022. 11. 17. 선고 2019도11967 판결도 있다.

이 판결들의 사안들은, 위에서 살펴본 대법원 2021. 12. 30. 선고 2019도18013 판결과 유사한 사안으로, 수사기관이 임의제출된 피고인의 휴대전화를 탐색하던 중 임의제출 시 문제된 범죄사실과 다른 별개의 범죄에 대한 촬영 파일 증거(이하 '별개 증거'라고 한다)가 발견되었고, 피고인이 모두 자백하였으나, 그 탐색, 발견 과정에서 피고인에게 참여의 기회가 보장된 바가 없었다.

대법원은 수사기관이 피압수자인 피고인에게 참여의 기회를 부여하지 않고, 압수 목록을 교부하지도 않은 별개 증거 부분은 위법수집증거라고 설시하여, 위 위법수집증거와 관련된 공소사실을 무죄로 판단한 각 원심들을 수긍하였다(단, 대법원 2022. 11. 17. 선고 2019도11967 판결은 원심의 자백에 대한 보강증거 관련 법리오해 내지 심리미진이 있다고 설시하며 일부 공소사실에 대하여만 파기 환송하였다).

2) 참여권 보장을 인정한 판결들

먼저 '관련성을 인정한 판결들'에서 살펴보았던 대법원 2021. 11. 25. 선고 2019도6730 판결이 있다(구체적인 사안 설명은, 전술하였으므로 생략).86)

---

86) 피고인이 ① 2018. 2. 15.부터 2018. 4. 25.까지 공소사실 범죄일람표 순번 제1 내지 47번 기재와 같이 총 47회에 걸쳐 피고인 소유의 휴대전화의 카메라로 성명불상 피해자들의 신체를 촬영한 사실과, ② 2018. 4. 25. 16:00경 의정부역 5번 출구 에스컬레이터에서 범죄일람표 순번 제48번 기재와 같이, 피해자(여, 인적

이 판결 사안에서 대법원은, 수사관이 순번 1-47번 범행에 관한 동영상을 피고인의 참여 아래 추출·복사하였고, 피고인이 순번 1-47번 범행에 관한 동영상을 특정하여 범죄일람표 목록을 작성해 수사관에게 제출함으로써 실질적으로 피고인에게 전자정보 상세목록이 교부된 것과 다름이 없다고 판시하여 압수절차도 지켰다는 취지로 판시하였다(앞에서 살펴본 대로 '관련성'도 인정).

결국 대법원은 '수사기관이 위 휴대전화에 담긴 내용을 조사하는 과정에서 순번 1-47번 범행의 동영상을 확인하고 이를 복제한 시디는 임의제출에 의해 적법하게 압수된 전자정보로서 그 증거능력이 인정'된다고 판시하며 원심을 파기 환송하였다.

그리고 '관련성을 인정한 판결들'에서 살펴보았던 대법원 2021. 11. 25. 선고 2019도9100 판결이 있다(구체적인 사안 설명은, 전술하였으므로 생략).[87)]

이 판결 사안에서 대법원은, 경찰은 피고인을 현행범 체포할 당시 임의제출받은 이 사건 휴대전화를 피고인과 함께 탐색하였고, 그 과정에서 발견된 이 사건 각 동영상의 촬영 여부 및 그 구체적인 일시, 장소에 대하여 피의자신문조서를 작성하면서 피고인은 이를 자백하며 별다른 이의를 제기하지 않았기에, 이 사건 휴대전화 탐색은 전체적으로 피고인

사항 불상)의 치마 속을 이 사건 휴대전화로 몰래 촬영하려다 미수에 그친 사실로 기소된 사안.

87) 피고인이 2018. 10. 12. 01:25경, 같은 달 19. 00:04-00:06경 및 같은 달 21. 23:52-00:00경 각 안산시 ○○구 불상의 주택 화장실 창문 앞에서, 휴대전화를 이용하여 샤워를 하고 있는 성명불상 피해자들의 나체 영상(이하 2019도9100 판결 관련 목차 내용에서 '이 사건 각 동영상'이라 한다)을 열린 창문 사이로 몰래 촬영(카메라등이용촬영)한 사실과, 2018. 10. 27. 01:26경 피해자 ○○○가 거주하는 안산시 ○○에 있는 건물 앞에서, 다른 사람의 화장실을 훔쳐보고 나체사진을 촬영할 마음으로 대상을 물색하던 중 위 건물 거주자만 이용하는 위 요지인 건물 옆 통로로 들어가 피해자 ○○○의 집 앞 화장실에 이르러 창문 넘어 그 안에서 씻고 있던 피해자의 모습을 훔쳐보는 등 피해자 ○○○가 거주하는 건조물에 침입한 사실(건조물침입)로 기소된 사안.

참여 하에 이루어진 것으로 인정할 수 있고, 실질적으로 피고인에게 해당 전자정보 상세목록이 교부된 것과 다름이 없다고 볼 수 있다고 판단하였다(앞에서 살펴본 대로 '관련성'도 인정).

결국 대법원은 이 사건 각 동영상의 증거능력을 인정하였고, 이 사건 공소사실 중 카메라등이용촬영죄 부분을 무죄로 판단한 원심의 판단에는 법리오해의 잘못이 있다며 원심을 파기하였다.

'관련성을 인정한 판결들'에서 살펴보았던 대법원 2021. 12. 30. 선고 2018도7994 판결도 있다(구체적인 사안 설명은, 전술하였으므로 생략).[88]

이 판결 사안에서 대법원은, 순번 1-20번 범행에 관한 사진을 피의자신문 당시 피고인의 참여 아래 추출·복사하였고, 위 사진 출력본은 피의자신문조서에 편철되어 이를 토대로 범죄일람표 목록이 작성되었기에, 피고인이 이 사건 휴대전화의 탐색 과정에 참여하였다고 볼 것이고, 이 사건 각 사진을 특정하여 임의로 제출함으로써 실질적으로 피고인에게 전자정보 상세목록이 교부된 것과 같다고 할 수 있다고 판시하였다(앞에서 살펴본 대로 '관련성'도 인정).

결국 대법원은 "이 사건 휴대전화에 담긴 내용을 조사하는 과정에서 출력한 이 사건 각 사진은 임의제출에 의해 적법하게 압수된 전자정보로서 그 증거능력이 인정"된다고 판시하며 원심을 파기 환송하였다.

'관련성을 인정한 판결들'에서 살펴보았던 대법원 2022. 1. 13. 선고 2016도9596 판결도 있다(구체적인 사안 설명은, 전술하였으므로 생략).[89]

이 판결 사안에서 대법원은, 경찰은 1차 피의자신문 시 이 사건 휴대

---

88) 피고인이 ① 2016. 10. 10.경부터 2017. 2. 4. 13:21경까지 공소사실 범죄일람표 순번 제1 내지 20번 기재와 같이 총 20회에 걸쳐 피고인 소유의 휴대전화의 카메라로 성명불상 피해자들의 신체를 촬영한 사실과, ② 2017. 2. 4. 18:30경 지하철에서 범죄일람표 순번 제21번 기재와 같이, 피해자의 허벅지 부위를 이 사건 휴대전화로 촬영하였다는 사실로 기소된 사건.

89) 피고인이 2015. 6. 7.경 피해자 A의 신체를 휴대전화로 몰래 촬영했다는 혐의로 임의제출 받은 휴대폰에서 2014. 8. 22.경 피해자 B의 신체를 이 사건 휴대전화로 몰래 촬영한 혐의의 증거 영상 파일을 발견한 사건.

전화를 피고인과 함께 탐색하는 과정에서 2014년 범행에 관한 영상을 발견하였으므로, 피고인은 이 사건 휴대전화의 탐색 과정에 참여하였다고 볼 수 있다는 취지로 판시하였다(앞에서 살펴본 대로 '관련성'도 인정하였고, 후술하는대로 '압수목록 교부 보장'도 인정하며 원심 파기환송).

'관련성을 인정한 판결들'에서 살펴보았던 대법원 2022. 2. 17. 선고 2019도4938 판결도 있다(구체적인 사안 설명은, 전술하였으므로 생략).[90]

이 판결 사안에서 대법원은, 경찰은 임의제출 받은 이 사건 휴대전화를 피고인이 있는 자리에서 살펴보고 순번 8번 범행이 아닌 영상을 발견하였으므로, 피고인이 탐색에 참여하였다고 볼 수 있다는 취지로 판시하였다(앞에서 살펴본 대로 '관련성'도 인정하였고, 후술하는대로 '압수목록 교부 보장'도 인정하며 원심 파기환송).

새로운 법리를 설시한 대법원 2021. 11. 25. 선고 2019도7342 판결[91]도 있다.

이 판결 사안은, 피고인이 2018. 9. 21. 22:00경 A가 운영하는 강원도 소재 모텔(이하 위 2019도7342 관련 목차 내용에서 '이 사건 모텔'이라 한다)에 손님인 것처럼 들어가 투숙한 후, 다음 날 08:30경부터 10:00경까지 사이에 위장형 소형 카메라를 설치하기 위해 위 모텔의 8개 호실에 임의로 들어가 A가 점유하는 각 방실에 각 침입한 사실과, 2018. 9. 22. 08:30경부터 10:00경까지 이 사건 모텔 각 방실에 총 8개의 위장형 카메라를 설치하고 그때부터 같은 날 13:00경까지 여러 호실(205호, 306호, 308호, 507호)에서 여러 피해자들의 나체, 성관계 모습 등을 촬영한 사실로 기

---

90) 피고인이 2017. 6. 28.부터 2017. 9. 2.까지 범죄일람표 순번 1 내지 7 기재와 같이 휴대전화의 카메라로 성적 욕망이나 수치심을 유발할 수 있는 성명 불상 피해자들의 신체를 그 의사에 반하여 촬영하였다는 범죄사실과, 2017. 9. 4. 00:13경 고양시 ○○마트 부근 횡단보도 앞에서 보행 신호를 기다리던 짧은 치마를 입은 피해자의 뒤로 다가가, 이 사건 휴대전화로 다리를 몰래 촬영하였다는 범죄사실로 기소된 사건

91) 편의상 이 논문에서 '위장형 카메라 사건'이라고도 필요시 칭하기로 한다.

소된 사안이다.

대법원은 '위장형 카메라[92] 등 특수한 정보저장매체의 경우'는 대법원 2021. 11. 18. 선고 2016도348 전원합의체 판결의 경우와 달리 '수사기관이 임의제출받은 정보저장매체가 그 기능과 속성상 임의제출에 따른 적법한 압수의 대상이 되는 전자정보와 그렇지 않은 전자정보가 혼재될 여지가 거의 없어 사실상 대부분 압수의 대상이 되는 전자정보만이 저장되어 있는 경우에는 소지·보관자의 임의제출에 따른 통상의 압수절차 외에 피압수자에게 참여의 기회를 보장하지 않고 전자정보 압수목록을 작성·교부하지 않았다는 점만으로 곧바로 증거능력을 부정할 것은 아니다'라는 새로운 법리를 설시하였다.

즉 이 사건에서 대법원은 임의제출 시의 참여권과 압수목록 교부를 거의 보장하지 않은 것이다.

대법원은 이 사건 각 위장형 카메라에 저장된 모텔 내 3개 호실(205호, 308호, 507호)에서 촬영된 영상은 임의제출에 따른 압수의 동기가 된 다른 호실에서 촬영한 범행과 범행의 동기와 경위, 범행 수단과 방법 등을 증명하기 위한 간접증거나 정황증거 등으로 사용될 수 있으므로 구체적·개별적 연관관계가 인정되어 관련성이 있는 증거에 해당하고, 임의제출된 이 사건 각 위장형 카메라 및 그 메모리카드에 저장된 전자정보처럼 오직 불법촬영을 목적으로 방실 내 나체나 성행위 모습을 촬영할 수 있는 벽 등에 은밀히 설치되고, 촬영대상 목표물의 동작이 감지될 때에만 카메라가 작동하여 촬영이 이루어지는 등, 그 설치 목적과 장소, 방법, 기능, 작동원리상 소유자의 사생활의 비밀 기타 인격적 법익의 관점에서 그 소지·보관자의 임의제출에 따른 적법한 압수의 대상이 되는 전자정보와 구별되는 별도의 보호 가치 있는 전자정보의 혼재 가능성을 상정하기 어려운 경우에는 피고인 내지 변호인에게 참여의 기회를 보장

---

92) 대법원 판결 설시에 따르면, 이 사건 각 위장형 카메라는 벽 등에 완전 밀폐형으로 설치 가능한 기기로서 촬영대상 목표물의 동작이 감지되면 영상을 촬영하는 기능을 가지고 있다(필자).

하지 않고 전자정보 압수목록을 작성·교부하지 않았다는 점만으로 곧바로 증거능력을 부정할 것은 아니라는 이유로, 이와 달리 모텔 내 다른 3개 호실에서 촬영된 영상의 증거능력을 부정한 원심을 파기하였다.

새로운 법리(내지 보충적인 법리)를 설시한 대법원 2022. 1. 27. 선고 2021도11170 판결[93]도 있다.

이 판결 사안은, ○○대학 강사휴게실에 있던 PC 2대(이하 대법원 2022. 1. 27. 선고 2021도11170 판결 관련 목차 내용에서 '이 사건 각 PC' 라고 한다)에 저장된 전자정보의 증거능력이 문제된 사안이다(임의제출과 관련된 부분에 한하며 대법원이 인정한 사실관계에 따름).

이 사건 각 PC는 2019. 9. 10. ○○대학 관계자가 ○○대학에서 공용 PC로 사용하거나 기타 방법으로 임의처리할 것을 전제로 3년 가까이 강사휴게실 내에 보관하고 있던 것으로, 위 보관·관리 업무의 담당자인 조교 A와 ○○대학 물품 관리를 총괄하는 행정지원처장 B가 ○○대학 측의 입장을 반영한 임의적인 의사에 따라 검찰에 제출하였다. 검찰이 '피압수자' 측인 A, B에게 참여 의사를 확인하고 기회를 부여하였으나 피압수자 측이 이를 포기하였다(검찰은 임의제출 시 이 사건 각 PC에 관한 '압수목록 교부서'를 A, B에게 교부하고, 그 후 제1심 단계에서 이 사건 각 PC에서 추출되어 압수된 전자정보의 파일 명세가 특정된 목록을 A, B에게 교부하였다).

대법원은, '관련성' 관련하여, 대법원은 이 사건 각 PC에 저장된 전자정보가 임의제출 당시 문제된 혐의사실과 관련하여 압수의 필요성과 관련성은 인정된다고 판단하였다.[94]

---

93) 편의상 이 논문에서 '대학 관계자의 PC 임의제출 사건'이라고도 필요시 칭하기로 한다.

94) 이 사건 관련하여서 대법원에서는 참여권 보장 여부가 주된 쟁점이었고, 관련성은 주된 쟁점까지는 아니었다. 또한 대법원이 인정한 사실관계에 따르면, 이 사건 각 PC에 저장된 전자정보가 임의제출 당시 문제된 혐의사실과 관련하여 압수의 필요성과 관련성은 별다른 이견없이 인정된다고 보인다. 이에 관련성

그런 후, '전자정보 탐색·복제·출력 시 피의자의 참여권 보장' 목차에서, "임의제출한 피압수자에 더하여 임의제출자 아닌 피의자에게도 참여권이 보장되어야 하는 '피의자의 소유·관리에 속하는 정보저장매체'라 함은, 피의자가 압수·수색 당시 또는 이와 시간적으로 근접한 시기까지 해당 정보저장매체를 현실적으로 지배·관리하면서 그 정보저장매체 내 전자정보 전반에 관한 전속적인 관리처분권을 보유·행사하고, 달리 이를 자신의 의사에 따라 제3자에게 양도하거나 포기하지 아니한 경우로써, 피의자를 그 정보저장매체에 저장된 전자정보에 대하여 실질적인 압수·수색 당사자로 평가할 수 있는 경우를 말하는 것"이라고 설시하였다. 즉 ① 압수수색과 시간적으로 근접한 시기까지 압수 대상물을 피의자가 현실적으로 지배·관리하면서 전자정보에 대한 전속적인 관리처분권을 보유·행사하고, ② 이러한 관리처분권을 제3자에게 양도하거나 포기하지 아니하여야 임의제출자 아닌 피의자에게도 참여권이 보장된다는 것이다.

또한 대법원은 이어서 그 판단 시점 및 기준과 관련하여, 민사법상 권리의 귀속에 따른 법률적·사후적 판단이 아니라 압수·수색 당시 외형적·객관적으로 인식 가능한 사실상의 상태를 기준으로 판단해야 한다고 밝혔다.[95]

대법원은 위와 같은 법리들을 밝힌 후, 이 사건 각 PC나 거기에 저장된 전자정보가 피고인의 소유·관리에 속한 경우에 해당하지 않고, 오히려 ○○대학 측이 이 사건 각 PC를 2016. 12.경 이후 3년 가까이 강사휴게

논의 보다는 참여권 보장 논의에 집중하여 이 사안을 분석하도록 한다.

95) 이에 해당하는지 여부는 민사법상 권리의 귀속에 따른 법률적·사후적 판단이 아니라 압수·수색 당시 외형적·객관적으로 인식 가능한 사실상의 상태를 기준으로 판단하여야 한다. 이러한 정보저장매체의 외형적·객관적 지배·관리 등 상태와 별도로 단지 피의자나 그 밖의 제3자가 과거 그 정보저장매체의 이용 내지 개별 전자정보의 생성·이용 등에 관여한 사실이 있다거나 그 과정에서 생성된 전자정보에 의해 식별되는 정보주체에 해당한다는 사정만으로 그들을 실질적으로 압수·수색을 받는 당사자로 취급하여야 하는 것은 아니다(대법원 2022. 1. 27. 선고 2021도11170 판결 중).

실 내에 보관하면서 현실적으로 지배·관리하는 한편, 이를 공용PC로 사용하거나 임의처분 등의 조치를 할 수 있었던 것으로 보이므로, 피고인이 아닌 위 대학 측이 포괄적인 관리처분권을 사실상 보유·행사하고 있는 상태에 있었다고 인정하였다. 즉 이 사건 각 PC에 저장된 전자정보의 압수·수색은 위 대법원 2016도348 전원합의체 판결이 설시한 법리에 따르더라도 피의자에게 참여권을 보장하여야 하는 경우에는 해당하지 아니한다는 것이다. 결국 대법원은 이 사건 각 PC에 저장된 전자정보의 증거능력을 인정한 원심을 수긍하였다.

다. 대법원의 참여권 보장 약화에 대한 비판

1) 대법원 2016도348 전원합의체 판결 판시 자체에 대한 평가

대법원은 2016도348 전원합의체 판결에서 압수의 대상이 되는 전자정보와 그렇지 않은 전자정보가 혼재된 정보저장매체나 그 복제본을 임의제출받은 수사기관이 그 정보저장매체 등을 수사기관 사무실 등으로 옮겨 이를 탐색·복제·출력하는 경우, 그와 같은 일련의 과정에서 형사소송법 제219조, 제121조에서 규정하는 피압수자나 그 변호인에게 참여의 기회를 보장하고 압수된 전자정보의 파일 명세가 특정된 압수목록을 작성·교부하여야 한다는 취지를 밝혔다. 즉 대법원은 영장주의와 적법절차에 따라 참여권 및 목록 교부 보장을 지켜야 한다고 판시한 것이다. 이러한 판시는 제출자 내지 권리자의 권리보호를 생각할 때 타당한 판시이다.

그러나 대법원은 위 전원합의체 판결로부터 단지 7일만에 선고한 대법원 2021. 11. 25. 선고 2019도6730 판결, 대법원 2021. 11. 25. 선고 2019도9100 판결, 대법원 2021. 11. 25. 선고 2019도7342 판결 등에서부터 스스로 천명한 참여권 및 목록 교부 보장을 약화시키는 판단을 하였고, 이는

영장주의 원칙, 예측가능성, 인권보호 측면에서 부당하다. 이하 대법원
의 판결들에 대하여 비판할 지점을 서술하도록 하겠다.

2) 구체적 비판

가) 단순 '참석'을 형사소송법상 '참여'로 간주

대법원 2021. 11. 25. 선고 2019도6730 판결은, 경찰관이 피의자 신문
과정에서 휴대전화를 피고인과 함께 탐색하는 과정에서 발견된 동영상
파일 증거의 경우 피고인의 참여가 이루어진 것이라고 판시하였다.

또한 대법원 2021. 12. 30. 선고 2018도7994 판결은, 피의자 신문 시 임
의제출 받은 이 사건 휴대전화에 저장된 이 사건 각 사진을 피고인의 참
여 아래 추출·출력하였고, 이 사건 각 사진 출력본은 피의자신문조서에
편철되어 이를 토대로 범죄일람표 목록이 작성된 경우, 피고인이 이 사
건 휴대전화의 탐색 과정에 참여하였다고 볼 것이라고 보았다.

그리고 대법원 2022. 1. 13. 선고 2016도9596 판결은, 피고인의 범죄가
적발된 2015. 6. 7.에 피고인에 대한 제1, 2회 피의자신문이 이루어졌는
데, 경찰은 1차 피의자신문 시 이 사건 휴대전화를 피고인과 함께 탐색
하는 과정에서 2014년 범행에 관한 영상을 발견하였으므로, 피고인은 이
사건 휴대전화의 탐색 과정에 참여하였다고 볼 수 있다고 보았다.

한편 대법원 2022. 2. 17. 선고 2019도4938 판결 이유에 의하면, 피고인
은 순번 8번 범행이 적발되자 현장에서 이 사건 휴대전화를 임의제출하
고 경찰 지구대까지 임의동행 하였는데, 경찰은 그 지구대에서 순번 8번
범행 관련 외에 이름을 알 수 없는 여러 여성의 신체를 찍은 영상을 발
견하였다. 피고인은 그 자리에서 순번 8번 범행 외에도 여러 번 여성을
몰래 촬영한 사실이 있음을 자백하는 취지의 진술서를 작성하였다. 그
후 경찰은 경찰관은 피의자신문을 하면서 순번 1-7번 범행으로 촬영한
영상의 출력물을 보여주었고, 피고인은 촬영한 시각과 장소를 구체적으

로 진술하였다. 대법원은, 경찰은 임의제출 받은 이 사건 휴대전화를 피고인이 있는 자리에서 살펴보고 순번 8번 범행이 아닌 영상을 발견하였으므로, 피고인이 탐색에 참여하였다고 볼 수 있다고 판시하였다.

또한 대법원 2021. 11. 25. 선고 2019도9100 판결은, 경찰이 피고인을 현행범 체포할 당시 임의제출받은 이 사건 휴대전화를 피고인과 함께 탐색하였고, 그 과정에서 발견된 이 사건 각 동영상의 촬영 여부 및 그 구체적인 일시, 장소에 대하여 피의자신문조서를 작성하면서 피고인은 이를 자백하며 별다른 이의를 제기하지 않았기에, 그 탐색은 전체적으로 피고인 참여 하에 이루어진 것으로 인정할 수 있다고 보았다.

그러나 범죄 적발 후 현행범체포, 임의동행, 피의자 신문 등 피고인이 불리한 환경에서 경찰이 피고인의 면전에서 휴대전화를 탐색하여 동영상 내지 사진 파일들을 발견·탐색한 것을 과연 형사소송법에 규정되어 있는 '참여권'이 보장된 것이라고 인정할 수 있을지 의문이다. 형사소송법 제219조, 제121조 등에 규정된 참여권은 비교적 자유로운 상황에서 피고인이나 그 변호인의 참여를 보장하는 것으로 해석되는데(형사소송법 제121조에 '변호인'이 규정되어 있음을 볼 때 더욱 그러하다),[96] 이 사안들은 수사기관이 우월적인 위치에 있는 피의자 신문 등의 과정이었기에 위와 같은 자유로운 상황이 보장되었다고 보기 어렵다. 따라서 위와 같은 상황에서 피고인의 '참여'가 이루어졌다는 취지의 대법원의 판시는 말 그대로 물리적인 '참석'만이 이루어진 것을 형사소송법상 보장되는 '참여'가 이루어진 것으로 판단한 것으로 수긍하기 어렵다.

---

96) 참조로 대법원은 형사소송법 제219조, 제121조에서 규정한 변호인의 참여권은 '피압수자의 보호'를 위하여 변호인에게 주어진 '고유권'이라고 설시하였다(대법원 2020. 11. 26. 선고 2020도10729 판결).
위와 같은 대법원의 설시는 '피압수자의 보호'를 근거로 한다. 따라서 변호인의 참여권을 고유권이라고 설시한 대법원 판례가 '형사소송법 제121조에 변호인이 규정되어 있음'을 '참여권은 비교적 자유로운 상황에서 피고인이나 그 변호인의 참여를 보장하는 것으로 해석'하는 근거로 삼는 논지에 지장을 주지는 않고, 오히려 그 논지를 보강해 준다고 보인다.

나) 계속되는 새로운 설시로 인한 예측가능성 저하

심지어 대법원은 2021. 11. 25. 선고 2019도7342 판결[97])에서는 임의제출된 정보저장매체가 그 기능과 속성상 임의제출에 따른 적법한 압수의 대상이 되는 전자정보와 그렇지 않은 전자정보가 혼재될 여지가 거의 없어 사실상 대부분 압수의 대상이 되는 전자정보만이 저장되어 있는 경우에는 소지·보관자의 임의제출에 따른 통상의 압수절차 외에 피압수자에게 참여의 기회를 보장하지 않고 전자정보 압수목록을 작성·교부하지 않았다는 점만으로 곧바로 증거능력을 부정할 것은 아니라는 새로운 법리를 설시하였다. 즉 대법원은 '별도의 보호 가치 있는 전자정보의 혼재 가능성'을 기준으로 그러한 가능성을 상정하기 어려운 경우에는 참여권 및 압수목록 교부 보장이 이루어지지 않았더라도 그것만으로 증거능력을 부정할 것은 아니라는 입장이다.

그러나 USB 등 물리적으로는 매우 작은 정보저장매체에도 매우 많은 정보가 저장되는 시대이다. 설령 사안과 같은 '위장형 카메라'라고 하더라도 그 카메라에 매우 많은 용량이 저장될 수도 있고, 사람에 따라서는 그 위장형 카메라를 이른바 '불법촬영'의 용도가 아닌 취재, 언론제보용 촬영, 적법한 증거수집, 가족 사진 촬영 등 다양한 용도로 사용할 수 있다. 현대에는 매우 다양한 정보저장매체들이 있고 그 보다 더 다양한 사람들이 있다. 이러한 시대에 '전자정보의 혼재 가능성'을 수사기관 내지 법원이 판단하기는 어려울 것이다. 대법원이 말하는 '전자정보가 혼재될 여지가 거의 없어 사실상 대부분 압수의 대상이 되는 전자정보만이 저장되어 있는 경우'는 결국 그 내부 정보를 모두 들여다보지 않으면 알 수 없는 경우가 거의 대부분일 것이고, 그렇게 정보를 모두 탐색하는 과정에서 대법원이 스스로 우려하는 영장주의, 적법절차의 위반이 일어날 수 있다.

---

97) 이 2019도7342 판결에 대하여, 판결 설시에 동의하는 입장도 있다(이순옥, 앞의 논문, 173-174면).

또한 설령 '전자정보가 혼재될 여지가 거의 없어 사실상 대부분 압수의 대상이 되는 전자정보만이 저장되어 있는 경우'가 명백한 경우를 가정하더라도, 그것만으로 형사소송법이 정하고 대법원이 2021. 11. 18. 선고 2016도348 전원합의체 판결에서 천명한 '참여권과 압수목록 교부 보장'을 지키지 않아도 된다는 것은 수긍하기 어렵다. 대법원은 7일 전인 2021. 11. 18. 선고·설시한 판례의 근거가 '영장주의 원칙'과 '적법절차'라고 천명하였음에도98) 같은 달 25.부터 이를 스스로 무너뜨린 셈이다.

게다가 앞서 설명한대로 대법원은 2022. 1. 27. 선고 2021도11170 판결에서 ① 압수수색과 시간적으로 근접한 시기까지 압수 대상물을 피의자가 현실적으로 지배·관리하면서 전자정보에 대한 전속적인 관리처분권을 보유·행사하고, ② 이러한 관리처분권을 제3자에게 양도하거나 포기하지 아니하여야 임의제출자 아닌 피의자에게도 참여권이 보장된다는 취지로 새로운 설시(또는 보충적인 설시)를 하였다.

그러나 앞서 살펴본 대로 전자정보는 그 양이 방대하고 임의제출자나 피의자도 어떠한 자료가 나올지 알 수 없기 때문에 그 참여권 보장이 중요하다. 즉 영장주의, 예측가능성, 적법절차, 인권보호의 중요성과 형사소송법 상 예외 조항이 없음을 고려할 때, 동법 제219조, 제121조 내지 제124조에 따라서 피고인(피의자) 측의 위와 같은 관리처분권 유무는 불문하고 제출당사자 뿐만 아니라 피의자, 피고인에게도 참여권을 보장하는 것이 바람직하다고 할 것이다.

---

98) "압수의 대상이 되는 전자정보와 그렇지 않은 전자정보가 혼재된 정보저장매체나 그 복제본을 임의제출받은 수사기관이 그 정보저장매체 등을 수사기관 사무실 등으로 옮겨 이를 탐색·복제·출력하는 경우, 그와 같은 일련의 과정에서 형사소송법 제219조, 제121조에서 규정하는 피압수·수색 당사자(이하 '피압수자'라 한다)나 그 변호인에게 참여의 기회를 보장하고 압수된 전자정보의 파일 명세가 특정된 압수목록을 작성·교부하여야 하며 범죄혐의사실과 무관한 전자정보의 임의적인 복제 등을 막기 위한 적절한 조치를 취하는 등 영장주의 원칙과 적법절차를 준수하여야 한다"(대법원 2021. 11. 18. 선고 2016도348 전원합의체 판결 중).

다만 형사소송법 제122조 단서[99])에 의하여 피고인 측이 참여하지 아니한다는 의사를 명시한 때 또는 급속을 요하는 때에는 예외가 되나, 이 사건에서 위와 같은 사정(피고인 측이 참여하지 아니한다는 의사 명시한 때 또는 급속을 요하는 때)은 보이지 않는다.

따라서 피고인(임의제출 당시 피의자) 측에게 참여권이 보장되지 않은 대법원 2022. 1. 27. 선고 2021도11170 판결 사안에서는, 피고인(피의자) 측의 위와 같은 관리처분권 유무는 불문하고 이 사건 각 PC에 저장된 전자정보의 증거능력은 부정되었어야 할 것이다[100])(다만, 이 논문에서는 대법원의 이러한 증거능력 판단과 관련하여서만 논하는 것이며, 위 대법원 판결의 유무죄 판단에 대하여 논하는 것은 아니다).

설령 구체적 타당성과 실체적 진실발견 상 참여권 및 압수목록 교부 보장을 약화시킬 필요가 있다고 하더라도, 영장주의, 예측가능성, 적법절차, 인권보호의 중요성에 비추어 볼 때 '참여권의 축소'는 사법부의 해석이 아닌 입법부의 입법으로 이루어져야 바람직하다(임의제출의 '임의성'이라는 특성과 수사의 밀행성 상 입법재량의 범위에 있다고는 볼 수 있다).

다) '참여권'과 '압수목록 교부'의 차이 무시

정리하자면, 대법원은 사실상 '피의자(피고인)가 문제되는 범죄사실

---

99) "단, 전조에 규정한 자가 참여하지 아니한다는 의사를 명시한 때 또는 급속을 요하는 때에는 예외로 한다"

100) 같은 견해 및 취지로, 전치홍, 앞의 논문, 32-33면(대법원 판결의 설시의 불명확성, 불일관성, 프라이버시권 보장 미흡 등이 비판의 근거이다). 한편, 이 사건 각 PC에 저장된 전자정보의 증거능력이 마찬가지로 문제되는 별건인 서울중앙지방법원 2020고합2 사건 2021. 12. 24. 공판기일(대법원 2021도11170 판결 선고 전)에서, 당시(2021. 12. 24.) 위 서울중앙지방법원 사건 재판부는 '이 사건 각 PC에 저장된 전자정보의 증거능력을 인정하지 않겠다'는 취지의 입장을 밝힌바 있다(연합뉴스, 2021. 12. 24.자 '조국·정경심 재판부 "동양대 PC 증거능력 인정 안 해"(종합)' 기사 참조).

과 관련한 전자정보 탐색과정에 함께했고, (혐의를 자백하며) 피의자신
문조서나 범죄일람표 등 서면 작성에 협조했다면, 참여권과 압수목록 교
부 보장이 있었다고 볼 수 있다. 혹은 절차상 하자가 있더라도 피의자
(피고인)의 절차상 권리가 실질적으로 침해되었다고 보기 어렵다'는 취
지로 판시하고 있다.

이러한 대법원의 태도는 '참여권'과 '압수목록 교부'의 차이를 무시하
게 되는 결과를 초래할 수 있어서 문제가 있다. '참여권'과 '압수목록 교
부'는 모두 '절차상 권리', '적법절차'라는 유사점은 있지만 문언적 의미
에서 그 '행위태양'이 다르다고 볼 수 있다. 문자 그대로 '참여권'은 참여
권자가 '참여'하는 것이고, '압수목록 교부'는 수사기관이 형사소송법 제
129조에 따라 소유자, 소지자, 보관자 기타 이에 준할 자에게 '교부'하는
것이기 때문이다.

형사소송법은 제121조에서 '압수수색영장의 집행에 참여 가능'을 규
정하고 있고, 제129조에서 '압수한 경우의 압수목록 교부'를 규정하고 있
다. 즉 위 제129조는 반드시 '압수수색영장 집행시'에 일어날 필요가 없
는 일이다(검사 또는 사법경찰관의 압수수색에 형사소송법 제219조로
준용).

그럼에도 대법원과 같이 본다면, '참여권'과 '압수목록 교부'가 자칫
무력화될 우려가 있고, 한편으로는 '참여권'과 '압수목록 교부'의 구별도
무색해 질 우려도 있다.

압수목록 교부 보장과 관련하여서 자세히는 후술하는 '제8절 압수목
록 교부 보장' 관련 목차에서 서술 예정이나, 전술한대로 대법원의 판시
자체가 '참여권 보장'과 '압수목록 교부 보장'을 별로 구별하고 있지 않
기에 각 논의의 판시 내지 쟁점이 중복될 수 있다. 따라서 '제8절 압수목
록 교부 보장' 관련 목차들의 내용을 상술하기에 앞서 이상의 내용을 서
술한다.

5. 검토 및 소결(제출자·피의자·피고인의 참여권 보장 필요)

한국 형사소송법은 '법원의 압수수색'을 규정하고 있는 제121조 내지 제124조, 제129조 등에 피고인의 압수수색 참여나 압수목록 교부를 규정하고 있다. 그리고 이들 규정은 제219조에 의하여 수사기관의 압수수색시에 준용된다. 즉 법문상 한국은 미국, 일본의 경우보다 피의자, 피고인의 압수수색 참여권을 적극 보장하고 있다.

임의제출물의 압수는 영장주의의 적용을 받지 않는 영장주의의 예외이므로, 영장집행에 있어서 당사자의 참여권을 규정한 한국 형사소송법 제219조, 제121조 내지 제124조, 제129조 등이 '당연히' 적용된다고 보기는 어려울 여지가 있다.

그러나 당사자의 참여권을 규정한 형사소송법 제219조, 제121조, 제123조 중 제219조의 준용규정은 제121조 등을 '본장의 규정에 의한 압수, 수색, 검증에 준용한다'고 규정되어 있기에 형사소송법 제218조에 의한 임의제출(영장에 의하지 아니한 압수)에도 해석상 위 제219조에서 준용되는 규정들이 준용될 수 있다.[101]

---

101) 이와 관련하여 2022. 1. 7. 제21대 국회에 형사소송법 일부개정법률안이 발의되었다. 이수진 의원이 대표발의한 의안번호 14302호가 그것이다. 방어권 보장 등이 제안이유이고, 2022. 1. 10.에 소관상임위인 법제사법위원회에 회부된 상태이다(2023. 5. 10. 현재 기준). 그 관련 내용은 아래와 같다.

(개정, 신설되는 부분은 밑줄, 제219조에서 제108조도 준용하게 함)

제108조(영장에 의하지 아니한 압수)
① 검사, 사법경찰관은 피의자 기타인의 유류한 물건이나 소유자, 소지자 또는 보관자가 <u>자발적이고 명시적인 동의에 의하여</u> 제출한 물건을 영장 없이 압수할 수 있다.
④ <u>제1항에 따라 정보저장매체등을 압수한 경우에는 피고인·변호인 또는 피고인이 지정하는 사람을 그 정보를 탐색·저장 또는 복제하는 과정에 참여하게 하여야 한다.</u>

전자정보에 대한 압수는 휴대전화 등을 임의제출 받아 '물체'를 압수함으로써 그 압수절차가 종료하는 것이 아니라, 휴대전화 등에 저장된 정보의 탐색과 복제, 출력 등 전 과정이 압수과정의 일환이 된다. 이는 압수 영장 '집행' 절차와 같다고 볼 수 있다. 그리고 임의제출물의 압수가 영장주의의 예외로 인정되는 이유는 제출당사자의 자유로운 의사에 따른 것이라는 점 때문이므로, 제출당사자의 임의성은 전자정보 압수의 전체 과정에서 지속적으로 담보되는 것이 바람직하다. 압수의 전(全) 과정에서 제출당사자에게 절차 참여의 기회가 부여되어야 전자정보 제출의 임의성이 확보될 수 있으므로, 제출당사자의 참여권은 이러한 이유에서 절차적으로 보장될 필요가 있다. 제출당사자가 휴대전화 등에 저장된 전자정보를 제공할 의사로 휴대전화 등을 임의로 제출하면서도 그 전자정보의 탐색, 복제, 출력의 과정에 참여하기를 원하지 않는 경우에는 절차 참여의 기회를 부여할 필요가 없고, 실무상 이러한 경우가 대부분일 것이지만, 이 경우에도 미리 제출자의 참여 의사 유무를 확인하여 압수의 임의성을 보장하여야 한다.[102]

또한 위 형사소송법 제219조, 제121조 내지 제124조, 제129조 등에 따라서 제출당사자 뿐만 아니라 피의자, 피고인에게도 참여권이 부여되어야 할 것이다[한편 대법원 2022. 1. 27. 선고 2021도11170 판결은 피의자가 정보저장매체 내 전자정보 전반에 관한 전속적인 관리처분권을 보유·행사하는 경우에만 임의제출자 아닌 피의자에게도 참여권이 보장된다는 취지로 설시하였으나, 예외를 두고 있지 않은 현행 형사소송법 법문과 전자정보의 방대성, 예측가능성 등을 고려할 때, 위 대법원 판결과 같은 해석은 바람직하지 않다. 제출자조차 그 안에 어떤 내용의 정보가 들어

---

102) 같은 취지 및 참조로 최윤정, 앞의 논문, 133면. 이와 관련하여 "임의제출형식으로 제출한 경우라도 '선별'을 위한 전자적 수색에 대해 참여의 기회가 없었다면 압수·수색은 위법하다"는 논의도 있다(설민수, '피의자 보관 전자정보의 압수·수색에서 미국과 한국 법원의 영장주의 적용과 변화과정: 이미징을 중심으로', 형사법의 신동향 통권 제53호, 대검찰청, 2016, 129면).

있을지 가늠하기 어려울 수 있는 대용량 정보저장매체의 특성상 피의자 측에게도 참여권을 보장하는 것이 타당하며, 피의자가 정보저장매체 내 전자정보 전반에 관한 전속적인 관리처분권을 보유·행사하는 경우에만 피의자 측의 참여권을 보장하는 것이 필요하다면 사법부의 해석이 아닌 입법부의 입법으로 명확하게 하여야 할 것이다(임의제출의 특성과 수사의 밀행성 상 입법재량의 범위에 있다고는 볼 수 있다)]. 즉 위 대법원 2021. 11. 18. 선고 2016도348 전원합의체 판결이 위와 같이 설시한 것에는 찬성한다. 다만 대법원은 참여권 및 압수목록 교부 보장을 약화시키는 판단도 하는데, 이에 대하여는 앞서 살펴본 바와 같이 비판점이 있다.

한편 2016도348 판결 사안에서의 대법원은 피의자의 참여권을 피압수자로서의 참여권('실질적 피압수자'의 참여권)에서 구하는 취지로 읽히기도 하는데, 법문에 등장하지 않고 불명확한 '실질적 피압수자'의 참여권 보다는 형사소송법 조문에 있는 '피의자'의 참여권(형사소송법 제219조, 제121조 등)을 근거로 참여권을 인정하는 것이 타당한 면이 있다. 이렇게 해석해야 형사소송법 조문과 정보 주체의 사생활 정보 보장 차원에서 더 적합할 것이다.[103]

이와 관련하여 피의자와 입회인(포렌식 전문가)의 참여하에 제출자가 필요 없는 데이터(개인의 사생활 관련 정보 등)를 완전 삭제할 수 있도록 제도화해야한다는 견해도 있고,[104] 제출자의 권리보호 측면에서 참여를 원하는 제출자들에게는 이러한 방안이 실현되면 좋을 것이다. 그러나 시간, 인력, 기술, 비용적 측면에서 실현이 가능할지는 의문이다(이렇게까지 제출자의 권리를 보호해 줄 필요는 없다는 견해도 있을 수 있다). 결국 입법재량의 영역인 것으로 보인다.

---

103) 같은 견해 및 참조로, 전치홍, 앞의 논문, 32-33면 참조.
104) 박석훈·함영욱·백승철, 앞의 논문, 51-52면.

6. 참여권 보장을 위한 제언

가. 관련 실무규정

대검찰청 예규 제1285호인 '디지털 증거의 수집·분석 및 관리 규정' 제25조 제2항은 전자정보 임의제출 시 같은 장에 규정한 절차를 준용하도록 되어있고, 위 규정 제21조는 압수수색의 전 과정에서의 피압수자등(형사소송법 제123조에 따라 참여하게 해야 하는 사람)의 참여권을 보장하도록 되어있다(2023. 5. 10. 기준).

경찰청 훈령 제1030호인 '디지털 증거의 처리 등에 관한 규칙' 제22조 제1항, 제13조는 전자정보의 압수수색 시 피의자 또는 변호인, 소유자, 소지자, 보관자의 참여를 보장하여야 한다고 규정하고 있다(2023. 5. 10. 기준).

즉 수사기관의 관련 실무규정 상으로는 피압수자등의 참여권이 보장되어 있다. 물론 이 규정들이 잘 지켜지는지는 미지수이다.

나. 소결

앞서 살펴본 대로 피의자 측에 대한 참여권 보장은 필요하다.

또한 참여권 보장에 대하여는 앞에서 살펴본 바와 같이 현행 형사소송법 제219조, 제121조 등 현행법을 적용하면 충분하다. 또한 앞에서 살펴본 대로 검찰과 경찰의 관련 실무규정도 이미 참여권 보장을 규정하고 있다.

다만 최근의 대법원 판례들(대법원 2021. 11. 25. 선고 2019도6730 판결, 대법원 2021. 11. 25. 선고 2019도9100 판결, 대법원 2021. 11. 25. 선고 2019도7342 판결, 대법원 2022. 1. 27. 선고 2021도11170 판결 등)이 참여권(및 압수목록 교부) 보장을 약화시키고 있다.

이에 대하여 앞에서 살펴본 최근의 대법원 판례들(대법원 2021. 11. 25. 선고 2019도6730 판결, 대법원 2021. 12. 30. 선고 2018도7994 판결, 대법원 2021. 11. 25. 선고 2019도9100 판결 등)과 같이 '실질적으로 참여권과 압수목록 교부가 보장되었다'는 취지의 너그러운 해석을 지양해야 한다. '절차 참여를 보장한 취지가 실질적으로 침해되었다고 볼 수 없을 정도'라는 대법원의 판시들 자체가 불명확한데, 대법원은 이 '실질적으로 침해되었다고 볼 수 없을 정도'의 기준으로 '임의제출의 취지와 경과', '절차 위반행위가 이루어진 과정의 성질과 내용'만을 들고 있다. 위와 같이 대법원이 제시한 기준도 광범위한 해석이 가능한 문제가 있어 실질적이고 객관적인 기준으로 적용하기 어렵다.

또한, 대법원 2021. 11. 25. 선고 2019도7342 판결, 대법원 2022. 1. 27. 선고 2021도11170 판결과 같이 '특별한 사정이 있으면 참여권 및 압수목록 교부 보장을 느슨히 혹은 안 지켜도 된다'는 취지의 해석도 지양해야 한다.

만약 참여권 및 압수목록 교부 보장을 약화시키고 싶다면 영장주의와 인권보호, 예측가능성의 중요성 상 사법부의 해석이 아닌 입법부의 입법으로 이루어져야 바람직 할 것이다.

인권보장과 적법절차와 밀접한 관련이 있는 참여권 및 목록 교부 보장은 되도록 엄격히 지켜져야 한다. 이러한 형사소송법과 형사소송규칙의 절차 조항은 헌법에서 선언하고 있는 적법절차와 영장주의를 구현하기 위한 것으로서 그 규범력은 확고히 유지되어야 한다. 그러므로 형사소송법 등에서 정한 절차에 따르지 않고 수집된 증거는 기본적 인권 보장을 위해 마련된 적법한 절차에 따르지 않은 것으로서 원칙적으로 유죄 인정의 증거로 삼을 수 없다'며 압수목록 교부 등에 대한 중요성을 이미 판시한 대법원 2017. 9. 7. 선고 2015도10648 판결의 취지를 엄격히 따라야 할 것이다.

즉 정말 특별한 사정이 없는 한, 참여권 및 압수목록 교부 보장이 이루어지지 않았다면 위법수집증거로 판단하여야 할 것이다.

이에 대하여 곧바로 위법수집증거로까지 할 것은 아니고, 다만 위법수집증거가 될 것인지에 대한 여러 요소 중 하나로 고려될 수 있다는 견해가 있을 수 있으나, 인권보호, 참여권, 적법절차 보장 측면에서 수긍하기 어렵다. 현실적인 문제로 참여권 및 압수목록 교부 보장의 예외를 두고 싶다면 심도 있는 논의를 통한 입법으로 이루어져야 할 것이다.

제8절 압수목록 교부 보장

1. 논의의 소재

형사소송법 제219조에서 수사기관의 압수, 수색에 동법 제129조(압수목록의 교부)를 준용하고 있고, 앞서 살펴본 대로 임의제출은 압수의 효력을 가지므로 임의제출물 압수의 경우에도 수사기관은 압수목록을 교부하여야 할 것이다.

그러나 앞에서 살펴본 대법원 2016도348 전원합의체 판결과 그 후속 판결들은 임의제출의 경우에도 압수목록 교부를 할 것을 요구하고는 있지만, 그 '교부'의 의미를 해석으로 완화하여주고, 교부 흠결시에도 그 '흠결' 내지 '절차 위반'의 효과를 수사기관 친화적으로 해석해 주기도 하고 있다.

이에 이하에서는 임의제출물 압수에서 압수목록 교부와 관련한 대법원의 판시들을 알아보고, 그에 대한 비판과 해결책을 제시하여 보고자 한다.

앞에서 설명한 바와 같이 대법원의 판시 자체가 임의제출 시 참여권 보장과 압수목록 교부 보장의 차이를 무시하는 경향이 있기에, 이미 제시한 참여권 보장과 관련된 판례 및 논의가 이하에서 일부 중복될 수 있다. 그래도 최대한 불필요한 중복을 피하며 서술하고자 했음을 미리 밝혀둔다.

2. 압수목록 교부에 대한 판례 분석

가. 압수목록 교부 보장을 부정한 판결들

먼저 '관련성을 부정한 판결들', '참여권 보장을 부정한 판결들'에서 살펴보았던 대법원 2021. 11. 25. 선고 2016도82 판결이 있다(구체적 사안 설명은 전술했으므로 생략).105)

이 판결 사안에서 경찰은 휴대전화를 압수한 후 삭제된 전자정보를 복원하고 그 정보를 탐색·출력하는 과정에서, 압수한 전자정보 목록을 교부한 바가 없다.

대법원은 사진 및 이 사건 휴대전화에서 삭제된 전자정보를 복원하여 이를 복제한 시디는 경찰이 피압수자인 피고인에게 참여의 기회를 부여하지 않은 상태에서 임의로 탐색·복제·출력한 전자정보로서, 피고인에게 압수한 전자정보 목록을 교부하거나 피고인이 그 과정에 참여하지 아니할 의사를 가지고 있는지 여부를 확인한 바가 없으므로, 수사기관이 영장 없이 이를 취득한 이상 증거능력이 없다고 판단하였다. 즉 '압수목록 교부 보장'이 이루어지지 않았다고 판단하였다. 물론 전술한 대로 참여권 보장도 이루어지지 않았다고 판단하였다.

그리고 '참여권 보장을 부정한 판결들'에서 살펴보았던 대법원 2021. 12. 30. 선고 2019도18013 판결이 있다(구체적 사안 설명은 전술했으므로 생략).106)

이 판결 사안에서, 경찰은 휴대전화를 압수한 후 디지털증거분석을 통해 삭제된 전자정보를 복원하고 그 정보를 탐색·복제·출력하는 과정

---

105) 피고인이 2014. 7. 28. 공중밀집장소인 지하철 내에서 여성을 추행한 행위와 2014년 초경 다세대 주택에서 몰래 당시 교제 중이던 여성의 나체와 음부를 촬영한 행위는 범행 시간과 장소뿐만 아니라 범행 동기와 경위, 범행 수단과 방법 등을 달리하고, 카메라등이용촬영죄의 증거인 여성의 나체와 음부가 촬영된 사진은 임의제출에 따른 압수의 동기가 된 범죄혐의사실(공중밀집장소에의추행)과 구체적·개별적 연관관계 있는 전자정보로 보기 어렵다고 대법원이 판단한 사례.

106) 피고인이 2018. 8. 14.경 피해자에게 공포심이나 불안감을 유발하는 문자메시지를 보냈다는 정보통신망이용촉진및정보보호등에관한법률위반의 점과, 2018. 8. 10.경 피해자가 팬티만 입고 있는 모습을 피고인의 휴대전화로 3회 촬영하였다는 카메라등이용촬영의 점으로 기소된 사건.

에서, 압수한 전자정보 목록을 교부한 바가 없다(피고인과 탐색과정을 함께한 것이 아님).

대법원은, 임의제출된 이 사건 휴대전화를 탐색하여 복원한 시디 및 사진 파일은, 경찰이 피압수자인 피고인에게 참여의 기회를 부여하지 않은 상태에서 탐색·복제·출력한 뒤 압수한 전자정보 목록을 교부하지도 않았으므로, 위법수집증거로서 증거능력이 없다고 하며, 카메라등이용촬영의 점을 무죄 판단한 원심의 판단을 수긍하였다(즉 정보통신망이용촉진및정보보호등에관한법률위반의 점은 유죄, 카메라등이용촬영의 점은 무죄).

한편 '참여권 보장을 부정한 판결들'에서 살펴보았던 대법원 2021. 12. 30. 선고 2020도2478 판결, 2019도14055 판결, 2019도18010 판결도 있다.

이 판결들의 사안들은, 위에서 살펴본 대법원 2021. 12. 30. 선고 2019도18013 판결과 유사한 사안으로, 수사기관이 임의제출된 피고인의 휴대전화를 탐색하던 중 임의제출 시 문제된 범죄사실과 다른 별개의 범죄에 대한 촬영 파일 증거(이하 '별개 증거'라고 한다)가 발견되었고, 피고인이 모두 자백하였으나, 그 탐색, 발견 과정에서 피고인에게 참여의 기회가 보장되거나 압수한 전자정보 목록이 교부된 바가 없었다.

대법원은 수사기관이 피압수자인 피고인에게 참여의 기회를 부여하지 않고, 압수목록을 교부하지도 않은 별개 증거 부분은 위법수집증거라고 설시하여, 위 위법수집증거와 관련된 공소사실을 무죄로 판단한 각 원심들을 수긍하였다.

나. 압수목록 교부 보장을 인정한 판결들

먼저 '관련성을 인정한 판결들', '참여권 보장을 인정한 판결들'에서 살펴보았던 대법원 2021. 11. 25. 선고 2019도6730 판결이 있다(구체적인 사안 설명은, 전술하였으므로 생략).[107]

이 판결 사안에서 대법원은, 피고인이 순번 1-47번 범행에 관한 동영상을 특정하여 범죄일람표 목록을 작성해 수사관에게 제출함으로써 실질적으로 피고인에게 전자정보 상세목록이 교부된 것과 다름이 없다고 판시하여 압수절차도 지켰다는 취지로 판시하였다(앞에서 살펴본 대로 '관련성', '참여권 보장'도 인정).

결국 대법원은 '수사기관이 위 휴대전화에 담긴 내용을 조사하는 과정에서 순번 1-47번 범행의 동영상을 확인하고 이를 복제한 시디는 임의제출에 의해 적법하게 압수된 전자정보로서 그 증거능력이 인정'된다고 판시하며 원심을 파기 환송하였다.

그리고 '관련성을 인정한 판결들', '압수목록 교부 보장을 인정한 판결들'에서 살펴보았던 대법원 2021. 11. 25. 선고 2019도9100 판결이 있다(구체적인 사안 설명은, 전술하였으므로 생략).[108]

이 판결 사안에서 대법원은, 경찰은 피고인을 현행범으로 체포할 당시 임의제출받은 이 사건 휴대전화를 피고인과 함께 탐색하였고, 그 과정에서 발견된 이 사건 각 동영상의 촬영 여부 및 그 구체적인 일시, 장

---

107) 피고인이 ① 2018. 2. 15.부터 2018. 4. 25.까지 공소사실 범죄일람표 순번 제1내지 47번 기재와 같이 총 47회에 걸쳐 피고인 소유의 휴대전화의 카메라로 성명불상 피해자들의 신체를 촬영한 사실과, ② 2018. 4. 25. 16:00경 의정부역 5번 출구 에스컬레이터에서 범죄일람표 순번 제48번 기재와 같이, 피해자(여, 인적사항 불상)의 치마 속을 이 사건 휴대전화로 몰래 촬영하려다 미수에 그친 사실로 기소된 사안.

108) 피고인이 2018. 10. 12. 01:25경, 같은 달 19. 00:04-00:06경 및 같은 달 21. 23:52-00:00경 각 안산시 ○○구 불상의 주택 화장실 창문 앞에서, 휴대전화를 이용하여 샤워를 하고 있는 성명불상 피해자들의 나체 영상(이하 2019도9100 판결 관련 목차 내용에서 '이 사건 각 동영상'이라 한다)을 열린 창문 사이로 몰래 촬영(카메라등이용촬영)한 사실과, 2018. 10. 27. 01:26경 피해자 ○○○가 거주하는 안산시 ○○에 있는 건물 앞에서, 다른 사람의 화장실을 훔쳐보고 나체사진을 촬영할 마음으로 대상을 물색하던 중 위 건물 거주자만 이용하는 위요지인 건물 옆 통로로 들어가 피해자 ○○○의 집 앞 화장실에 이르러 창문 넘어 그 안에서 씻고 있던 피해자의 모습을 훔쳐보는 등 피해자 ○○○가 거주하는 건조물에 침입한 사실(건조물침입)로 기소된 사안.

소에 대하여 피의자신문조서를 작성하면서 피고인은 이를 자백하며 별다른 이의를 제기하지 않았기에, 이 사건 휴대전화 탐색은 전체적으로 피고인 참여하에 이루어진 것으로 인정할 수 있고, 실질적으로 피고인에게 해당 전자정보 상세목록이 교부된 것과 다름이 없다고 볼 수 있다고 판단하였다(앞에서 살펴본 대로 '관련성', '참여권 보장'도 인정).

결국 대법원은 이 사건 각 동영상의 증거능력을 인정하였고, 이 사건 공소사실 중 카메라등이용촬영죄 부분을 무죄로 판단한 원심의 판단에는 법리오해의 잘못이 있다며 원심을 파기하였다.

'관련성을 인정한 판결들', '참여권 보장을 인정한 판결들'에서 살펴보았던 대법원 2021. 12. 30. 선고 2018도7994 판결도 있다(구체적인 사안 설명은, 전술하였으므로 생략).[109]

이 판결 사안에서 대법원은, 순번 1-20번 범행에 관한 사진을 피의자신문 당시 피고인의 참여 아래 추출·복사하였고, 위 사진 출력본은 피의자신문조서에 편철되어 이를 토대로 범죄일람표 목록이 작성되었기에, 피고인이 이 사건 휴대전화의 탐색 과정에 참여하였다고 볼 것이고, 이 사건 각 사진을 특정하여 임의로 제출함으로써 실질적으로 피고인에게 전자정보 상세목록이 교부된 것과 같다고 할 수 있다고 판시하였다(앞에서 살펴본 대로 '관련성', '참여권 보장'도 인정).

결국 대법원은 '이 사건 휴대전화에 담긴 내용을 조사하는 과정에서 출력한 이 사건 각 사진은 임의제출에 의해 적법하게 압수된 전자정보로서 그 증거능력이 인정'된다고 판시하며 원심을 파기 환송하였다.

'관련성을 인정한 판결들', '참여권 보장을 인정한 판결들'에서 살펴보았던 대법원 2022. 1. 13. 선고 2016도9596 판결도 있다(구체적인 사안 설

---

109) 피고인이 ① 2016. 10. 10.경부터 2017. 2. 4. 13:21경까지 공소사실 범죄일람표 순번 제1 내지 20번 기재와 같이 총 20회에 걸쳐 피고인 소유의 휴대전화의 카메라로 성명불상 피해자들의 신체를 촬영한 사실과, ② 2017. 2. 4. 18:30경 지하철에서 범죄일람표 순번 제21번 기재와 같이, 피해자의 허벅지 부위를 이 사건 휴대전화로 촬영하였다는 사실로 기소된 사건.

명은, 전술하였으므로 생략).110)

이 판결 사안에서 대법원은, 제2회 피의자신문 시 관련 증거 사진을 피고인에게 제시하였고, 그 사진의 수가 5장에 불과하며, 그 사진들이 모두 동일한 일시, 장소에서 촬영된 영상을 출력한 것임을 육안으로 쉽게 알 수 있다고 하더라도, 그것만으로 '압수 목록 작성, 교부가 이루어지지 않은 절차 위반 행위로 인하여111) 피고인의 절차상 권리를 실질적으로 침해되었다고 보기 어렵다'는 취지로 판시하였다(앞에서 살펴본 대로 '관련성', '참여권 보장'도 인정하며 원심 파기환송).

'관련성을 인정한 판결들', '참여권 보장을 인정한 판결들'에서 살펴보았던 대법원 2022. 2. 17. 선고 2019도4938 판결도 있다(구체적인 사안 설명은, 전술하였으므로 생략).112)

이 판결 사안에서 대법원은, 경찰이 피의자신문 시 순번 1-7번 범행 영상을 제시하였고, 피고인은 그 영상이 언제 어디에서 찍은 것인지 쉽게 알아보고 그에 관해 구체적으로 진술하였기에, 비록 피고인에게 압수된 전자정보가 특정된 목록이 교부되지 않았더라도, 절차 위반행위가 이루어진 과정의 성질과 내용 등에 비추어 절차상 권리가 실질적으로 침해되었다고 보기 어렵다고 판시하였다. 즉 그 설시상 '피고인에게 압수된 전자정보가 특정된 목록이 교부되지 않은 절차 위반 행위'는 인정되나 그 위반 정도가 가볍다는 취지의 입장을 밝혔다(앞에서 살펴본 대로

---

110) 피고인이 2015. 6. 7.경 피해자 A의 신체를 휴대전화로 몰래 촬영했다는 혐의로 임의제출 받은 휴대폰에서 2014. 8. 22.경 피해자 B의 신체를 이 사건 휴대전화로 몰래 촬영한 혐의의 증거 영상 파일을 발견한 사건.

111) 즉 대법원도 이러한 절차 위반 행위가 있었음은 인정하고 있다.

112) 피고인이 2017. 6. 28.부터 2017. 9. 2.까지 범죄일람표 순번 1 내지 7 기재와 같이 휴대전화의 카메라로 성적 욕망이나 수치심을 유발할 수 있는 성명 불상 피해자들의 신체를 그 의사에 반하여 촬영하였다는 범죄사실과. 2017. 9. 4. 00:13경 고양시 ○○마트 부근 횡단보도 앞에서 보행 신호를 기다리던 짧은 치마를 입은 피해자의 뒤로 다가가, 이 사건 휴대전화로 다리를 몰래 촬영하였다는 범죄사실로 기소된 사건

'관련성', '참여권 보장'도 인정하며 원심 파기환송).

'참여권 보장을 인정한 판결들'에서 살펴보았던, 새로운 법리를 설시한 대법원 2021. 11. 25. 선고 2019도7342 판결도 있다(구체적인 사안 설명은, 전술하였으므로 생략).[113]

이 판결 사안에서 대법원은 '위장형 카메라[114] 등 특수한 정보저장매체의 경우'는 대법원 2021. 11. 18. 선고 2016도348 전원합의체 판결의 경우와 달리 '수사기관이 임의제출받은 정보저장매체가 그 기능과 속성상 임의제출에 따른 적법한 압수의 대상이 되는 전자정보와 그렇지 않은 전자정보가 혼재될 여지가 거의 없어 사실상 대부분 압수의 대상이 되는 전자정보만이 저장되어 있는 경우에는 소지·보관자의 임의제출에 따른 통상의 압수절차 외에 피압수자에게 참여의 기회를 보장하지 않고 전자정보 압수목록을 작성·교부하지 않았다는 점만으로 곧바로 증거능력을 부정할 것은 아니다'라는 새로운 법리를 설시하였다.

즉 이 사건에서 대법원은 임의제출 시의 참여권과 압수목록 교부를 거의 보장하지 않은 것이다.

대법원은, 임의제출된 이 사건 각 위장형 카메라 및 그 메모리카드에 저장된 전자정보처럼 적법한 압수의 대상이 되는 전자정보와 구별되는 별도의 보호 가치 있는 전자정보의 혼재 가능성을 상정하기 어려운 경우에는 피고인 내지 변호인에게 참여의 기회를 보장하지 않고 전자정보

---

113) 피고인이 2018. 9. 21. 22:00경 A가 운영하는 강원도 소재 모텔에 손님인 것처럼 들어가 투숙한 후, 다음 날 08:30경부터 10:00경까지 사이에 위장형 소형 카메라를 설치하기 위해 위 모텔의 8개 호실에 임의로 들어가 A가 점유하는 각 방실에 각 침입한 사실과, 2018. 9. 22. 08:30경부터 10:00경까지 이 사건 모텔 각 방실에 총 8개의 위장형 카메라를 설치하고 그때부터 같은 날 13:00경까지 여러 호실에서 여러 피해자들의 나체, 성관계 모습 등을 촬영한 사실로 기소된 사안.

114) 대법원 판결문에 따르면, 이 사건 각 위장형 카메라는 벽 등에 완전 밀폐형으로 설치 가능한 기기로서 촬영대상 목표물의 동작이 감지되면 영상을 촬영하는 기능을 가지고 있다.

압수목록을 작성·교부하지 않았다는 점만으로 곧바로 증거능력을 부정할 것은 아니라는 이유로, 이와 달리 모텔 내 다른 3개 호실에서 촬영된 영상의 증거능력을 부정한 원심을 파기하였다(앞에서 살펴본 대로 '관련성', '참여권 보장'도 인정하며 원심 파기환송).

3. 압수목록 교부 보장 약화에 대한 비판

가. 대법원 2016도348 전원합의체 판결 판시 자체에 대한 평가

대법원은 2016도348 전원합의체 판결에서 압수의 대상이 되는 전자정보와 그렇지 않은 전자정보가 혼재된 정보저장매체나 그 복제본을 임의제출받은 수사기관이 그 정보저장매체 등을 수사기관 사무실 등으로 옮겨 이를 탐색·복제·출력하는 경우, 그와 같은 일련의 과정에서 형사소송법 제219조, 제121조에서 규정하는 피압수자나 그 변호인에게 참여의 기회를 보장하고 압수된 전자정보의 파일 명세가 특정된 압수목록을 작성·교부하여야 한다는 취지를 밝혔다. 즉 대법원은 영장주의와 적법절차에 따라 (참여권 및) 압수목록 교부 보장을 지켜야 한다고 판시한 것이다. 이러한 판시는 제출자 내지 권리자의 권리보호를 생각할 때 타당한 판시이다.

그러나 대법원은 위 전원합의체 판결로부터 단지 7일만에 선고한 대법원 2021. 11. 25. 선고 2019도6730 판결, 대법원 2021. 11. 25. 선고 2019도9100 판결, 대법원 2021. 11. 25. 선고 2019도7342 판결 등에서부터 스스로 천명한 (참여권 및) 목록 교부 보장을 약화시키는 판단을 하였고, 이는 영장주의 원칙, 예측가능성, 인권보호 측면에서 부당하다. 이하 대법원의 판결들에 대하여 비판할 지점을 서술하도록 하겠다.

나. 구체적 비판

1) 관대한 압수목록 교부 대체 행위 인정

대법원 2021. 11. 25. 선고 2019도6730 판결은, 피고인이 직접 범죄일람표를 작성·제출하였다는 이유로 실질적으로 피고인에게 전자정보 상세목록이 교부된 것과 다름이 없다고 보았다.

그리고 대법원 2021. 11. 25. 선고 2019도9100 판결은 경찰이 피고인을 현행범 체포할 당시 임의제출받은 이 사건 휴대전화를 피고인과 함께 탐색하였고, 그 과정에서 발견된 이 사건 각 동영상의 촬영 여부 및 그 구체적인 일시, 장소에 대하여 피의자신문조서를 작성하면서 피고인은 이를 자백하며 별다른 이의를 제기하지 않았기에, 실질적으로 피고인에게 해당 전자정보 상세목록이 교부된 것과 다름이 없다고 볼 수 있다고 판단하였다.

또한 대법원 2021. 12. 30. 선고 2018도7994 판결은, 피의자신문 시 임의제출 받은 이 사건 휴대전화에 저장된 이 사건 각 사진을 피고인의 참여 아래 추출·출력하였고, 이 사건 각 사진 출력본은 피의자신문조서에 편철되어 이를 토대로 수사기관이 범죄일람표 목록을 작성한 경우, 피고인이 이 사건 각 사진을 특정하여 임의로 제출함으로써 실질적으로 피고인에게 전자정보 상세목록이 교부된 것과 같다고 할 수 있다고 보았다.

그러나 설령 극단적으로 피고인이 직접 범죄일람표를 작성·제출하였다고 하더라도,[115] 그 과정은 온전히 피고인 혼자서가 아니라 우월적인 수사기관이 피의자 신문 과정에서 함께하면서 범죄일람표를 작성·제출한 것으로 보아야 한다(통상적인 경우 경찰이 없었다면 피고인은 범죄일람표를 작성하지 아니하였을 것이다). 또한 설령 피고인이 온전히 혼자 범죄일람표를 작성·제출하였다고 하더라도, 형사소송법 제219조, 제

---

[115] 실무상 매우 적은 확률로 일어나는 일이지만, 그러한 일이 있기도 하다(필자).

129조의 '압수목록의 교부'는 '압수한 경우에는 목록을 작성하여 소유자, 소지자, 보관자 기타 이에 준할 자에게 교부하여야 한다'고 규정되어 있기에 '피고인이 수사기관에 제출'한 것을 '수사기관이 피고인에게 교부'한 것과 동일시할 수는 없을 것이다. 압수목록을 받아야 피고인 등 피압수자는 어떤 물건을 압수당했는지를 자신이 원할 때 즉시 알 수 있고, 이에 따라 수사에 대비하거나 나중에 환부 내지 가환부 청구, 준항고 등으로 그 반환을 청구하는 등 권리 행사를 할 수 있을 것인데, 피고인이 범죄일람표를 작성·제출하였다면 피고인은 수사기관이 허락하지 않는다면 구제절차를 거치지 않고서는 그 범죄일람표를 열람, 등사할 수 없을 것이다(물론 위 구제절차가 얼마나 걸릴지, 받아들여질지도 알 수 없다). 그리고 통상적으로 '범죄일람표'는 범죄의 일시, 장소, 수단, 객체 등을 적은 것으로 '압수목록(대법원의 표현에 따르자면 "전자정보 상세목록")'과 동일시 할 수 없다.

한편 피의자신문 시 피고인이 범행을 자백하였고, 관련 증거들인 사진 출력본이 피의자신문조서에 편철되어 이를 토대로 범죄일람표가 작성되었다는 등의 사정이 있더라도, 역시 같은 논리로 이러한 사정을 '수사기관이 피고인에게 압수목록을 교부'한 것과 동일시할 수는 없을 것이다. 피의자신문조서가 '교부'되지 않는 점, '피의자신문조서'를 '압수목록'과 동일시 할 수 없다는 점, '피의자신문조서 작성 및 제출'을 '압수목록 교부'와 동일시 할 수 없다는 점 등 고려 시 대법원의 판단은 수긍하기 어렵다.

또한 대법원의 설시에 따르면, 피고인이 수사에 협조한 결과 (수사에 협조하지 않은 경우보다) 피고인에게 불리하게 공소사실이 확대될 여지가 생기는 것이기에 불합리하다.[116]

---

116) 관련된 2019도6730 판결에 대하여, "피고인의 입장에서 보면, 자신이 임의제출한 휴대전화의 탐색과정에서 제출의 동기가 된 혐의사실과 무관한 다른 증거를 제출하지 않을 수 있다는 점, 피고인 자신이 압수목록 교부와 동일한 효과를 가져오는 범죄일람표를 작성하고 있다는 점을 알면서도 위와 같은 행위를

결국 이상과 같은 이유로 '피고인이 직접 범죄일람표를 작성·제출한 것' 내지 '피고인의 참여 아래 추출·출력된 증거 사진 출력본이 피의자신문조서에 편철되어 이를 토대로 범죄일람표 목록이 작성된 것' 내지 '피의자신문조서를 작성하면서 자백하며 별다른 이의를 제기하지 않은 것' 등이 '실질적으로 피고인에게 전자정보의 상세목록이 교부된 것과 다름이 없다'고 설시한 대법원의 판단은 수긍할 수 없다.

즉 대법원은 잘못된 '압수목록 교부 간주' 내지 '압수목록 교부 대체'를 하고 있다.

2) 관대한 '압수목록 미교부의 효과' 해석

대법원 2022. 1. 13. 선고 2016도9596 판결은 그 판결 이유에 의하면, 피고인의 범죄가 적발된 2015. 6. 7.에 피고인에 대한 제1, 2회 피의자신문이 이루어진 사안인데, 대법원은, 경찰은 같은 날 곧바로 진행된 2회 피의자신문에서 이 사건 사진을 피고인에게 제시하였고, 5장에 불과한 이 사건 사진은 모두 동일한 일시, 장소에서 촬영된 2014년 범행에 관한 영상을 출력한 것임을 육안으로 쉽게 알 수 있었기에 비록 피고인에게 전자정보의 파일 명세가 특정된 압수목록이 작성, 교부되지 않았더라도 절차 위반행위가 이루어진 과정의 성질과 내용 등에 비추어 피고인의 절차상 권리가 실질적으로 침해되었다고 보기도 어렵다고 보았다.

그리고 대법원 2022. 2. 17. 선고 2019도4938 판결 이유에 의하면, 피고

___

하였다고 보기는 어렵다. 이 사건의 경우 무관증거에 대하여 임의제출을 거부할 수 있다는 사실을 알지 못한 피고인이 수사에 적극 협조한 결과, 피고인에게 불리하게 임의제출된 전자정보의 범위 및 공소사실의 범위가 확대되는 결과를 가지고 왔다고 볼 여지도 있다"며, 결론적으로 "임의제출된 전자정보 저장매체에 저장된 정보의 증거능력이 임의제출의 효과를 제대로 알지 못한 채 수사기관에 표시한 피의자의 의사 또는 수사참여 태도에 따라 달라지는 것은 바람직하지 않다"는 견해도 있다(이순옥, 앞의 논문, 178면). 필자도 위 견해에 공감한다.

인은 순번 8번 범행이 적발되자 현장에서 이 사건 휴대전화를 임의제출하고 경찰 지구대까지 임의동행 한 후, 그 지구대에서 순번 8번 범행 관련 외에 이름을 알 수 없는 여러 여성의 신체를 찍은 영상을 발견하였다. 그리고 피고인은 그 자리에서 순번 8번 범행 외에도 여러 번 여성을 몰래 촬영한 사실이 있음을 자백하는 취지의 진술서를 작성하였다. 그 후 경찰은 경찰관은 피의자신문을 하면서 순번 1-7번 범행으로 촬영한 영상의 출력물을 보여주었고, 피고인은 촬영한 시각과 장소를 구체적으로 진술하였다. 대법원은 경찰은 피의자신문 시 순번 1-7번 범행 영상을 제시하였고, 피고인은 그 영상이 언제 어디에서 찍은 것인지 쉽게 알아보고 그에 관해 구체적으로 진술하였기에, 비록 피고인에게 압수된 전자정보가 특정된 목록이 교부되지 않았더라도, 절차 위반행위가 이루어진 과정의 성질과 내용 등에 비추어 절차상 권리가 실질적으로 침해되었다고 보기 어렵다고 하였다.

그러나 대법원 2022. 1. 13. 선고 2016도9596 판결 등 관련하여, 대법원이 인정한 사실대로 제2회 피의자 신문 시 관련 증거 사진을 피고인에게 제시하였고, 그 사진의 수가 5장에 불과하며, 그 사진들이 모두 동일한 일시, 장소에서 촬영된 영상을 출력한 것임을 육안으로 쉽게 알 수 있다고 하더라도, 그것만으로 '압수 목록 작성, 교부가 이루어지지 않은 절차 위반 행위로 인하여[117] 피고인의 절차상 권리를 실질적으로 침해되었다고 보기 어렵다'는 취지로 판시한 대법원의 설시는 수긍하기 어렵다. 대법원은 '위와 같은 절차 위반 행위는 있으나, 그 위반 정도가 가볍다'는 취지인데, 압수 목록 교부는 어떤 것을 압수당했는지를 알려주는 것이고, 그에 따른 방어권 행사, 환부 청구 등에 중요한 자료가 되기에 실제 '교부'를 하지 않은 경우에 그 절차 위반 행위는 중대한 위법으로 보아야 할 것이다. 대법원은 위와 같이 '사진의 수가 5장에 불과'하다는 것도 근거로 들고 있으나, '사진의 수'를 하나의 기준으로 하면, 그 기준[118]이 역

---

117) 즉 대법원도 이러한 절차 위반 행위가 있었음은 인정하고 있다.

시 매우 모호해진다.

또한 대법원 2022. 2. 17. 선고 2019도4938 판결 관련하여, 대법원은 그 설시상 '피고인에게 압수된 전자정보가 특정된 목록이 교부되지 않은 절차 위반 행위'는 인정되나 그 위반 정도가 가볍다는 취지인데, 전술한대로 압수 목록 교부는 어떤 것을 압수 당했는지를 알려주는 것이고, 그에 따른 방어권 행사, 환부 청구 등에 중요한 자료가 되기에 실제 '교부'를 하지 않은 경우에 그 절차 위반 행위는 중대한 위법으로 보아야 할 것이다.

즉 '대법원은 압수목록 미교부의 효과'를 '증거능력을 부여하는 쪽으로 너무 관대하게 해석'하고 있다.

3) 계속되는 새로운 설시로 인한 예측가능성 저하

심지어 대법원은 2021. 11. 25. 선고 2019도7342 판결[119])에서는 임의제출된 정보저장매체가 그 기능과 속성상 임의제출에 따른 적법한 압수의 대상이 되는 전자정보와 그렇지 않은 전자정보가 혼재될 여지가 거의 없어 사실상 대부분 압수의 대상이 되는 전자정보만이 저장되어 있는 경우에는 소지·보관자의 임의제출에 따른 통상의 압수절차 외에 피압수자에게 참여의 기회를 보장하지 않고 전자정보 압수목록을 작성·교부하지 않았다는 점만으로 곧바로 증거능력을 부정할 것은 아니라는 새로운 법리를 설시하였다. 즉 대법원은 '별도의 보호 가치 있는 전자정보의 혼재 가능성'을 기준으로 그러한 가능성을 상정하기 어려운 경우에는 참여권 및 압수목록 교부 보장이 이루어지지 않았더라도 그것만으로 증거능력을 부정할 것은 아니라는 입장이다.

그러나 USB 등 물리적으로는 매우 작은 정보저장매체에도 매우 많은

---

118) 그 기준을 사진 5장 이하로 할 것인가, 10장 이하로 할 것인가, 100장 이하로 할 것인가, 462장 이하로 할 것인가, 몇 장 이하로 할 것인가 의문이다.

119) 이 2019도7342 판결에 대하여, 판결 설시에 동의하는 입장도 있다(이순옥, 앞의 논문, 173-174면).

정보가 저장되는 시대이다. 설령 사안과 같은 '위장형 카메라'라고 하더라도 그 카메라에 매우 많은 용량이 저장될 수도 있고, 사람에 따라서는 그 위장형 카메라를 이른바 '불법촬영'의 용도가 아닌 취재, 언론제보용 촬영, 적법한 증거수집, 가족 사진 촬영 등 다양한 용도로 사용할 수 있다. 현대에는 매우 다양한 정보저장매체들이 있고 그 보다 더 다양한 사람들이 있다. 이러한 시대에 '전자정보의 혼재 가능성'을 수사기관 내지 법원이 판단하기는 어려울 것이다. 대법원이 말하는 '전자정보가 혼재될 여지가 거의 없어 사실상 대부분 압수의 대상이 되는 전자정보만이 저장되어 있는 경우'는 결국 그 내부 정보를 모두 들여다보지 않으면 알 수 없는 경우가 거의 대부분일 것이고, 그렇게 정보를 모두 탐색하는 과정에서 대법원이 스스로 우려하는 영장주의, 적법절차의 위반이 일어날 수 있다.

또한 설령 '전자정보가 혼재될 여지가 거의 없어 사실상 대부분 압수의 대상이 되는 전자정보만이 저장되어 있는 경우'가 명백한 경우를 가정하더라도, 그것만으로 형사소송법이 정하고 대법원이 2016도348 전원합의체 판결에서 천명한 '참여권과 압수목록 교부 보장'을 지키지 않아도 된다는 것은 수긍하기 어렵다. 대법원은 7일 전인 2021. 11. 18. 선고·설시한 판례의 근거가 '영장주의 원칙'과 '적법절차'라고 천명하였음에도[120] 같은 달 25.부터 이를 스스로 무너뜨린 셈이다.

---

120) "압수의 대상이 되는 전자정보와 그렇지 않은 전자정보가 혼재된 정보저장매체나 그 복제본을 임의제출받은 수사기관이 그 정보저장매체 등을 수사기관 사무실 등으로 옮겨 이를 탐색·복제·출력하는 경우, 그와 같은 일련의 과정에서 형사소송법 제219조, 제121조에서 규정하는 피압수·수색 당사자(이하 '피압수자'라 한다)나 그 변호인에게 참여의 기회를 보장하고 압수된 전자정보의 파일 명세가 특정된 압수목록을 작성·교부하여야 하며 범죄혐의사실과 무관한 전자정보의 임의적인 복제 등을 막기 위한 적절한 조치를 취하는 등 영장주의 원칙과 적법절차를 준수하여야 한다"(대법원 2021. 11. 18. 선고 2016도348 전원합의체 판결 중).

4. 압수목록 교부 보장을 위한 제언

가. 관련 실무규정

대검찰청 예규 제1285호인 '디지털 증거의 수집·분석 및 관리 규정' 제25조 제2항은 전자정보 임의제출 시 같은 장에 규정한 절차를 준용하도록 되어있고, 위 규정 제23조에는 피압수자등에게 압수한 전자정보의 상세목록을 교부하도록 하고 있다(2023. 5. 10. 기준).

즉 대검찰청의 관련 실무규정 상으로는 피압수자등의 압수목록 교부가 보장되어 있다. 물론 이 규정들이 잘 지켜지는지는 미지수이다.

나. 소결

앞서 살펴본 대로 피의자 측에 대한 압수목록 교부 보장은 필요하다.

또한 압수목록 교부 보장에 대하여는 앞에서 살펴본 바와 같이 현행 형사소송법 제219조, 제129조 등 현행법을 적용하면 충분하다. 또한 앞에서 살펴본 대로 검찰의 관련 실무규정도 이미 압수목록 교부 보장을 규정하고 있다.

다만 최근의 대법원 판례들(대법원 2021. 11. 25. 선고 2019도6730 판결, 대법원 2021. 11. 25. 선고 2019도9100 판결, 대법원 2021. 11. 25. 선고 2019도7342 판결, 대법원 2022. 1. 27. 선고 2021도11170 판결 등)이 압수목록 교부 보장을 약화시키고 있다.

이에 대하여 앞에서 살펴본 최근의 대법원 판례들(대법원 2021. 11. 25. 선고 2019도6730 판결, 대법원 2021. 12. 30. 선고 2018도7994 판결, 대법원 2021. 11. 25. 선고 2019도9100 판결 등)과 같이 '실질적으로 참여권과 압수목록 교부가 보장되었다'는 취지의 너그러운 해석을 지양해야 한다. '절차 참여를 보장한 취지가 실질적으로 침해되었다고 볼 수 없을 정도'라는 대법원의 판시들 자체가 불명확한데, 대법원은 이 '실질적으로 침해되었다고 볼 수 없을 정도'의 기준으로 '임의제출의 취지와 경과', '절차 위반행위가 이루어진 과정의 성질과 내용'만을 들고 있다. 위와 같이 대법원이 제시한 기준도 광범위한 해석이 가능한 문제가 있어 실질적이고 객관적인 기준으로 적용하기 어렵다.

또한, 대법원 2021. 11. 25. 선고 2019도7342 판결, 대법원 2022. 1. 27. 선고 2021도11170 판결과 같이 '특별한 사정이 있으면 참여권 및 압수목록 교부 보장을 느슨히 혹은 안 지켜도 된다'는 취지의 해석도 지양해야 한다.

만약 참여권 및 압수목록 교부 보장을 약화시키고 싶다면 영장주의와 인권보호, 예측가능성의 중요성 상 사법부의 해석이 아닌 입법부의 입법으로 이루어져야 바람직 할 것이다.

인권보장과 적법절차와 밀접한 관련이 있는 참여권 및 목록 교부 보장은 되도록 엄격히 지켜져야 한다. 이러한 형사소송법과 형사소송규칙의 절차 조항은 헌법에서 선언하고 있는 적법절차와 영장주의를 구현하기 위한 것으로서 그 규범력은 확고히 유지되어야 한다. 그러므로 형사소송법 등에서 정한 절차에 따르지 않고 수집된 증거는 기본적 인권 보장을 위해 마련된 적법한 절차에 따르지 않은 것으로서 원칙적으로 유죄 인정의 증거로 삼을 수 없다'며 압수목록 교부 등에 대한 중요성을 이미 판시한 대법원 2017. 9. 7. 선고 2015도10648 판결의 취지를 엄격히 따라야 할 것이다.

즉 정말 특별한 사정이 없는 한, 참여권 및 압수목록 교부 보장이 이루어지지 않았다면 위법수집증거로 판단하여야 할 것이다.

이에 대하여 곧바로 위법수집증거로까지 할 것은 아니고, 다만 위법수집증거가 될 것인지에 대한 여러 요소 중 하나로 고려될 수 있다는 견해가 있을 수 있으나, 인권보호, 참여권, 적법절차 보장 측면에서 수긍하기 어렵다. 현실적인 문제로 참여권 및 압수목록 교부 보장의 예외를 두고 싶다면 심도 있는 논의를 통한 입법으로 이루어져야 할 것이다.

제9절 무관정보 발견시 필요한 조치

1. 논의의 소재

대법원은, 임의제출된 정보저장매체에서 압수의 대상이 되는 전자정보의 범위를 초과하여 수사기관 임의로 전자정보를 탐색·복제·출력하는 것은 원칙적으로 위법한 압수수색에 해당하므로 허용될 수 없으나, 만약 전자정보에 대한 압수수색이 종료되기 전에 범죄혐의사실과 관련된 전자정보를 적법하게 탐색하는 과정에서 별도의 범죄혐의와 관련된 전자정보를 우연히 발견한 경우라면, 수사기관은 더 이상의 추가 탐색을 중단하고 법원으로부터 별도의 범죄혐의에 대한 압수수색영장을 발부받은 경우에 한하여 그러한 정보에 대하여도 적법하게 압수수색을 할 수 있다고 판시하였는바(대법원 2021. 11. 18. 선고 2016도348 전원합의체 판결), 이는 영장이 발부된 정보저장매체의 압수수색 방법에 대하여 판시한 대법원 2015. 7. 16. 자 2011모1839 전원합의체 결정의 취지를 답습한 것이다.[121]

---

[121] 대법원 2015. 7. 16. 자 2011모1839 전원합의체 결정에 대하여, '유동적 위법 이론'으로 검토, 해석하는 견해가 있다. 이 견해에 따르면, 유동적 위법 이론은, 디지털 증거에 관한 압수의 적법성에 '선별을 위한 압수의 적법성', '유관정보에 관한 압수의 적법성'의 두 가지 단계가 있고, 압수·수색영장에 기재된 범죄사실과 객관적 관련성이 있고 그에 기재된 피의자와 주관적 관련성이 있는 유관정보에 대하여만 '증거능력에 관한 영장의 효력'이 미쳐 압수가 온전히 적법하다는 전제 아래, '선별을 위한 압수의 적법성'은 충족하였으나 '유관정보에 관한 압수의 적법성'까지는 충족하지 못한 무관정보에 대한 압수는 원칙적으로 위법하나 이는 확정적으로 위법한 것이 아니라 적법하게 될 가능성을 내포하고 있는 '유동적 위법'의 상태에 있다는 것이 요지이다. 유동적 위법의 상태에서 벗어나 '유관정보에 관한 압수의 적법성'까지 충족한 증거가 될 수 있는 방법은, 상당한 기간 즉 '원래의 영장에 기한 전체로서의 압수수색이 종료될 때까지' 객관적·주관적 관련성이 인정되는 새로운 압수수색영장을 발부받아 적법한 절차를 거쳐 이를 다시 압수하는 것이다. 이 견해에 의하

위 판시들의 핵심은 '별도의 범죄혐의와 관련된 전자정보를 우연히 발견한 경우 탐색을 중단하고 추가 영장을 받아라'인데, 위 '우연히 발견한 경우'란 어떤 경우를 상정할 수 있는지에 대한 검토가 필요하다.

한편 이와 관련하여 2022. 6. 14. 제21대 국회에 형사소송법 일부개정법률안이 발의되어 참고로 기재한다(임의제출의 경우도 규정하고 있다). 신현영 의원이 대표발의한 의안번호 15941호가 그것이다. 정보저장매체에 대한 압수·수색 중 해당 사건과 관계가 없는 다른 범죄에 관한 전자정보를 발견한 때에는 피의자가 사형·무기 또는 장기 3년 이상의 징역이나 금고에 해당하는 죄 또는 대통령령으로 정하는 중대범죄를 범하였다고 의심할 만한 상당한 이유가 있고, 긴급히 압수할 필요가 있는 경우에 한정하여 예외적으로 영장 없이 압수·수색을 허용하는 형사소송법 제217조의2[122]를 신설하자는 것인데, 최근 증가하고 있는 디지털성범죄 등

면, 임의제출에 의한 디지털 증거의 압수도 유동적 위법 이론을 적용하여 분석할 수 있는데, 제출자가 임의제출 범위를 제한한 경우에는 그 제한한 범위 내의 디지털 증거만 임의제출의 '증거능력에 관한 효력 범위' 내에 속하는 '유관정보'에 해당하여 그에 관한 압수만 '유관정보에 관한 압수의 적법성'까지 갖추게 되고, 그렇지 않은 경우에도 '유관정보에 관한 압수의 적법성'이 인정되는 압수의 범위는 '해당 사건과 관계가 있다고 인정할 수 있는 것', 즉 임의제출을 받게 된 단서가 된 혐의사실과 객관적·주관적 관련성이 있는 것에 국한된다고 보아야 하므로, 임의제출된 디지털 증거 중 이를 벗어난 것들은 무관정보로서 유동적 위법 상태에 있게 되고, 이는 압수수색영장에 의해 압수된 무관정보와 동일하게 취급되어야 할 것이다(이기리, "유동적 위법"개념을 통한 영장, 임의제출에 의한 디지털 증거의 압수수색과 증거능력의 이해', 사법 통권 제54호, 사법발전재단, 2020, 425면).

122) 제217조의2를 다음과 같이 신설한다.

제217조의2(전자정보에 대한 영장에 의하지 아니하는 강제처분)

① 검사 또는 사법경찰관은 컴퓨터용디스크, 그 밖에 이와 비슷한 정보저장매체(이하 이 항에서 "정보저장매체등"이라 한다)에 대한 제215조에 따른 압수, 수색 또는 검증이나 제218조에 따른 소유자, 소지자 또는 보관자가 임의로 제출한 정보저장매체등에 대한 압수, 수색 또는 검증에 있어 해당 사건과 관계가 없는 다른 범죄에 관한 전자정보를 우연히 발견한 경우에

과 관련하여 수사 중단 및 피해의 확산을 방지할 수 있도록 하는 제도적 장치의 마련이 필요하다는 것 등이 제안이유이다. 위 개정안에서도 '우연히 발견'의 요건은 명시되어 있고, '긴급성'도 요건으로 규정하고 있으며, '계속 압수할 필요가 있는 경우'에 압수한 때부터 48시간 이내에 영장 청구를 요구하고 있다. 영장주의와 사생활 등 인권 보호의 중요성, 전자정보의 방대성 등에 비추어 볼 때 위 개정안의 타당성에 대해서는 심도 있는 논의가 필요할 것이다.

2. '우연히 발견한 경우'에 대한 일반론

'우연히 발견한 경우'란 수사기관이 최초의 압수수색 영장에 의한 관련성 있는 정보를 적법하게 탐색하는 과정에서, 악의 또는 계획적이 아니라 의도하지 않은 상태에서 우연하게 별도 범죄혐의에 대한 정보를 발견하였어야 한다는 의미이다.[123]

한편 미국의 플레인 뷰에서 증거물 발견의 우연성을 요건으로 했던 이유는 수사기관이 증거물을 발견한 그 순간만을 기준으로 보면 증거는 눈앞에 명백한 것이므로, 우연성 요건이 없는 경우 수사기관이 처음부터 특정 증거물을 찾을 목적으로 탐색적 수색을 하는 등 영장이 사실상 일

는 피의자가 사형·무기 또는 장기 3년 이상의 징역이나 금고에 해당하는 죄 또는 기타 대통령령으로 정하는 중대범죄를 범하였다고 의심할 만한 상당한 이유가 있고 긴급히 압수할 필요가 있는 경우에 한정하여 영장 없이 압수할 수 있다.

② 검사 또는 사법경찰관은 제1항에 따라 압수한 전자정보를 계속 압수할 필요가 있는 경우에는 지체 없이 압수수색영장을 청구하여야 한다. 이 경우 압수수색영장의 청구는 압수한 때부터 48시간 이내에 하여야 한다.

③ 검사 또는 사법경찰관은 압수수색영장을 청구하지 않거나 제2항에 따라 청구한 압수수색영장을 발부받지 못한 경우에는 압수한 전자정보를 즉시 반환하여야 한다.

123) 강수진, '별도 범죄혐의 관련 전자정보의 압수·수색에 관한 대법원 2015.7.16. 자 2011모1839 결정의 검토', 안암법학 제50호, 2016, 316면.

반영장으로 악용되는 것을 방지하기 위해서였다(다만 Horton v. California 496 U.S. 128 (1990) 사건에서 우연성 요건은 필수적인 것이 아닌 것으로 완화되었다.[124] 한국 대법원이 '우연한 발견'을 요건으로 하는 취지도 미국의 경우와 다르지 않을 것이다.

그러나 '우연한 발견'이라는 요건은 수사기관의 주관적 의도에 관한 것으로서 그 의미가 모호할 뿐 아니라 우연한 발견인지 여부를 판단하기가 쉽지 않다. 미국 연방대법원 역시 이와 같은 문제점에 근거하여 '우연한 발견' 요건을 '대상물에 대한 적법한 접근권한 여부'라는 객관적 요건으로 대체해가고 있는 실정이다.[125]

결국 우리 대법원은 영장주의의 중요성을 고려하여 '우연히 발견한 경우'를 제시하고 있는 것으로 보이는데, 정보저장매체의 탐색 시 어떤 경우가 '우연히 발견한 경우'인지에 대한 구체적인 설명은 없고, 어떠한 구체적인 상황이 '우연히 발견한 경우'일 수 있는지에 대한 구체적인 논의도 찾기 어려웠다.

이에 이하에서는 관련문제(우연히 발견한 경우 영장을 받으면 압수수색이 가능하게 해 주는 것은 타당한지에 대한 논의, 우연성 요건의 유지 여부에 대한 논의)를 간략히 살펴본 후, 어떠한 경우를 '우연히 발견한 경우'라고 할 수 있고, 또는 할 수 없는지에 대하여 설시하여 보고자 한다.

3. '우연히 발견한 경우'에 영장 압수 허용 필요성

가. 논의의 소재

앞서 언급한 것과 같이, 대법원 2021. 11. 18. 선고 2016도348 전원합의

---

124) 인하대학교 산학협력단, 앞의 보고서, 67면.
125) 강수진, 앞의 논문, 316면 참조.

체 판결, 대법원 2015. 7. 16. 자 2011모1839 전원합의체 결정의 핵심은
'별도의 범죄혐의와 관련된 전자정보를 우연히 발견한 경우 탐색을 중단
하고 추가 영장을 받아라'이다.

　그런데 위와 같이 별도의 범죄혐의와 관련된 전자정보에 대하여 영
장을 받으면 압수수색을 하게 하여주는 것이 타당한지에 대하여 논의가
있을 수 있다. 즉 판례는 '영장을 받으면 별건의 수사를 허가'하여 주는
취지이므로 이 취지가 타당한지에 대하여 의견 대립이 있을 수 있다.

나. 관련 논의

　영장 혹은 임의제출에 의한 정보저장매체 수색, 탐색은 해당사건에
대하여만 유효하고, 비록 그 수색, 탐색 과정에서 별건의 증거물을 우연
히 발견한 경우라도, 그것을 별건 수사에 대한 단초로 삼으면 안 된다는
의견이 있을 수 있다. 즉 별건 수사의 가능성을 원천적으로 봉쇄하는 것
이다.[126] 이 의견은 만약 우연히 발견한 정보가 별건 수사의 단초가 된
다면 수사기관의 남용이 우려되고, 영장주의 잠탈이 우려된다는 것을 근
거로 할 수 있다. 이는 사생활 보호, 별건 수사의 원칙적 금지를 매우 중
요하게 생각하는 견해일 것이다.

　이와 관련하여 '임의제출된 디지털 증거 탐색 또는 수색과정에서 무
관증거를 발견하게 된 경우 사후 영장만 발부받는다면 적법성을 인정하
게 된다면 이는 사실상 별건수사를 사실상 조장하는 것이 아닌가' 하는

---

126) 이와 관련하여, 앞에서 살펴본 최근의 '2022년 검사 수사권 축소 개정'에 따라
　　형사소송법 제198조 제4항이 신설(2022. 9. 10. 시행)되어 합리적 근거 없는 별
　　개 사건 부당 수사와, 무관 사건에 대한 진술 강요를 금지하고 있다(위 제198
　　조 제4항: 수사기관은 수사 중인 사건의 범죄 혐의를 밝히기 위한 목적으로
　　합리적인 근거 없이 별개의 사건을 부당하게 수사하여서는 아니 되고, 다른
　　사건의 수사를 통하여 확보된 증거 또는 자료를 내세워 관련 없는 사건에 대
　　한 자백이나 진술을 강요하여서도 아니 된다).

고민을 하는 입장도 있다.[127]

다. 검토 및 소결

위 '나. 가능한 논의'에서 적시된 견해도 사생활 보호, 엄격한 영장주의의 필요성 등에 비추어 볼 때 그 근거가 상당하고 경청할 가치가 충분한 견해이다.

그러나, 대법원의 판시대로 우연히 발견한 증거에 대하여 별도의 영장을 받는다면 사법통제는 이루어질 수 있는 것이고, 영장주의 잠탈 우려도 나름 해소할 수 있다.

또한 형사소송법은 일부 수사범위에 제한은 있더라도 직권수사의 원칙을 취하고 있다. 즉, 수사기관이 구체적인 범죄혐의를 인지한 경우 범죄 피해자의 고소와 상관없이 직무상 수사활동을 개시하여 진실을 밝혀야 할 의무가 있다(형사소송법 제196조,[128] 제197조[129]). 이러한 직권수사의 원칙은 수사기관이 범죄혐의에 눈을 감아서는 아니 된다는 것을 의미한다. 정당한 수색, 탐색 과정에서 별건의 범죄 혐의를 나타내는 증거를 우연히 발견했음에도 수사기관으로 하여금 영장을 받아 압수를 하지도 못하게 하는 것은(어떤 것도 못하게 하는 것은) 수사기관으로 하여금 위 직권수사 원칙을 어기라는 것이 될 수 있다.

---

127) 박용철, '임의제출물 제도의 개선방안 – 휴대전화를 중심으로', 27-28면.
128) 제196조(검사의 수사)
   ① 검사는 범죄의 혐의가 있다고 사료하는 때에는 범인, 범죄사실과 증거를 수사한다.
   (2022. 5. 9. 법률 제18862호로 일부 개정되어 2022. 9. 10. 시행인 형사소송법을 반영)
129) 제197조(사법경찰관리)
   ① 경무관, 총경, 경정, 경감, 경위는 사법경찰관으로서 범죄의 혐의가 있다고 사료하는 때에는 범인, 범죄사실과 증거를 수사한다.
   ② 경사, 경장, 순경은 사법경찰리로서 수사의 보조를 하여야 한다.

따라서 대법원의 판시대로(대법원 2021. 11. 18. 선고 2016도348 전원합의체 판결, 대법원 2015. 7. 16. 자 2011모1839 전원합의체 결정 등), 별도의 범죄혐의와 관련된 전자정보를 우연히 발견한 경우 탐색을 중단하고 추가 영장은 받을 수 있도록 하는 것에는 찬성한다. 다만, 다른 목차('6. 우연성 요건 실질화를 위한 제언')에서 논의하겠지만, 수사기관의 수사권 남용을 막기 위하여 '우연히 발견한 경우'를 되도록 엄격하게 해석하여야 할 것이고, 우연성에 대한 입증책임을 수사기관에게 강하게 부과하여야 할 것이다.

4. '우연성' 요건의 유지 여부에 대한 논의

가. 관련 논의

우연성 요건의 유지 여부와 관련하여, 우연성 요건은 수사기관의 주관적 의도에 관한 것이어서 그 의미가 모호하고 이를 판단하기도 쉽지 않으므로, '우연성 요건'은 폐지하되 '적법한 탐색의 요건'을 보다 구체화하는 것이 더 효과적이라고 생각된다는 견해가 있다.[130]

나. 검토 및 소결

그러나 '우연성'을 요건으로 해야 "수사기관이 압수수색에 임할 때 '의도적으로' '어떠한 물건'을 찾아 압수하는 것"을 방지할 수 있다. 따라서 우연성 요건을 유지하는 것에 찬성한다.

물론 수사기관이 위와 같이 '의도적으로' '어떠한 물건'을 찾았다는

---

130) 노수환, '디지털 증거의 압수·수색 절차상 당사자의 참여권 및 별건 관련성 없는 증거의 압수 요건-2015. 7. 16.자 2011모1839 전원합의체 결정-', 법조 제718권, 법조협회, 2016., 663면; 강수진, 앞의 논문, 316면.

것을 입증하기는 어려울 것이나, 그 '우연성'에 대하여 수사기관에게 강한 증명책임을 부담시키면 실효성이 있을 것이다(한편, 영장을 청구하는 사안의 경우, 만약 수사기관이 영장 신청·청구서에 기재하였으나 법관이 기각한 물건을 긴급압수수색으로 압수하면, 그 자체로 영장주의를 위반·잠탈하는 것이 될 것이다).

대법원도 현재(2023. 5. 10.)까지는 확고하게 우연성을 요건으로 하고 있는 것으로 보인다(대법원 2015. 7. 16.자 2011모1839 전원합의체 결정, 대법원 2021. 11. 18. 선고 2016도348 전원합의체 판결 등).

또한 앞에서 살펴본 최근의 '2022년 검사 수사권 축소 개정'에 따라 형사소송법 제198조 제4항[131]이 신설(2022. 9. 10. 시행)되어 합리적 근거 없는 별개 사건 부당 수사와, 무관 사건에 대한 진술 강요를 금지하고 있는바, 이러한 입법의 취지도 고려하여야 한다.

5. '우연히 발견한 경우'에 대한 본격적·구체적인 논의

가. 외국의 사례

1) 들어가며

미국에서는 수사기관이 적법하게 컴퓨터의 하드드라이브를 압수수색하는 과정에서 다른 범죄의 증거를 찾게 된 경우에 플레인 뷰 원칙을 적용하여 영장 없이 그 증거를 압수할 수 있는지가 문제된다. 임의제출만이 문제되는 상황은 아니지만 충분한 참조가 될 수 있기에 아래에서 제

---

131) "수사기관은 수사 중인 사건의 범죄 혐의를 밝히기 위한 목적으로 합리적인 근거 없이 별개의 사건을 부당하게 수사하여서는 아니 되고, 다른 사건의 수사를 통하여 확보된 증거 또는 자료를 내세워 관련 없는 사건에 대한 자백이나 진술을 강요하여서도 아니 된다"

시한다.

다만 이와 관련한 의미있는 미국 연방대법원의 판례는 찾기 어려웠기에, 주로 미국 연방항소법원들의 판시들을 살펴보기로 한다. 미국 연방항소법원의 판시들은 그 의견이 갈리고 있다. 미국에서도 미국 연방대법원이 정리를 해 줄 것을 기대하고 있는 상황이다.[132]

2) 플레인 뷰 적용을 부정한 사례

미국 제10 연방항소법원은 1999년 United States v. Carey 사건에서 마약 매매의 증거를 확보하기 위하여 영장을 발부받아 컴퓨터 하드디스크를 수색하던 중 아동 음란물이 저장된 수 백 장의 사진파일을 발견한 경우에, '파일을 열어보기 전까지는 파일의 내용을 알 수 없으므로 범죄 행위의 증거물임이 한눈에 명백한 경우에 해당하지 아니한다'는 취지로 수사기관이 압수한 아동 음란물의 증거능력을 부정하였다. 이 사건에서 법원은 컴퓨터 압수수색에서의 플레인 뷰 원칙에 대하여 살펴볼 필요 없이 사실관계 자체로 아동 음란물은 발부된 영장의 범위를 초과한 것이고, 파일은 열려 있지 않은 것이므로 그 자체로 플레인 뷰 상태에 있지 아니하다는 취지로 판시하였다.[133]

그리고 미국 제1 연방항소법원은 1999년 United States v. Turner 사건에서 폭력 사건 수사를 위해 피고인의 동의를 얻어 피고인의 집을 수색하던 중 집 안 컴퓨터 화면에서 보이는 여성의 나체사진을 보고 그 컴퓨터를 검색하여 아동 음란물을 발견한 것에 대하여 '집에 대한 수색 동의가 집 안의 컴퓨터 파일에 대한 수색 동의까지 의미하는 것이 아니며, 성범죄를 수사한다고 알려주지도 않았다'는 점에서 피고인의 증거배제

---

132) 김성룡, '전자정보에 대한 이른바 '별건 압수·수색'-대법원 2015. 7. 16. 선고 2011모1839 전원합의체 결정의 평석을 겸하여-', 형사법의 신동향 통권 제49호, 대검찰청, 2015, 123면; 박병민·서용성, 앞의 논문, 72-74면 참조.
133) United States v. Carey 172 F.3d 1268 (10th Cir. 1999)

신청을 인용했다.[134)

또한 미국 제9 연방항소법원은 2010년 United States v. Comprehensive Drug Testing, Inc 사건에서, 수사기관이 금지 약물 투약 혐의가 있는 10명의 야구 선수에 대한 전자 기록을 압수수색할 수 있는 영장을 발부받아 수백 명에 이르는 선수들의 전자 기록을 열람하고 압수한 것에 대하여 '전자정보를 일일이 열어보는 방법에 의한 수색은 우연히 증거를 발견한 것이라고 볼 수 없고, 일반영장의 효력을 부여하는 우려가 있다'는 취지로 플레인 뷰 원칙을 적용할 수 없다고 하였다.[135)

3) 플레인 뷰 적용을 인정한 사례

미국 버지니아 동부지방법원은 1999년 United States v. Gray 사건에서, 해킹 혐의자에게 압수한 컴퓨터의 파일을 열람하던 중 아동 성착취 관련 이미지를 발견한 것에 대하여 플레인 뷰 적용을 인정했다.[136)

그리고 미국 제5 연방항소법원은 2002년 United States v. Slanina 사건에서, '피고인이 자신의 컴퓨터 및 정보저장매체에 대한 수색에 동의하였다면, 사생활에 대한 합리적 기대는 사라진 것이기 때문에, 이 경우 파일 수색을 통하여 아동 음란물을 발견했다면 이는 미국 수정헌법 제4조를 위반한 것이 아니다'는 취지로도 판시하였다.[137)

또한 미국 제9 연방항소법원은 2003년 United States v. Wong 사건에서, 살인 혐의자에게 압수한 컴퓨터의 파일을 열람하던 중 아동 성착취 관련 이미지를 발견한 것에 대하여 플레인 뷰 적용을 인정했다.[138)

그리고 미국 제4 연방항소법원은 2010년 United States v. Williams 사건

---

134) United States v. Turner, 169 F.3d 84, 1999 WL 90209 (1st Cir. Feb.26, 1999)
135) United States v. Comprehensive Drug Testing, Inc 621 F.3d 1162 (9th Cir. 2010)
136) United States v. Gray 78 F. Supp. 2d 524 (E.D. Va. 1999)
137) United States v. Slanina 283 F.3d 670, 680 (5th Cir. 2002)
138) United States v. Wong 334 F.3d 831, 838 (9th Cir. 2003)

에서, 피고인이 제기한 '플레인 뷰 법리는 디지털 증거의 압수수색에 있어서는 그대로 적용되어서는 안 된다'는 취지의 주장을 받아들이지 않고, '수사기관이 컴퓨터를 압수수색할 수 있는 영장을 발부받은 이상 그 컴퓨터 안에 있는 개별 파일들은 마치 하나의 큰 캐비닛 안에 있는 다수의 개개의 문서들과 같은 것이기에 플레인 뷰가 유체물과 동일하게 적용된다'는 취지로 판시하였다.[139]

4) 시사점

즉 미국의 법원은 아동 성착취물 등 중대범죄에 대하여 경우에 따라 수사기관에 유리한 판단을 하기도, 불리한 판단을 하기도 하였다. 명확하고 일관적인 판단은 이루어지지 않고 있는 것을 보인다. 이에 대하여 미국 제9 연방항소법원은 디지털증거에 전통적 플레인 뷰 적용을 부정하는 추세이고, 미국 제4 연방항소법원은 디지털증거에 전통적 플레인 뷰 적용을 인정하는 추세이며, 미국 제7 연방항소법원은 전통적 플레인 뷰가 많이 개선되어야 한다는 추세라고 해석하는 견해도 있다.[140]

그래도 위에서 본 바와 같이 미국의 법원은 '파일을 열어보기 전에는 그 파일과 범죄의 연관성을 알기는 어렵다'는 전제를 가지고 증거능력을 엄격히 판단한 사건이 상당수 있는 것으로 보인다. 미국 법원의 이러한 흐름은 한국에도 참고가 될 수 있다.

나. 본격적인 검토('우연히 발견한 경우'의 예시 포함)

정보저장매체의 정보가 아닌 일반적인(전통적인) 물체의 경우 '우연히 발견한 경우'는 말 그대로 의도성 없이 수색 내지 탐색 중 범죄와 관

---

139) United States v. Williams, 592 F. 3d 511, 521 (4th Cir. 2010).
140) 김성룡, 앞의 논문, 123면.

련이 있을 가능성이 명백한 물건(마약, 피 묻은 숨겨진 칼, 아동·청소년 음란 사진 등)을 시각 등 감각을 이용하여 발견한 경우를 의미하므로 딱히 논쟁의 소지가 적었다.

그러나 정보저장매체의 정보의 경우 어차피 거의 대부분은 정보(파일)들이 보이는 것인데, 어떠한 경우가 '우연히 발견한 경우'인지 의문이다.

컴퓨터 파일들은 그 파일의 제목과 그 내용이 일치하지 않을 수 있고(예시: 제목은 '축하 편지'인데 내용은 '살인 계획' 혹은 '아동 음란물'인 파일, 제목은 '살인 계획' 혹은 '아동 음란물'을 추단하게 하는 것인데 내용은 '축하 편지'인 파일), 제목이 단순한 일련번호(예시: 'abcde12345', '48Df9Fg53GdS') 등으로 의미가 없을 수도 있다. 그런데 이러한 사정을 이용하여 일일이 파일을 실행하여 본 후, 그러다가 별건 범죄의 증거가 나온 경우를 '우연히 발견한 경우'로 상정할 수 있는지에 대하여 살펴볼 필요가 있다.

결론적으로 말하자면, 파일 제목에서 바로 유추되는 것이 아님에도 파일을 실행하여 보는 것은 '우연히 발견한 경우'라고 볼 수 없을 것이다. 왜냐하면 그러한 파일 실행시 실행자는 거의 대부분 '이것이 해당 범죄와 연관된 것이다'라는 확실한 생각이 아니라 '이것이 해당 범죄와 연관된 것이 아닐 수도 있다'는 생각 하에 파일을 실행시킬 것이기 때문이다. 즉 이러한 경우의 별건 증거의 발견은 '우연한 발견'이라기보다는 '(미필적이나마) 의도에 의한 발견'이라고 할 것이다(물론 만약 제출자가 '혐의사실 불문하고 어떤 것이라도 탐색, 압수수색해도 좋다'는 의사를 표시한 경우라면, 모든 파일을 어떠한 방법으로도 탐색, 압수수색 하여도 괜찮을 것이다. 즉 이러한 경우 파일명과 파일유형을 불문하고 어떤 파일을 열어보더라도 우연성을 인정할 수 있을 것이다. 다만 이는 제출자가 그 제출물의 소유·관리를 독점하고 있을 때 그러한 것이며, 피해자 등 제3자가 피의자 내지 피고인의 소유·관리에 속하는 정보저장매체를 영장에 의하지 않고 임의제출한 경우에는 혐의사실과 관련된 것만 탐색,

압수수색 할 수 있다고 볼 것이다).141)

이러한 견지에서 보면, 전자정보의 탐색과정에서 '우연히 발견한 경우'에 해당하는 상황은 매우 적을 것으로 생각된다.

물론, 수사의 효율성, 실체적 진실 발견 등을 중시하며 '우연히 발견한 경우'를 넓게 해석하자는 입장도 있을 수 있다. 그러나 '우연히 얻어진 행운'을 수사에서 수사기관에게 인정하는 것은 수사권 남용과 인권침해를 가져올 수 있기 때문에 위험하다. 따라서 영장주의의 잠탈을 막고, 적법절차와 예측가능성을 보장하기 위하여 '우연히 발견한 경우'는 매우 방어적으로 해석되어야 한다.

전자정보에 있어서 '우연히 발견한 경우'의 판단 기준을 제시해 보자면, 전자정보에 있어서는 일반인이 사용하는 일반적인 컴퓨터 운영체제(윈도우 등)가 나안(裸眼)의 상태로 볼 수 있기에, "별다른 분석 프로그램을 거치지 않고 일반적인 컴퓨터 운영체제만으로도 보이는 전자정보 파일의 '외형' 또는 '형상'만으로도 별건 범죄에 대한 혐의가 드러나는 경우"가 기준이 될 수 있다. 즉 파일 제목, 썸네일(Thumbnail, 페이지 전체의 레이아웃을 검토할 수 있게 페이지 전체를 작게 줄여 화면에 띄운 것)142) 등 파일의 외형 또는 형상만 보아도 별건 범죄에 대한 혐의가 인식 가능한 정도여야 할 것이다. 이러한 기준을 세우지 않으면 자칫 일반영장에 대한 우려와 동일한 우려가 있을 수 있다.

이러한 논지(영장주의의 잠탈을 막고, 적법절차와 예측가능성을 보장하기 위하여 '우연히 발견한 경우'는 매우 방어적으로 해석되어야 한다)에서도 '우연히 발견한 경우'라고 상정할 수 있는 경우를 생각하여 보면

---

141) 대법원 2021. 11. 18. 선고 2016도348 전원합의체 판결도 피해자 등 제3자가 피의자 내지 피고인의 소유·관리에 속하는 정보저장매체를 영장에 의하지 않고 임의제출한 경우에는 혐의사실과 관련된 것만 탐색, 압수수색 할 수 있다는 취지이다.

142) 네이버 옥스퍼드 영어사전(https://en.dict.naver.com/#/entry/enko/365e2d1d0e6a4 415ae58f837b1fefaa1) (2021. 11. 27. 최종 방문)

아래와 같은데, 그 외의 경우는 '우연히 발견된 경우'로 판단하는 것에 신중해야 할 것이다.

이하는 '우연히 발견한 경우'로 상정 가능한 경우(혐의사실과 관련된 정보만 탐색·압수수색 가능한 상황임이 전제)이다.

- 적절한 탐색 키워드 단어로 볼 수 있는 피해자나 범행 관계자 이름(이명, 별명, ID 등 포함), 범행 장소나 내용(예: 지하철, ○○역, AB마트, 아파트 취득 계획), 범행일시(예: 20210806) 등을 검색하여 나온 파일을 실행하였는데 별건 범죄의 증거가 확인된 경우

- 어떤 일시(예: 2021년 7월 9일)에 이루어진 범행에 대하여 확인하고자 그 일시에 생성된 파일들을 분류하여 실행하던 중 별건 범죄의 증거가 확인된 경우. 다만 '동영상 촬영' 관련한 범행이라면 해당 범행 일시에 생성된 '동영상 파일'을 탐색하는 것은 허용되겠지만, '사진 파일'을 탐색하는 것은 허용되지 않는 다고 할 것이다. 만약 임의제출 시에는 동영상 촬영만 문제되었고 사진 촬영은 문제되지 않았는데, '사진 파일'도 탐색하고 싶으면 그 동안의 증거를 토대로 사진 촬영에 대한 혐의로 영장을 발부받아야 할 것이다. 위 사례에서 '동영상'과 '사진'을 서로 변경하여도 마찬가지의 결론에 이른다.

- 썸네일(Thumbnail, 페이지 전체의 레이아웃을 검토할 수 있게 페이지 전체를 작게 줄여 화면에 띄운 것)에서 확실히 범죄사실과 관련이 있다고 들어나는 경우(살인, 성폭행 장면 등). 다만 썸네일에서 도출된 것은 연출된 설정이거나 극히 일부분일 수 있으니 신중히 검토하여야 한다.

6. 우연성 요건 실질화를 위한 제언
(엄격해석과 강한 증명책임)

앞서 살펴본 대로, '우연성 요건'은 주관적인 의도에 관한 것이기 때문에, 그 의미가 명확하지 않고, 이를 판단하기도 쉽지 않다. 이에 따라 앞의 목차 "4. 우연성 요건의 유지 여부에 대한 논의"에서 설시한대로 우

연성 요건 폐지 논의가 있기도 할 정도이다.[143]

이에 대하여 우연성 요건을 실질화하기 위해서는, 즉 '우연성'을 가장
하여 수사기관이 고의로 광역 증거수집을 하는 것을 막기 위해서는, '우
연히 발견한 경우'를 앞서 살펴본 위 목차[5. 나. 본격적인 검토('우연히
발견된 경우'의 예시 포함)]에서 검토한 바와 같이 되도록 엄격하게 해석
하여야 할 것이다.

또한 우연성에 대한 입증책임을 수사기관에게 강하게 부과하여, 수사
기관이 '우연히 발견한 경우'라는 것을 합리적 의심을 배제할 수 있을 정
도로 증명하게 하여야 할 것이다.

---

143) 한편, 플레인 뷰와 같은 독립적 긴급 압수수색과 관련하여서는, 독일은 우연
   성을 독립적 가압수의 요건으로 제시하고 있지만(독일 형사소송법 제108조,
   Zufallsfunde, 이른바 '독립적 가압수'), 미국은 사실상 플레인 뷰의 요건으로
   우연성 요건을 폐기한 것으로 보인다[Horton v. California 496 U.S. 128 (1990)].

제10절 관련 실무 제도 개선의 필요성

현재 수사실무에서는 임의제출동의서에 '휴대전화', '컴퓨터', 'USB'라고만 기재하고 대용량 저장장치에 저장된 정보를 수집하는 경우가 적지 않다.

임의제출이 가장 빈번하게 일어나고 국민의 생활에 밀접한 관련이 있는 경찰 수사단계에서 적용되는 범죄수사규칙(경찰청 훈령 제1057호) 제142조는 '임의 제출물의 압수 등'이라는 제목으로 제2항에서 '경찰관은 소유자등이 임의 제출한 물건을 압수할 때에는 제출자에게 임의제출의 취지 및 이유를 적은 별지 제62호서식의 임의제출서를 받아야 하고, 「경찰수사규칙」[144] 제64조 제1항의 압수조서와 같은 조 제2항의 압수목록교부서를 작성하여야 한다. 이 경우 제출자에게 압수목록교부서를 교부하여야 한다'고 규정하고 있는데, 위 '별지 제62호 서식의 임의제출서'는 아래와 같이 제출물건과 제출자의 처분의견 정도만 기재하게 되어있어 제출자나 제출물의 이해관계인 보호에 미흡한 면이 있다(2023. 5. 10. 기준).

■ 범죄수사규칙 [별지 제62호서식]

임 의 제 출

[제 출 자]

성 명		주민등록번호	
직 업		연 락 처	
주 거			

---

144) '경찰수사규칙'은 체계상 '행정안전부령'이라서 '경찰청 훈령'인 '범죄수사규칙'보다 상위 법령이라고 할 것이나, 내용상 상보관계를 이루는 것으로 보인다.

다음 물건을 임의로 제출합니다. 사건처리 후에는 처분의견란 기재와 같이 처분
해 주시기 바랍니다.

0000.00.00

제 출 자 : 제 출 자 ㉺

[제출물건]

연번	품 종	수량	제출자의 처분의견 (반환의사 유무)	비고

소속관서장 귀하

한편 2023. 5. 10. 현재 검찰사건사무규칙(법무부령 제204호) 제50조는
임의제출에 대하여 규정하고 있는데, 동조 제1항에 따르면 '임의로 제출
하는 물건을 압수한 경우에는 별지 제50호 서식의 압수조서를 작성'해야
하고, 다만, '피의자신문조서 또는 진술조서에 압수의 취지를 기재하는
것으로 압수조서의 작성을 갈음'할 수 있다. 위 '별지 제50호 서식'은 임
의제출서가 아니고 '압수조서'이고(아래 표), 단지 '참여인'의 서명 날인
만 받도록 되어있으며, '참여인'이 기재할 수 있는 범위가 명확하지 않거
나 없는 것으로 보여 제출자나 제출물의 이해관계인 보호에 미흡한 면
이 있다(2023. 5. 10. 기준).

■ 검찰사건사무규칙 [별지 제50호서식]

압 수 조 서

피의자   에 대한 피의사건에 관하여   년 월 일 시 분 경
에서 검사   은(는) 검찰주사(보)   을(를) 참여하게 하
고 아래 경위와 같이 물건을 압수하다.

①증제번호	②물건명	③특기사항		④비고
		수량 등		
		압수 이유	몰수 대상	□ 범죄행위에 제공되었거나 제공하려고 한 물건 □범죄행위로 생겼거나 취득한 물건 □ 위 대가로 취득한 물건
			□ 장 물	
			□ 기타 압수가 필요한 이유( )	
		발견· 압수 경위		
		소지자 (제출자)	성명	주민등록번호
			주소	전화번호
		소유자	성명	주민등록번호
			주소	전화번호
		□ 소유권 포기 □ 환부 요구		
영장 없이 압수한 경우 그 사유		□ 「형사소송법」 제216조제1항제2호(체포현장에서의 압수) □ 「형사소송법」 제216조제2항(피고인 구속현장에서의 압수) □ 「형사소송법」 제216조제3항(범죄장소에서의 압수) □ 「형사소송법」 제217조제1항(긴급체포시의 압수) □ 「형사소송법」 제218조(유류물·임의제출물의 압수) □ 기타( )		

년 월 일

검찰청

검   사   ㊞
검 찰 주 사 (보)   ㊞
참 여 인   ㊞

  2023. 5. 10. 현재 고위공직자범죄수사처 사건사무규칙(고위공직자범
죄수사처규칙 제24호)에는 임의제출에 대한 규정은 없다.

  특히 임의제출 범위 확인과 관련하여, 경찰청 훈령 제1030호인 '디지
털 증거의 처리 등에 관한 규칙' 제22조[145]는 '전자정보확인서(간이 포
함)'를 제출하도록 하고 있으나, 그 확인서에는 임의제출의 범위에 대한
내용이 없고, 단지 압수목록, 파일명, 해시값, 원본과의 동일 여부 확인
등에 그치고 있다(2023. 5. 10. 기준).

  대검찰청 예규[146] 제1285호인 '디지털 증거의 수집·분석 및 관리 규
정' 제25조[147] 제1항은 전자정보가 저장된 정보저장매체등을 임의제출

---

145) 제22조(임의제출)
  ① 전자정보의 소유자, 소지자 또는 보관자가 임의로 제출한 전자정보의 압
     수에 관하여는 제13조부터 제20조까지의 규정을 준용한다. 다만, 별지 제1
     호서식의 전자정보확인서는 별지 제2호서식의 전자정보확인서(간이)로 대
     체할 수 있다.
  ② 제1항의 경우 경찰관은 제15조제1항 또는 제16조제1항의 사유가 없더라도
     전자정보를 임의로 제출한 자의 동의가 있으면 위 해당규정에서 정하는
     방법으로 압수할 수 있다.
  ③ 경찰관은 정보저장매체등을 임의로 제출 받아 압수하는 경우에는 피압수
     자의 자필서명으로 그 임의제출 의사를 확인하고, 제출된 전자정보가 증
     거로 사용될 수 있음을 설명하고 제출받아야 한다.
  ④ 저장된 전자정보와 관련성 없이 범행의 도구로 사용 또는 제공된 정보저
     장매체 자체를 임의제출 받은 이후 전자정보에 대한 압수·수색·검증이 필
     요한 경우 해당 전자정보에 대해 피압수자로부터 임의제출을 받거나 압
     수·수색·검증영장을 신청하여야 한다.
146) 전술한 2022년 검사 수사권 축소 개정에 따라 관련 대검찰청 예규도 변경이
     있을 수 있으나 참고용으로 적시하였다. 이상 및 이하 검찰 내지 검사와 관
     련된 대검찰청 예규, 법무부령, 기타 대통령령 등 규정 기재 부분에서 같다.
147) 제25조(임의 제출 정보저장매체등에 대한 조치)
  ① 전자정보가 저장된 정보저장매체등을 임의제출 받는 경우에는 임의제출
     의 취지와 범위를 확인하여야 한다.
  ② 정보저장매체등에 저장된 전자정보를 임의 제출하는 것으로서 전자정보
     에 대한 탐색·복제·출력이 필요한 경우에는 본 장에서 규정한 절차를 준

받는 경우에는 임의제출의 취지와 범위를 확인하여야 한다고 규정하고 있다. 위 경찰청 훈령(디지털 증거의 처리 등에 관한 규칙)과 달리 임의제출의 범위를 확인하여야 한다고 규정하고 있는 것인데 이는 대법원 2016도348 판결의 취지에 부합하기는 한다(2023. 5. 10. 기준). 그러나 이 규정이 실무에서 잘 준수되고 있는지는 미지수이다.[148]

또한 위 제25조 제2항에 따라 전자정보 임의제출 시 정보에 대한 탐색·복제·출력이 필요한 경우에는 본 장에서 규정한 절차를 준용하고 있는데, 관련 규정들의 체계와 해석상 주로 '탐색·복제·출력'이 필요한 경우에 해시값 확인, 탐색, 복제 방법 등 기술적인 절차에 대하여 절차를 준용하는 것으로 보인다. 즉, 일부 준용될 여지는 있겠지만, 헌법 내지 법률상의 적법절차 준수에 관한 규정들의 준용은 상정하지 않은 것으로 보인다. 결국 위 디지털 증거의 수집·분석 및 관리 규정은 주로 영장에 의한 압수수색에 대하여 정하고 있다고 생각된다(2023. 5. 10. 기준).

한편 '참여권'과 관련하여서는, 대검찰청 예규 제1285호인 '디지털 증거의 수집·분석 및 관리 규정' 제25조 제2항은 전자정보 임의제출 시 같은 장에 규정한 절차를 준용하도록 되어있고, 위 규정 제21조는 압수수색의 전 과정에서의 피압수자등(형사소송법 제123조에 따라 참여하게 해야 하는 사람)의 참여권을 보장하도록 되어있으며, 위 규정 제23조에는 피압수자등에게 압수한 전자정보의 상세목록을 교부하도록 하고 있다(2023. 5. 10. 기준).

그리고 경찰청 훈령 제1030호인 '디지털 증거의 처리 등에 관한 규칙' 제22조 제1항, 제13조는 전자정보의 압수수색 시 피의자 또는 변호인, 소유자, 소지자, 보관자의 참여를 보장하여야 한다고 규정하고 있다(2023. 5. 10. 기준).

용한다.

148) 한편, 같은 취지로, 수사기관에서 전자정보가 저장된 정보저장매체등을 임의제출 받는 경우 임의제출의 취지와 범위를 확인하는지는 알기 어렵다는 의견이 있다(박용철, '정보저장매체 임의제출 압수의 의의', 217면).

즉 수사기관의 관련 실무규정 상으로는 피압수자등의 참여권이 보장되어 있다. 물론 이 규정들이 잘 지켜지는지는 미지수이다.

이러한 수사실무를 보완하는 측면에서 임의제출을 할 때의 절차에 대한 제도적인 개선이 있으면 좋을 것이다. 대용량 정보 저장장치를 압수하는 경우에는, 그에 대한 임의제출동의서를 받을 때 임의제출동의서에 적어도 혐의사실과 관련된 전자정보·혐의사실 외(外)의 정보에 대한 압수수색도 허용하는지(임의제출범위는 어디까지인지. 예를 들어 '제한하고자 하는 부분을 명시하거나, 삭제된 파일 복구까지 허용하는지 등을 체크하는 방식' 등), 제출자가 위와 같은 정보에 대한 압수수색 과정에 참여할 것인지, 검색 키워드나 검색 기간, 검색 범위를 지정할 것인지 등에 대한 기재가 있어야 바람직할 것이다. 결국 위와 같은 기재를 할 수 있는 정형화된 양식을 만들어 사용하는 것이 필요하다.[149] 이러한 기재는 임의제출자의 권리를 보장하는데 유용한 것은 물론이고, 나아가 수사기관이 그 제출의 임의성을 증명하는데도 사용될 수 있을 것이다. 즉 제출자와 수사기관 모두에게 도움이 될 수 있다. 또한 더 나아가 위와 같은 기재와 관련된 규정을 입법 내지 제·개정할 수도 있을 것이다.

---

149) 참조 및 유사 취지로, 허준, '제3자 동의에 의한 디지털 증거 압수·수색의 한계', 64-65면.

제11절 혐의(범죄사실) 고지 필요(개정안 제시 포함)

1. 논의의 소재

제출자가 어떤 혐의(범죄사실)로 임의제출을 하는 것조차 모르고 임의제출을 하는 경우가 있다.

이와 관련하여 제출자의 방어권 보장, 참여권 행사의 판단 등과 연관되어, 수사기관이 제출자에게 어떤 혐의(범죄사실)로 임의제출 하는지를 고지하여야 하는 것이 필요한지에 대한 논의가 있다.

이하의 논의는 일반적이고 전통적인 유체물의 임의제출에서도 적용될 수 있을 것이라고 할 것이나, 대용량 정보 저장장치의 등장 및 발전과 더불어 더욱 문제가 되는 경향이 있고, 관련성과 참여권에 대한 논의를 살펴본 후에 혐의(범죄사실) 고지 필요 논의를 하는 것이 쉬운 이해에 더 도움이 되기에 본 목차에서 살펴본다.

특히 앞에서 살펴본 바와 같이 '참여권'과 관련하여서는, 정보저장매체가 아닌 일반적인 물체, 물건의 임의제출의 경우 임의제출과 거의 동시에 그 압수가 완료되는 것으로 보이고, 그 물체, 물건에 다량의 정보가 저장된 것도 아니기에 참여권 보장이 논의될 의의 및 참여권 보장의 현실적 가능성·필요성이 적다. 물론 일반적인 물체, 물건의 임의제출의 경우 참여권 보장이 현실적으로 불가능한 면이 크다. 형사소송법 제219조에 의하여 준용되는 참여권 보장 규정인 동법 제121조 내지 제123조도 '영장의 집행' 시의 참여권을 규정하고 있는데, 일반적인 물체·물건의 임의제출 시 통상적으로 '영장의 집행'에 해당하는 수사기관의 행위태양이 있다고 보기도 어렵다.

2. 현행법의 해석상 가능한지

현행법상으로는 수사기관에게 임의제출과 관련한 혐의 고지 의무는 명시적으로 규정되어 있지 않고, 앞서 살펴본 바와 같이 현행 형사소송법은 매우 간단한 임의제출 관련 조항만을 두고 있기 때문에 해석으로 수사기관에 위와 같은 의무를 부과한다면 이는 자칫 문리적 해석의 한계를 넘고 사법부의 법 창조 우려를 부를 수 있다.

물론 수사기관은 자율적으로 그 혐의를 고지할 수 있을 것이다. 그러나 위와 같은 혐의 고지를 수사기관의 자율에 맡겨 놓는다면, 수사기관이 번거로움을 무릅쓰고 위와 같은 혐의 고지를 해 주기를 기대하기에는 무리가 있다.

3. 관련 논의

이와 관련하여, 수사는 생물과 같아서 어떻게 진행될지 알 수 없고, 임의제출은 말 그대로 임의성(자발성)에 근거하는 것이기에 제출자에게 관련 혐의를 고지할 필요는 없다는 견해가 주로 수사기관 측으로부터 주장되고 있다.

한편으로는, 제출자의 방어권 보장, 예측가능성 등을 중시하며 수사기관에게 위와 같은 혐의 고지 의무를 지우는 것이 타당하다는 취지의 입장도 있다.[150]

4. 소결 및 개정안 제시

제출자는 어떤 혐의(범죄사실)로 임의제출을 하는 것인지를 알 필요가 있다. 그래야 그 관련성을 예측할 수 있고, 압수수색 절차에 참여시

---

150) 박병민·서용성, 앞의 논문, 285면.

내지 압수목록 수령시 어떤 것을 중점적으로 살펴야 할지를 파악할 수 있기 때문이다. 어떤 혐의(범죄사실) 관련하여 임의제출이 이루어진 것인지 모르는 제출자에게는 참여권도 별 의미가 없을 수 있다.

영장에 의한 압수수색의 경우 영장 제시와 사본 교부151)를 통해 그 '혐의(범죄사실)', '압수할 물건', '압수수색검증을 요하는 사유' 등을 알 수 있다. 그러나 임의제출은 영장주의의 예외로서 영장이 없기 때문에, 영장 제시와 사본 교부에 의한 혐의(범죄사실) 등의 파악은 불가능하다.

따라서 수사기관은 제출자에게 적어도 어떤 혐의(범죄사실) 관련하여 임의제출을 받는 것인지에 대하여 고지할 필요가 있고,152) 이 때의 고지 방법은 명확성을 더하기 위하여 서면으로 함이 바람직 할 것이다. 다만 법원이 임의제출을 받는 단계에서는 이미 공소제기가 이루어져서 그 혐의사실이 공소장에 기재되어 있을 것이기 때문에 법원이 따로 위와 같은 고지를 할 필요가 없을 것이다.

한편, 물론 제출자가 피의자, 피고인일 경우에는 위와 같은 고지가 그들에게 더 절실하게 필요하다고 할 것이지만, 제출자가 피의자, 피고인이 아닌 경우에 피의자, 피고인에게 위와 같은 고지를 하는 것은 무리가 있고, 제출자의 의사에도 반할 수 있다. 피의자, 피고인이 특정이 안 된 경우일 수 있고, 제출자가 피해자 등 피의자, 피고인과 반대되는 입장을 가진 자일 수 있기 때문이다. 따라서 혐의(범죄사실) 고지는 그 제출자가 피의자, 피고인, 피해자 등 어떤 자이든 '제출자'에게만 하면 족할 것이다. 물론 제출자가 위와 같은 고지를 원치 않을 때에는 그러한 고지를 할 필요는 없을 것이다.

---

151) 2022. 1. 11. 형사소송법 제118조의 개정에 의하여, 처분을 받는 자가 피고인인 경우에는 영장 사본을 원칙적으로 교부하게 되었다(그 전에는 영장 제시만 규정되어 있었음). 다만, 처분을 받는 자가 현장에 없는 등 영장의 제시나 그 사본의 교부가 현실적으로 불가능한 경우 또는 처분을 받는 자가 영장의 제시나 사본의 교부를 거부한 때에는 예외로 하였다(필자).

152) 같은 견해 및 참조로 박병민·서용성, 앞의 논문, 285면.

앞서 살펴본 대로, 현행 형사소송법의 임의제출 규정은 매우 간략하고, 비록 '임의성'을 엄격하게 판단한다고 하더라도 현행 법문 해석으로는 '수사기관은 제출자에게 적어도 어떤 혐의(범죄사실) 관련하여 임의제출을 받는 것인지에 대하여 고지하여야 한다'는 의무를 부과하기에는 무리가 있다(임의동행에 있어서 사법부가 전술한 대법원 2011. 6. 30. 선고 2009도6717 판결과 같이 적극적인 해석을 한 것은 임의동행에 대한 법문이 없어서일 수 있다). 만약 사법부가 수사기관에게 위와 같은 의무를 부과하는 해석을 한다면 자칫 해석의 한계를 넘어 법 창조를 한다는 비판을 받을 수도 있다. 따라서 관련 개정이 있어야 문제가 명확하게 해결될 것이다.

이와 관련하여, 혐의(범죄사실) 고지의 개정안 문언을 생각하여 본다면 아래와 같다.

입법시 현행 형사소송법 제218조에 새로운 단서, 항 내지 호를 신설하여 '수사기관은 임의제출을 받는 경우 제출자에게 그 임의제출과 관련된 혐의에 대한 범죄사실을 서면으로 고지하여야 한다. 다만 제출자가 위와 같은 고지를 원하지 아니하는 경우에는 그렇지 아니하다'는 취지를 규정하면 될 것이다(아래 표 제218조 제4항).

앞에서 살펴본 임의제출 거부권 고지 규정 신설 관련한 개정안, 피의자 아닌 제3자 임의제출의 경우 압수의 대상 제한 관련한 개정안, 관련성 규정 신설 관련한 개정안까지 고려하면 아래와 같은 형식의 개정안이 된다.

〈표 4〉 형사소송법 제218조 개정안(혐의사실 고지 규정 신설 관련)

현행 형사소송법	형사소송법 개정안
제218조(영장에 의하지 아니한 압수) 검사, 사법경찰관은 피의자 기타인의 유류	제218조(영장에 의하지 아니한 압수) ① 검사, 사법경찰관은 피의자 기타인의 유류한 물건이나 소유자, 소지자 또는 보관자가 임의로 제출한 물건을 영장없이 압수할 수 있다. 다만 피의자가 소유·관리하는 제106조 제3항의 정보저장

한 물건이나 소유자, 소지자 또는 보관자가 임의로 제출한 물건을 영장없이 압수할 수 있다.	매체등을 피의자 아닌 제3자가 임의제출하는 경우에는 임의제출의 동기가 된 범죄혐의사실과 구체적·개별적 연관관계가 있는 전자정보에 한하여 압수의 대상이 된다. ② 제1항에 의한 정보저장매체등에 대한 압수 및 탐색 가능 범위는 원칙적으로 해당 사건에 한정되나, 피해자가 있는 경우 동일 피해자에 대한 증거는 압수할 수 있다. ③ 임의제출물을 영장 없이 압수하기 전에 다음 각 호의 사항을 알려주어야 한다. 1. 해당 물건을 제출하지 아니할 수 있다는 것 2. 해당 물건을 제출하는 경우에는 임의로 다시 가져갈 수 없으며, 법정에서 유죄의 증거로 사용될 수 있다는 것 ④ 검사, 사법경찰관은 임의제출을 받는 경우 제출자에게 그 임의제출과 관련된 혐의에 대한 범죄사실을 서면으로 고지하여야 한다. 다만 제출자가 위와 같은 고지를 원하지 아니하는 경우에는 그렇지 아니하다.

제12절 탐색 중단·폐기권 내지 회수권(철회권) 인정 필요

1. 논의의 소재

형사소송법상 임의제출(형사소송법 제218조)의 경우 법문상 '압수'의 효력이 발생하고, 제출은 순식간에 일어나기에 그 철회 논의의 실익이 적었다.

그러나 스마트폰 등 탐색에 많은 시간이 소요되는 대용량 정보 저장장치들이 계속하여 등장하고, 국민의 권리의식과 인권이 신장됨에 따라 이제 '임의제출 후 탐색 중단·폐기권 내지 회수권(철회권)을 인정할지'에 대한 논의를 시작할 때가 되었다.

탐색 중단·폐기권은 특히 대용량 정보 저장장치 임의제출의 경우에 활용(문제)될 여지가 크고(폐기권의 경우 특히 임의제출물의 복제물이 있는 경우 활용 내지 문제될 것임), 회수권은 전통적인 물체의 경우에도 활용(문제)될 수 있다.

또한, 임의제출은 말 그대로 '임의'로 제출하는 것이고, '임의'동행의 경우 피의자가 언제든지 퇴장 내지 이석할 수 있다는 점 등을 고려할 때(대법원 2011. 6. 30. 선고 2009도6717 판결 참조), 현행 형사소송법과 같이 임의제출의 효력에 '압수(강제)'를 직결시키는 것은 적절하지 않은 측면이 있다. 그리고 수사기관은 사전 내지 사후 영장 발부의 번거로움을 피하고, 임의제출 범위가 광범위한 점 등을 고려하여 수사편의상 형사소송법 제218조에 의한 임의제출을 선호하는데, 이러한 수사기관의 선호와 그와 관련한 수사권 남용 가능성이 있으므로, 우리는 경각심을 가질 필요가 있다. 이상과 같은 사정들을 고려해도, 제출자가 후에 그 동의한 뜻을 변경하는 경우, 혹은 소유자가 원하는 경우 등의 사정이 있으면 임의제출물에 대한 탐색을 중단하거나 폐기하거나 혹은 임의제출물을 되돌려 받을 수 있도록 제도를 설계함이 타당하다.

2. 비교법적 논의

동의에 의한 수색, 검증이 비교적 활성화 되어있는 미국의 경우, '수색, 검증에 대한 동의를 수색, 검증 중 철회할 수 있는지'에 대한 논의가 있는데, 이 논의가 '임의제출 후 제출자에게 탐색 중단권 내지 회수권(철회권)을 인정할지'의 논의와 유사한 점이 있기에 소개한다. 또한 영국의 Codes of Practice(경찰직무규칙)의 규정도 알아본다.

이에 대하여 수색의 경우 수사기관이 할 행위가 무엇인지에 대하여 예측할 수 있다는 점에서 수사기관이 무엇을 질문할지 예측이 어려운 신문과 다르므로 진술거부권과 달리 철회가 불가능하고, 일단 수색에 대한 동의를 얻었다면 그 수색은 합리적인 것이므로, 수색에 대한 동의는 철회할 수 없다는 취지의 미국 콜로라도 주 법원 판례가 있다.[153] 또한 피의자의 부친으로부터 피의자가 사용했던 피의자 가족용 컴퓨터에 관한 수색에 대한 동의를 받은 후 그 컴퓨터의 하드디스크를 이미징하였는데, 그 후에 위 부친이 위 동의를 철회한 사건에서, 미국 법원은 위와 같은 부친의 동의를 받아 수색을 시작한 이상 사생활에 대한 합리적 기대가 인정되지 않아 동의의 철회가 수색과정을 소급 무효화 하지는 않는다고 판시한 바 있다.[154] 그리고 이미징한 복제본에 대한 수색 전에 피의자가 동의를 철회한 경우에도, 수사기관의 위 복제본 수색권을 인정한 미국의 판례도 있다.[155]

그러나, 경찰이 주점에서 총기를 이용한 싸움이 났다는 신고를 받고 주점으로 출동해서 관리자의 동의를 얻어 수색을 진행하였는데, 그 수색 중 위 관리자의 위 동의가 철회된 후에도 수색을 계속하여 소지가 금지

---

153) People v. Kennard, 488 P.2d 563 (1971)
154) U.S. v. Megahed, 2009 WL 722481 (M.D. Fla. 2009)
155) U.S. v. Sharp, 2015 WL 4641537 (N.D.Ga. 2015)

된 무기를 발견한 사안에서, '수색이 종료되기 전까지는(수색 진행 중에는) 그에 대한 동의는 철회될 수 있다'는 취지의 설시를 하며 경찰의 위법을 인정하는 판단을 한 미국 제6 순회 항소 법원 판례도 있다.[156]

한편 영국에서는 Codes of Practice(경찰직무규칙) 상 경찰이 억압적으로 동의를 얻어냈거나 동의자가 동의를 철회한 때는 더 이상 수색을 진행할 수 없다. 위 경찰직무규칙 Code B 5.3은 "경찰은 강압에 의하여 동의된 경우나 수색이 완료되기 전에 동의가 철회된 경우에는 Code B 5.1에 따른 구내에 들어가 수색하거나 계속 수색할 수 없다"고 규정하고 있다.[157]

3. 가능한 논의

'임의제출 후 탐색 중단·폐기권 내지 회수권(철회권)을 인정할지'에 대하여, 아래와 같은 논의가 있을 수 있다.

이에 대하여 긍정하는 견해는 임의제출은 제출자의 '임의성(자발성)'이 핵심이고, 제출자가 탐색의 범위도 제한할 수 있기에 그 탐색의 중단이나 폐기나 회수권도 인정해야 한다는 것을 근거로 할 수 있다.

이에 대하여 부정하는 견해는, 현행 한국 형사소송법 제218조(동법 제108조 포함)에 따르면 임의제출의 효과는 '압수'이고, 형사소송법은 압수의 효력을 구별하고 있지 않으며, 만약 탐색 중단·폐기권 내지 회수권(철회권)을 인정한다면 수사 안정성과 증거 확보에 큰 불안정성이 생긴

---

156) Joel Samaha, Criminal Procedure, 6th edition, Thomson Wadsworth, (2005), 227면; Painter v. Robertson, 185 F.3d 557 (6th cir. 1999) 등.

157) 영국 Codes of Practice(경찰직무규칙) Code B 5.3 원문
An officer cannot enter and search or continue to search premises under paragraph 5.1 if consent is given under duress or withdrawn before the search is completed. [영국 법령 원문은 https://www.legislation.gov.uk/ukpga/1984/60/part/I#commentary-key-a08d46033ef7afa228f48aece51c1f91 및 https://www.gov.uk/guidance/police-and-criminal-evidence-act-1984-pace-codes-of-practice (각 2023. 5. 10. 최종 방문)에서 인용하였다]

다는 것을 근거로 할 수 있다.

4. 통신비밀보호법 제12조의2 신설 경위

앞으로 살펴볼 사생활과 개인정보 보호와 관련된 헌법재판소의 결정과 관련된 입법 경위는, 본절의 '탐색 중단·폐기권 내지 회수권(철회권) 인정 필요' 논의에 도움이 될 것이다. 본절의 논의도 사생활과 개인정보 보호를 근거로 하고 있기 때문이다.

헌법재판소는 2018. 8. 30. 구 통신비밀보호법(1993. 12. 27. 법률 제4650호로 제정된 것) 제5조 제2항 중 '인터넷 회선을 통하여 송신·수신하는 전기통신'에 관한 부분은 인터넷 감청의 특성상 다른 통신제한조치에 비하여 수사기관이 취득하는 자료가 매우 방대함에도 불구하고 수사기관이 감청 집행으로 취득한 자료에 대한 처리 등을 객관적으로 통제할 수 있는 절차가 마련되어 있지 않다는 취지로 헌법불합치 결정을 하였다(2018. 8. 30.자 2016헌마263 결정).

이는 이른바 '패킷감청 헌법불합치' 사안이다. 인터넷회선을 통해 송·수신되는 전기통신에 대한 감청은 인터넷회선을 통하여 흐르는 전기신호 형태의 '패킷'을 중간에 확보하여 재조합 기술을 거쳐 그 내용을 파악하는 이른바 '패킷감청'의 방식으로 이루어져 왔다. 그런데 패킷감청은 해당 인터넷회선을 통하여 흐르는 불특정 다수의 모든 정보가 패킷 형태로 수집되므로 수사목적과 무관한 통신정보나 제3자의 통신정보까지 모두 수집된다는 문제점이 있다. 이에 대하여 헌법재판소는 이러한 문제점 때문에 인터넷회선 감청에 대하여는 수사기관이 권한을 남용하지 않도록 할 감독 내지 통제장치가 강하게 요구된다고 하면서 그러한 규정이 제대로 마련되지 않은 제도는 통신 및 사생활의 비밀과 자유를 침해한다고 판단한 것이다.[158]

---

158) 법률신문(이상원), 2019. 5. 2.자 '[2018년 분야별 중요판례분석] 형사소송법' 참조.

이에 수사기관이 인터넷 회선을 통하여 송신·수신하는 전기통신에 대한 통신제한조치로 취득한 자료에 대해서는 집행 종료 후 범죄수사나 소추 등에 사용하거나 사용을 위하여 보관하고자 하는 때에는 보관 등이 필요한 전기통신을 선별하여 법원으로부터 보관 등의 승인을 받도록 하고, 승인 청구를 하지 아니한 전기통신 등의 폐기 절차를 마련함으로써 법 규정의 합헌성을 제고하고자 통신비밀보호법 제12조의2가 신설되었다.[159]

2020. 3. 24. 법률 제17090호로 신설되어 현재(2023. 5. 10.)까지 변동이 없는 통신비밀보호법 제12조의2[160]는 수사기관이 인터넷 회선을 통하여

---

159) 이와 관련된 통신비밀보호법 제12조의2 개정(신설)이유는 국가법령정보센터 사이트[https://www.law.go.kr/lsInfoP.do?lsiSeq=215679&ancYd=20200324&ancNo=17090&efYd=20200324&nwJoYnInfo=N&efGubun=Y&chrClsCd=010202&ancYnChk=0#0000] 참조(2022. 6. 22. 최종 방문).

160) 통신비밀보호법 제12조의2(범죄수사를 위하여 인터넷 회선에 대한 통신제한 조치로 취득한 자료의 관리)

① 검사는 인터넷 회선을 통하여 송신·수신하는 전기통신을 대상으로 제6조 또는 제8조(제5조제1항의 요건에 해당하는 사람에 대한 긴급통신제한조치에 한정한다)에 따른 통신제한조치를 집행한 경우 그 전기통신을 제12조제1호에 따라 사용하거나 사용을 위하여 보관(이하 이 조에서 "보관등"이라 한다)하고자 하는 때에는 집행종료일부터 14일 이내에 보관등이 필요한 전기통신을 선별하여 통신제한조치를 허가한 법원에 보관등의 승인을 청구하여야 한다.

② 사법경찰관은 인터넷 회선을 통하여 송신·수신하는 전기통신을 대상으로 제6조 또는 제8조(제5조제1항의 요건에 해당하는 사람에 대한 긴급통신제한조치에 한정한다)에 따른 통신제한조치를 집행한 경우 그 전기통신의 보관등을 하고자 하는 때에는 집행종료일부터 14일 이내에 보관등이 필요한 전기통신을 선별하여 검사에게 보관등의 승인을 신청하고, 검사는 신청일부터 7일 이내에 통신제한조치를 허가한 법원에 그 승인을 청구할 수 있다.

③ 제1항 및 제2항에 따른 승인청구는 통신제한조치의 집행 경위, 취득한 결과의 요지, 보관등이 필요한 이유를 기재한 서면으로 하여야 하며, 다음 각 호의 서류를 첨부하여야 한다.

1. 청구이유에 대한 소명자료

송신·수신하는 전기통신을 대상으로 통신제한조치를 집행한 경우 그 전기통신을 사용하거나 사용을 위하여 보관하고자 하는 때에는 일정 기간 이내에 법원의 승인을 청구하도록 하고 있다.

5. 폐기와 관련된 실무규정

경찰에서 현재(2023. 5. 10. 기준) 사용되고 있는 디지털 증거의 처리 등에 관한 규칙(경찰청훈령 제1030호) 제35조[161] 및 제36조[162]는 압수하지

---

2. 보관등이 필요한 전기통신의 목록

3. 보관등이 필요한 전기통신. 다만, 일정 용량의 파일 단위로 분할하는 등 적절한 방법으로 정보저장매체에 저장·봉인하여 제출하여야 한다.

④ 법원은 청구가 이유 있다고 인정하는 경우에는 보관등을 승인하고 이를 증명하는 서류(이하 이 조에서 "승인서"라 한다)를 발부하며, 청구가 이유 없다고 인정하는 경우에는 청구를 기각하고 이를 청구인에게 통지한다.

⑤ 검사 또는 사법경찰관은 제1항에 따른 청구나 제2항에 따른 신청을 하지 아니하는 경우에는 집행종료일부터 14일(검사가 사법경찰관의 신청을 기각한 경우에는 그 날부터 7일) 이내에 통신제한조치로 취득한 전기통신을 폐기하여야 하고, 법원에 승인청구를 한 경우(취득한 전기통신의 일부에 대해서만 청구한 경우를 포함한다)에는 제4항에 따라 법원으로부터 승인서를 발부받거나 청구기각의 통지를 받은 날부터 7일 이내에 승인을 받지 못한 전기통신을 폐기하여야 한다.

⑥ 검사 또는 사법경찰관은 제5항에 따라 통신제한조치로 취득한 전기통신을 폐기한 때에는 폐기의 이유와 범위 및 일시 등을 기재한 폐기결과보고서를 작성하여 피의자의 수사기록 또는 피내사자의 내사사건기록에 첨부하고, 폐기일부터 7일 이내에 통신제한조치를 허가한 법원에 송부하여야 한다.

161) 제35조(전자정보의 삭제·폐기)

① 증거분석관은 분석을 의뢰한 경찰관에게 분석결과물을 회신한 때에는 해당 분석과정에서 생성된 전자정보를 지체 없이 삭제·폐기하여야 한다.

② 경찰관은 제1항의 분석결과물을 회신받아 디지털 증거를 압수한 경우 압수하지 아니한 전자정보를 지체 없이 삭제·폐기하고 피압수자에게 그 취지를 통지하여야 한다. 다만, 압수 상세목록에 삭제·폐기하였다는 취지를 명시하여 교부함으로써 통지에 갈음할 수 있다.

③ 경찰관은 사건을 이송 또는 송치한 경우 수사과정에서 생성한 디지털 증

아니한 전자정보의 삭제, 폐기 및 그에 대한 통지 등을 규정하고 있다.

검찰에서 현재(2023. 5. 10. 기준) 사용되고 있는 디지털 증거의 수집·분석 및 관리 규정(대검찰청 예규 제1285호) 제53조부터 제57조[163]는 범

거의 복사본을 지체 없이 삭제·폐기하여야 한다.

④ 제1항부터 제3항까지에 따른 전자정보의 삭제·폐기는 복구 또는 재생이 불가능한 방식으로 하여야 한다.

162) 제36조(입건 전 조사편철·관리미제사건 등록 사건의 압수한 전자정보 보관 등)

경찰관은 입건 전 조사편철·관리미제사건 등록한 사건의 압수한 전자정보는 다음 각호와 같이 처리하여야 한다.

1. 압수를 계속할 필요가 있는 경우 해당 사건의 공소시효 만료일까지 보관 후 삭제·폐기한다.

2. 압수를 계속할 필요가 없다고 인정되는 경우 삭제·폐기한다.

3. 압수한 전자정보의 삭제·폐기는 관서별 통합 증거물 처분심의위원회의 심의를 거쳐 관련 법령 및 절차에 따라 삭제·폐기한다.

4. 압수한 전자정보 보관 시 충격, 자기장, 습기 및 먼지 등에 의해 손상되지 않고 안전하게 보관될 수 있도록 별도의 정보저장매체등에 담아 봉인봉투 등으로 봉인한 후 소속부서에서 운영 또는 이용하는 증거물 보관시설에 보관하는 등 압수한 전자정보의 무결성과 보안 유지에 필요한 조치를 병행하여야 한다.

163) 제53조(디지털증거의 폐기 시 유의사항) 범죄사실과 무관한 것으로 확인된 디지털 증거는 폐기하여야 하나, 디지털 증거를 폐기하는 과정에서 향후 재판절차에 증거로 제출되어야 하는 디지털 증거가 폐기되는 일이 없도록 유의하여야 한다.

제54조(폐기대상)

① 다음 각 호에 해당하는 디지털 증거는 본 장에서 규정한 절차에 따라 업무 관리시스템에서 폐기한다.

1. 수사 또는 재판 과정에서 범죄사실과 관련성이 없는 것으로 확인된 경우

2. 압수의 원인이 된 사건에 대한 기소·불기소 등 종국처분에 따라 계속 보관할 필요성이 없다고 인정되는 경우

3. 판결이 확정되어 계속 보관할 필요성이 없다고 인정되는 경우

② 제1항에도 불구하고 다음 각 호의 사유가 있는 경우에는 압수의 원인이 된 사건의 공소시효가 완성될 때까지 디지털 증거를 폐기하지 않을 수 있다.

1. 압수의 원인이 된 사건과 형사소송법 제11조에 따라 관련성이 인정되는

죄사실과 무관한 것으로 확인된 디지털 증거 등의 폐기와 그 대상, 절차
등을 규정하고 있다.

즉 검찰과 경찰은 무관증거 등 디지털 증거의 폐기에 대한 나름의 실
무규정을 두고 있다.

그러나 검찰과 경찰의 실무규정은 제출자 등 피압수자에게 디지털
증거의 폐기를 요청할 수 있는 권한을 부여하는 규정이 아니고, 단지 수

사건에서 증거로 사용될 것으로 예상되는 경우

2. 압수의 원인이 된 사건이 기소중지처분 또는 참고인중지처분이 된 경우
3. 불기소처분을 한 사건 또는 무죄판결이 확정된 사건 중 공범 등에 대한
   수사를 계속할 필요가 있다고 인정되는 경우

제55조(폐기방법) 디지털증거를 폐기하는 경우에는 복원이 불가능한 기술적
방법으로 삭제하여야 한다.

제56조(폐기요청) 제54조의 폐기대상 디지털증거에 대한 폐기절차는 주임검
사(주임검사가 없는 경우에는 그 승계검사) 또는 압수전담검사의 요청으로
개시한다.

제57조(폐기절차) 디지털 증거의 폐기를 요청하는 경우에는 다음 각 호의 절
차에 따라 폐기를 진행한다.

1. 주임검사 또는 압수전담검사는 제54조의 폐기대상 디지털 증거에 대하여
   폐기촉탁지휘를 한다.
2. 폐기촉탁지휘를 받은 압수물담당직원은 KICS의 압수물관리시스템을 통하
   여 디지털수사과장에게 해당 디지털 증거에 대한 폐기를 요청한다.
3. 디지털수사과장은 폐기를 요청 받은 디지털 증거를 지체 없이 폐기하고
   별지 제12호 서식의 "디지털증거 폐기(촉탁) 회보서"를 업무관리시스템을
   통하여 입력하는 방법으로 작성하여 압수물담당직원에게 회보한다.

제58조(유죄확정 판결에 대한 특례)

① 유죄판결이 확정된 사건에서 압수된 디지털 증거는 피고인에게 재심청구
   의 기회를 보장하기 위하여 형이 확정된 때로부터 10년간 보존할 수 있다.
② 판결 확정 이후 당사자의 폐기요청이 있는 경우에는 디지털 증거를 폐기
   한다. 다만, 유죄의 확정판결을 받은 자가 수인인 경우에는 당사자 전원의
   폐기요청이 있을 경우에 폐기한다.
③ 내란죄, 외환죄 등 「검찰보존사무규칙」 제8조제3항에 해당하는 죄의 디지
   털 증거는 「검찰보존사무규칙」 제8조제3항을 준용하여 영구 또는 준영구
   로 보존한다.

사기관 내부에서 그 폐기 대상과 방법 등을 정하여 둔 규정으로 보인다.
수사기관의 입장이 반영되어 그 폐기의 범위도 적으며, 폐기 여부 판단
에 수사기관의 재량이 개입되는 구조이다. 또한 위 실무규정대로 폐기가
이루어지는지에 대하여 제출자 등 피압수자는 확인하기 어려운 구조이
다. 따라서 위 실무규정들은 제출자 등 피압수자의 권리보호에 미흡한
측면이 있다.

6. 검토

가. 현행법의 해석으로 인정 가능한지 여부

현행 형사소송법 제218조(제108조 포함)에 따르면 임의제출의 효과는
'압수'이고, 그 '압수'의 효력에 대한 별다른 규정이 없기에 그 '압수'는
다른 법조문의 '압수'와 동일하게 해석되어야 한다(현행 형사소송법은
압수의 효력이 여러 가지일 수 있음을 규정하고 있지 않다). 따라서 현
행법제 하에서는 임의제출 후 탐색 중단·폐기권 내지 회수권(철회권)을
인정하기 어렵다(물론 후술하는대로 동법 제218조의2, 제417조를 회수권
등의 행사에 활용할 수 있겠지만 부족한 면이 있다).[164]

한편, 형사소송법 제218조의2[165]는 수사기관에서의 압수물의 환부,

---

164) 형사소송법 제218조의2와 제417조의 차이 내지 관계와 관련하여, 동법 제417
조는 '불복이 있는 때'를 요건으로 규정하고 있는 점에서 '위법하게 압수된 압
수물'에 관한 규정이고, 동법 제218조의2는 '적법하게 압수된 압수물'에 관한
규정이라는 취지의 유력한 견해가 있다(신동운, 앞의 책, 907면 참조). 법문
구조상 타당한 견해이다. 다만 실무에서는 신청자가 신청서에 기재한 바에
따라 '준항고', '압수물의 환부, 가환부'라고 명명되어 위 제218조의2와 제417
조가 잘 구별되지 않는 경향이 있다. 만약 위 신청서의 기재가 불명확하면 접
수 단계에서 접수자가 임의로 명칭을 '준항고' 내지 '압수물 (가)환부'로 부여
하는 경향도 있다. 즉 실무상으로 위 제218조의2와 제417조는 잘 구별되지 않
는 것으로 보인다.

가환부를 규정하고 있기는 하다. 후술하는대로 기소(공소제기)가 이루어진 경우 그 임의제출물이 증거로 제출될 예정이라면, 그 임의제출물은 이제 중립적인 법원이 관리할 수 있다는 점, 공소유지 내지 공판의 중요성 등 고려 시 제출자의 탐색 중단·폐기권 내지 회수권(철회권)을 인정하기는 어려울 것이기에 형사소송법 제133조(압수물의 환부, 가환부)보다는 형사소송법 제218조의2를 살펴보는 것이 필요하다.

형사소송법 제218조의2 법문상 그 조항만으로는 디지털 정보의 폐기, 탐색 중단 등을 요구할 수 없을 것이다. 다만 회수권 행사에 형사소송법 제218조의2를 활용할 수는 있을 것이다.

그러나 형사소송법 제218조의2 제1항은 '압수를 계속할 필요가 없다고 인정되는'이라서 요건이 있기에 그 판단에 판단권자(1차적으로는 수사기관)의 재량 여지가 있다. 동조 제2항은 제1항의 청구에 대하여 검사가 이를 거부하는 경우가 요건이고, 결국 법원의 인용판단을 위해서도 '압수를 계속할 필요가 없다고 인정되는'이라서 요건이 있다고 볼 수 있다. 동조 제1항부터 제3항까지의 규정을 준용하는 동조 제4항(사법경찰관의 환부 또는 가환부)의 경우도 마찬가지이다.

수사기관은 피의자(피고인)의 대립당사자인데 그러한 수사기관의 1차적 판단(형사소송법 제218조의2 제2항에 따라 법원에 압수물의 환부

---

165) 제218조의2(압수물의 환부, 가환부)
　　① 검사는 사본을 확보한 경우 등 압수를 계속할 필요가 없다고 인정되는 압수물 및 증거에 사용할 압수물에 대하여 공소제기 전이라도 소유자, 소지자, 보관자 또는 제출인의 청구가 있는 때에는 환부 또는 가환부하여야 한다.
　　② 제1항의 청구에 대하여 검사가 이를 거부하는 경우에는 신청인은 해당 검사의 소속 검찰청에 대응한 법원에 압수물의 환부 또는 가환부 결정을 청구할 수 있다.
　　③ 제2항의 청구에 대하여 법원이 환부 또는 가환부를 결정하면 검사는 신청인에게 압수물을 환부 또는 가환부하여야 한다.
　　④ 사법경찰관의 환부 또는 가환부 처분에 관하여는 제1항부터 제3항까지의 규정을 준용한다. 이 경우 사법경찰관은 검사의 지휘를 받아야 한다.

또는 가환부 결정을 청구하려면 '제1항의 청구에 대하여 검사가 이를 거부하는 경우'여야 하므로, 동조에 따르면 수사기관에 1차적 판단권이 있다)으로 환부 또는 가환부가 결정되는 것은 '임의성'이 주 요건인 임의제출의 특성상 임의제출물 제출자 내지 소유자 보호에 부족한 면이 있다. 또한 형사소송법 제218조의2는 판단 시기에 대한 제한도 없는바 그 '신속성'도 보장할 수 없다. 그리고 임의제출의 태양과 범위가 다양할 수 있는 점 등을 고려할 때, 형사소송법 제218조의2만으로는 위와 같은 '회수권' 행사에도 부족한 면이 있으며, 결국 임의제출의 경우 더 구체적이고 특별한 조항이 필요하다. 그 조항의 위치는 동법 제218조의3로 신설하는 것이 체계상 문제가 없을 것이다(후에 개정안 제시).

한편, 형사소송법 제417조는 "검사 또는 사법경찰관의 구금, 압수 또는 압수물의 환부에 관한 처분과 제243조의2에 따른 변호인의 참여 등에 관한 처분에 대하여 불복이 있으면 그 직무집행지의 관할법원 또는 검사의 소속검찰청에 대응한 법원에 그 처분의 취소 또는 변경을 청구할 수 있다"고 준항고를 규정하고 있다. 동조는 준항고의 대상은 구체적으로 규정하고 있지만, 준항고의 사유를 "불복이 있으면"이라고만 규정하여 구체적으로 한정하고 있지 않으므로, 임의제출물의 압수에 대하여도 준항고를 할 수 있다. 만약 준항고가 인용되어 처분이 취소되거나 변경된다면 임의제출물을 회수 받을 기회가 생길 것이다.

다만 위 제417조 역시 판단 시기에 대한 제한이 없어 신속성을 보장하기 어렵다. 그리고 위 제417조에서 '변경'을 청구할 수 있다고 되어있지만, 그 '변경'에 디지털 정보의 폐기, 탐색 중단 등이 포함되는지 불명확하고, 문언상으로는 '폐기, 탐색 중단'까지 '변경'에 포함된다고 보기는 어렵다고 해석될 여지도 크다. 또한, 만약 적법한 임의제출이라고 판단이 된다면 준항고가 인용될 가능성이 희박해지면서 '영장없는' 압수의 효력이 지속되는 문제가 생긴다. 그리고 거대한 수사기관과 개인의 관계에서 수사기관이 권한을 남용하여 은폐하고자 하면 임의제출의 요건을 갖춘 것처럼 꾸밀 여지도 있는데 그러면 개인이 '임의제출의 요건 미충족'을 입증하는 것은 쉽지 않을 것이다. 이에 신속하게 회수권을 행사하고 영장주의에 따라 법관의 심사를 받을 기회를 부여하는 구체적이고 특별한 조항이 필요하다.

나. 인정의 필요성

생각건대 임의제출은 그 제출 시 임의성(자발성)이 핵심이고, 현재 대법원의 입장(대법원 2021. 11. 18. 선고 2016도348 전원합의체 판결 등)상 제출자가 탐색의 범위도 제한할 수 있기에 그 탐색의 중단이나 폐기나 회수권도 인정하는 것이 타당하다. 임의제출자는 제출하지 않아도 되는데도 임의로 제출한 것이기에 그 제출자의 추후 의사 변경도 되도록 받아들여 주는 것이 합당하다. 환부, 가환부 청구, 항고, 준항고 등 현재 마련되어 있는 제도들도 있으나 이러한 제도들은 접근이 쉽지 않고, 그 결과도 알기 어려우며, 적법한 임의제출이라면 사정변경이나 비례성 위반 등 특별한 사정이 없으면 그 신청이나 청구가 받아들여지기도 어려울 것이기에, 보다 임의제출자를 더 확실하게 보호하는 제도가 필요하다. 스마트폰 등 대용량 정보 저장 장치가 계속하여 발달하고 있는 현실, 제출자의 권리보장의 측면 등을 고려할 때 더욱 그러하다.

또한 민법 제211조는 '소유권의 내용'으로 "소유자는 법률의 범위내에서 그 소유물을 사용, 수익, 처분할 권리가 있다"라고 규정하고 있다. 즉 소유권은 물건을 사용, 수익, 처분할 수 있는 권리이며, 물건을 전면적으로 지배할 수 있는 권리이다.[166] 그리고 정보나 비정보를 불문하고 대부분의 소유자는 그 압수대상에 대한 가장 밀접한 연관관계를 가지고 있는 자이다. 따라서 '제출자'뿐만 아니라 '소유자'에게도 위와 같은 권한을 인정하는 것이 상당하다.

---

166) 지원림, 앞의 책, 568면 참조.

다. 인정하는 입법의 필요성

따라서 현행법 하에서는 어렵지만, 입법론으로 임의제출자 등에게 어떠한 요건의 제한 없는 임의제출 후 탐색 중단·폐기권 내지 회수권(철회권)을 인정해 나가는 것이 바람직하다. 만약 수사기관의 이미징, 포렌식 정보 분석 등으로 임의제출된 물건, 파일이 복제된 경우 그 복제물에 대한 폐기도 요청할 수 있어야 할 것이다.

다만 '적법한 권리자'에게도 이러한 권한을 인정하는 것은 적법한 권리자의 의미가 명확하지만은 않아서 법적혼란을 줄 수 있고, 임의제출의 경우 결국 최종적으로 제출물에 대한 처분은 '제출자'가 한 것이기에 일단 '제출자'에게 위와 같은 권한을 인정하는 것이 상당하다.

또한 전술한대로 민법 제211조는 '소유권의 내용'으로 "소유자는 법률의 범위내에서 그 소유물을 사용, 수익, 처분할 권리가 있다"라고 규정하고 있다. 즉 소유권은 물건을 사용, 수익, 처분할 수 있는 권리이며, 물건을 전면적으로 지배할 수 있는 권리이다.[167] 그리고 정보나 비정보를 불문하고 소유자는 그 압수대상에 대한 가장 밀접한 연관관계를 가지고 있는 자이다. 따라서 '제출자'뿐만 아니라 '소유자'에게도 위와 같은 권한을 인정하는 것이 상당하다.

한편 탐색 중단·폐기권 내지 회수권(철회권)을 인정한다면 수사 안정성과 증거 확보에 큰 불안정성이 생기기에, 그 탐색 중단, 폐기 내지 회수의 효력이 발생하는 시점을 제출자나 소유자의 권리 행사로부터 '일정 기간' 후로 설정하는 것이 필요하며, 이렇게 제도를 설계한다면 제출자나 소유자와 수사기관의 입장을 절충할 수 있을 것이다. 위 '일정기간'은 수사기관의 대응 시 필요 시간과 제출자나 소유자의 상황을 절충할 때 72시간 내외가 적절하다고 생각하며, 수사기관은 임의제출물의 계속 압수가 필요하다면 위 일정기간에 법원의 영장을 발부받아야 할 것이다.

---

167) 지원림, 앞의 책, 568면 참조.

또한 기소(공소제기)가 이루어진 경우 그 임의제출물이 증거로 제출되었거나 제출될 예정이라면, 그 임의제출물은 대립당사자인 수사기관이 아닌 중립적인 법원이 관리할 수 있다는 점, 공소유지 내지 공판의 중요성 등 고려 시 제출자나 소유자의 탐색 중단·폐기권 내지 회수권(철회권)을 인정하기는 어려울 것이다.

7. 검토에 이은 개정안 제시

위와 같이 제출자나 소유자의 탐색 중단·폐기권 내지 회수권(철회권)을 인정하는 개정안 문언을 생각하여 본다면 아래 표와 같다. 전술한대로 형사소송법 제218조의3을 신설하는 것이 체계상 문제가 없을 것이다.

〈표 5〉 형사소송법 제218조의3 신설안[탐색 중단·폐기·회수권(철회권) 인정]

현행 형사소송법	형사소송법 개정안(제218조의3 신설)
없음	제218조의3(임의제출물 탐색 중단·폐기·회수권) ① 임의제출자와 임의로 제출된 물건(전자정보를 포함한다. 이하 동조에서 '임의제출물'이라 한다)의 소유자는 임의제출물(임의제출물의 복제물이 있는 경우 그 복제물을 포함한다. 이하 동조에서 같다)에 대하여 그 탐색 중단이나 폐기나 회수를 임의제출물을 관리하는 수사기관에게 요청할 수 있다. 다만 공소제기가 이루어진 경우 그 임의제출물이 증거로 제출되었거나 제출될 예정이라면, 그 요청을 할 수 없다. ② 제1항 본문의 요청이 있는 경우 수사기관은 해당 임의제출물에 대하여 요청시부터 72시간 이내에 탐색을 중단하거나 폐기하거나 반환하여야 하고, 임의제출물을 계속 압수할 필요가 있는 경우에는 위 72시간 이내에 압수수색영장을 청구하여야 한다. 이 경우 법원은 영장 청구서가 법원에 접수된 때로부터 48시간 이내에 영장의 발부 여부를 결정하여야 하고, 영장의 발부 여부가 결정될 때까지 수사기관은 임의제출물에 대한 처분을 유보할 수 있다. 영장이 기각된 경우 수사기관은 지체 없이 제1항 본문의 요청을 이행하여야 한다.

제13절 체포현장에서의 임의제출

체포현장에서 피의자가 임의로 제출하는 물건이 문제되는 경우는 주로 스마트폰 등 대용량 정보저장 장치이다. 따라서 본장에서 논의하도록 한다.

1. 논의의 소재

입법자가 체포[168]현장에서는 영장 없는 압수수색을 허용하면서 사후에 영장을 받게 하여 적법성에 대한 사후통제를 받도록 규정하고 있음에도 불구하고(형사소송법 제216조 제1항 제2호), 그 체포현장에서 체포된 사람이나 소지자로부터 임의제출에 의한 영장 없는 압수(형사소송법 제218조)가 가능할 수 있는가에 대하여 최근에 상당한 논의가 있다.

2. 학설

이에 대하여 학설은 형사소송법 제218조에 비추어 가능하다는 긍정설[169]과, 사실상 압수수색에서의 영장주의를 회피하는 것이 된다는 점을 근거로 하여 불가능하다는 부정설[170]이 있다.

---

168) 영장에 의한 체포, 긴급체포, 현행범인 체포(형사소송법 제216조 제1항 제2호는 '체포현장에서의 압수, 수색, 검증'의 전제가 되는 형사소송법 제216조 제1항은 '검사 또는 사법경찰관은 제200조의2·제200조의3·제201조 또는 제212조의 규정에 의하여 피의자를 체포 또는 구속하는 경우에 필요한 때에는 영장 없이 다음 처분을 할 수 있다'라고 규정하고 있다).
169) 김희옥·박일환, 앞의 책, 317면.
170) '실질은 형사소송법 제216조 제1항 제2호에 따라 압수한 것으로서 사후영장을 발부받지 못한 경우이므로, 휴대전화기에 대한 증거능력을 인정할 수 없다'는 취지의 의정부지방법원 2019. 10. 31. 선고 2018노3609 판결(후에 대법원에서

3. 판례

그동안 대법원 판례는 현행범 체포현장에서 수사기관이 소지자 등으로부터 임의제출을 받는 경우 영장 없이 압수할 수 있고, 이 경우에 검사나 사법경찰관이 사후에 영장을 받을 필요가 없다는 긍정적 입장을 유지해 왔다.[171]

최근의 하급심인 의정부지방법원 2019. 10. 31. 선고 2018노3609 판결은, 피고인이 휴대전화기의 카메라로 피해자의 치마 속을 몰래 촬영한 현장에서 현행범으로 체포되면서 휴대전화기를 수사기관에 임의제출한 사안에서, '현행범 체포현장에서는 임의로 제출하는 물건이라도 압수할 수 없고, 형사소송법 제217조 제2항이 정한 사후영장을 받아야 한다'는 부정적인 입장에서 판시했다. 그러나 대법원[172]은 "범죄를 실행 중이거나 실행 직후의 현행범인은 누구든지 영장 없이 체포할 수 있고(형사소송법 제212조), 검사 또는 사법경찰관은 피의자 등이 유류한 물건이나 소유자·소지자 또는 보관자가 임의로 제출한 물건을 영장 없이 압수할 수 있으므로(제218조), 현행범 체포현장이나 범죄 현장에서도 소지자 등이 임의로 제출하는 물건을 형사소송법 제218조에 의하여 영장 없이 압수하는 것이 허용되고, 이 경우 검사나 사법경찰관은 별도로 사후에 영장을 받을 필요가 없다(대법원 2019. 11. 14. 선고 2019도13290 판결, 대법원 2016. 2. 18. 선고 2015도13726 판결 참조). 위와 같은 법리에 따르면 현행범 체포현장에서는 임의로 제출하는 물건이라도 형사소송법 제218조에 따라 압수할 수 없고, 형사소송법 제217조 제2항이 정한 사후영장을 받아야 한다는 취지의 원심 판단은 잘못되었다"며 원심판단(의정부지방법원 2019. 10. 31. 선고 2018노3609 판결)이 잘못되었음을 분명하게 지적하며 원심을 파기하였다. 즉 대법원은 일관되게 긍정설의 입장을 취하

파기됨).

171) 대법원 2016. 2. 18. 선고 2015도13726 판결.
172) 대법원 2020. 4. 9. 선고 2019도17142 판결.

고 있다.

한편 긴급체포 시 피의자가 임의제출한 휴대폰을 수사기관이 영장 없이 압수·수색한 것은 원칙적으로 위법하며, 취득한 증거는 증거능력이 없다는 판결인 서울중앙지방법원 2019. 10. 8. 선고 2019고합441 판결 사건도 있다.[173] 그러나 위 2019고합441 사건에 대하여 검사가 항소하였고, 항소심(서울고등법원 2021. 4. 29. 선고 2019노2422 판결)은 "원심에서 설시하고 있듯 휴대전화는 범죄혐의와 무관한 개인의 삶 전반에 걸친 다양한 정보가 담긴 대량의 전자정보 저장매체로서의 특성을 갖고 있다는 점을 고려하더라도, 긴급체포 현장에서 피의자로부터 임의제출 받을 수 있는 대상 중 휴대전화는 원칙적으로 제외된다고 해석할 수는 없다. 따라서 원심 판단 중 이와 다른 취지로 설시한 해당 부분은 잘못되었다고 할 것이다'라고 판시하여 위 2019고합441 사건의 설시를 부정하였다. 그러나 '검사가 제출한 증거들만으로는 피고인이 이 사건 휴대전화를 제출한 데 임의성이 있다는 점이 합리적 의심을 배제할 정도로 증명되지 않았다고 할 것이어서, 이에 관한 원심의 판단은 그 결론에 있어서는 정당하다'고 판시한 뒤 관련 증거를 기초로 하여 획득한 2차적 증거의 증거능력도 부정하는 취지의 판시를 하며 원심의 수사기관 수집 증거의 증거능력 판단에 대한 결론은 지지하였다(다만 위 항소심은, 원심 피고인신문 과정에서 피고인이 원심 무죄 판단부분에 대하여 자백하였는데, 그 자백은 비록 증거능력 없는 증거들을 기초로 한 피고인의 수사기관에서의 진술에 의하여 특정된 것이지만, 수사기관에서의 자백 이후 약

---

173) 이 판결은, 다만 면도칼 등 날카로운 도구를 숨기거나 폭발물 등의 원격 조정에 사용되는 등 휴대전화가 피의자를 긴급체포하는 수사기관의 생명·신체에 위해를 가할 수 있는 무기로 사용되거나 피의자의 도피를 유발하는데 사용되는 경우, 약취 또는 인신매매된 사람의 위치 정보 등과 같이 휴대전화에 특수한 생명·신체와 관련된 위협에 관한 정보가 저장되어 있는 경우, 증거인멸 또는 은닉의 방지가 긴급히 필요한 경우 및 용의자 긴급추적, 긴급구조 등 아주 예외적으로만 임의제출에 의한 휴대전화의 압수·수색이 허용된다고 보아야 한다고 판시하였다.

80일이 지난 뒤에 공개된 법정에서 진술거부권을 고지 받고 수사기관에
서와는 다른 변호인의 조력을 받아 자백을 한 것이기에 유죄의 증거로
사용할 수 있다는 취지로 판시한 후, 항소심 단계에서 제출된 관련자에
대한 검사 작성 피의자신문조서와 그 관련자의 항소심 법정진술 등을
위 자백에 대한 보강증거로 인정한 후 원심의 무죄 판단을 배척하였다.
즉 항소심은 결국 검사의 사실오인 주장을 받아들였다). 위 항소심에 대
하여 피고인만이 상고하였으나 대법원은 피고인의 상고를 비교적 간단
한 설시로 기각하여 위 항소심의 결론을 수긍하였다(대법원 2021. 7. 8.
선고 2021도5589 판결).

4. 검토 및 소결

생각건대, 피의자를 체포할 경우에 체포현장에서 영장 없는 압수수색
검증을 할 수 있고(형사소송법 제216조 제1항 제2호) 압수한 물건을 계
속 압수할 필요가 있는 경우 지체 없이(체포한 때로부터 48시간 내에)
압수수색영장을 청구하여야 하고(형사소송법 제217조 제2항) 영장을 발
부받지 못한 때에는 압수한 물건을 즉시 반환하도록 되어 있다(형사소
송법 제217조 제3항). 이는 사후에 영장이 필요하다는 것이고, 사전 영장
주의의 예외라고 한다.

그런데 형사소송법 제218조는 임의제출물 압수를 규정하면서도 별도
로 사전·사후영장을 요구하지 않기 때문에, 체포현장에서의 압수수색·
검증의 사후영장청구 발부규정의 제약을 피할 수 있거나 그 취지를 잠
탈하는 우회로가 될 위험성이 분명히 상존하고 있다. 실무에서는 긴급
압수수색절차 및 압수물에 대한 사후영장절차는 상대적으로 많지 않은
반면에, 임의제출에 의한 압수가 빈번하게 이루어지고 있다는 점에 비추
어 보면 더욱 그러하다.174)

---

174) 김희옥·박일환, 앞의 책, 309면 참조.

그러나 형사소송법 제218조에서는 임의제출자의 자격을 소유자·소지자 또는 보관자로 제한하고 있을 뿐, 달리 장소를 제한하는 별도의 내용이나 규정은 없다. 즉 형사소송법 법문상 체포된 자가 자신이 소유, 소지 또는 보관하는 물건을 체포되는 현장에서 임의로 제출하는 것 자체는 가능한 것으로 보인다.

다만 그 '임의성'은 엄격하게 판단할 필요가 있다. '체포현장'에서 임의제출이 이루어지는 경우라면 수사기관의 우월적 지위와 아울러, 체포를 당하는 피의자의 심리적 위축으로 인하여 임의제출을 거절할 수 있는 피의자가 많지 않으리라는 점, 현실에서는 임의제출에 의한 압수절차와 그 효과에 대해 알고 있는 피의자가 적은 것으로 보이고 임의제출의 의의와 효과에 대한 경찰 등 수사기관의 고지가 잘 이루어지지 않고 있는 것으로 보이는 점 등을 고려하면, 임의성이 진정한 임의에 기인한 것인지 불명할 수 있기 때문이다.

즉 위 '임의성'은 피의자가 임의제출의 의미와 효과를 충분히 인지하고 진정한 자발적 의사로 물건을 제출하는 경우라야 하며, 나아가 임의성이 있다는 점에 대해서도 검사가 증명을 해야 할 것이다.[175] 그렇게 엄격하게 이해하지 않으면 체포된 피의자가 소지하던 긴급압수물에 대한 사후영장제도는 더욱 더 형해화 될 뿐만 아니라, 영장주의를 잠탈하기 위한 수단으로 악용될 여지가 높아질 수 있기 때문이다.

한편, 체포현장에서 임의제출을 받으면 언제든지 임의성 논란으로부터 자유스러울 수가 없기 때문에, 사후 영장 청구 요건이 되는 경우에는 실무적으로 가급적 사후에 압수수색영장을 발부받는 등 절차 정당성을

---

175) 대법원 2020. 4. 9. 선고 2019도17142 판결은 "원심으로서는 전혀 쟁점이 되지 않았던 이 사건 휴대전화기 제출의 임의성 여부를 직권으로 판단하기 전에 추가적인 증거조사를 하거나 그와 같은 임의성에 대하여 증명할 필요성을 느끼지 못하고 있는 검사에게 증명을 촉구하는 등의 방법으로 더 심리하여 본 후 판단하였어야 한다"고 설시하여, 임의성에 대하여 검사에게 증명책임이 있다는 취지의 판시를 하였다.

확보하려는 수사기관의 노력 또한 병행되어야 한다.176)

5. 관련문제 – 체포현장 긴급압수시 대용량 정보 저장장치 압수 가부

가. 논의의 소재

입법자가 형사소송법 제216조177) 제1항 제2호 등 긴급 압수 규정을 만들면서 예상하기 어려웠을 것으로 보이는 휴대전화 등 대용량 정보 저장 장치도 위 긴급 압수 규정으로 압수 가능한지에 대한 논의가 있다. 대용량 정보 저장 장치는 사생활과 개인정보와 관련된, 말 그대로 매우 광범위한 정보를 담고 있기 때문이다(이러한 논의는 비단 위 형사소송법 제216조 제1항 제2호 뿐만 아니라 형사소송법 제216조 제3항, 제217조178) 제1항 등 다른 긴급 압수 규정에 의한 압수 관련해서도 마찬가지

---

176) 같은 취지로, 신이철, '영장주의 예외인 형사소송법 제216조 제1항 제2호의 적용 요건과 효과', 613면.

177) 제216조(영장에 의하지 아니한 강제처분)

　① 검사 또는 사법경찰관은 제200조의2·제200조의3·제201조 또는 제212조의 규정에 의하여 피의자를 체포 또는 구속하는 경우에 필요한 때에는 영장 없이 다음 처분을 할 수 있다.

　1. 타인의 주거나 타인이 간수하는 가옥, 건조물, 항공기, 선차 내에서의 피의자 수색. 다만, 제200조의2 또는 제201조에 따라 피의자를 체포 또는 구속하는 경우의 피의자 수색은 미리 수색영장을 발부받기 어려운 긴급한 사정이 있는 때에 한정한다.

　2. 체포현장에서의 압수, 수색, 검증

　② 전항 제2호의 규정은 검사 또는 사법경찰관이 피고인에 대한 구속영장의 집행의 경우에 준용한다.

　③ 범행 중 또는 범행직후의 범죄 장소에서 긴급을 요하여 법원판사의 영장을 받을 수 없는 때에는 영장없이 압수, 수색 또는 검증을 할 수 있다. 이 경우에는 사후에 지체없이 영장을 받아야 한다.

178) 제217조(영장에 의하지 아니하는 강제처분)

로 문제될 수 있다).

나. 대용량 정보 저장장치가 '유체물'로 관련성이 있는 물건인 경우

휴대전화 등 대용량 정보 저장장치가 체포 대상 범죄와 '유체물'로 관련성이 있는 물건인 경우에는(예: 특수상해죄로 체포하는데 특수상해에서의 흉기가 휴대전화인 경우)에는 그 휴대전화의 압수는 기존의 논의와 다르지 않아 특별한 문제가 되지 않을 것이다(즉 유체물로서의 대용량 정보 저장장치를 압수 가능하다는 것에 이론이 없을 것임).

그러나 이 경우 휴대전화 등 대용량 정보 저장장치 내부의 정보는 원칙적으로 볼 수 없다고 해야 한다. 그 내부의 정보는 체포대상 범죄와 관련이 있는 경우가 극히 드물 것이기 때문이다.

만약 수사기관이 위 내부의 정보를 보고 싶다면 진정한 임의성에 기초한 임의제출을 받거나, 따로 압수수색영장을 받아야 할 것이다.

다. 대용량 정보 저장장치의 '정보'가 관련성이 있을 경우

1) 구체적인 문제점

'영장 없는 긴급 압수수색(주로 긴급 압수)의 효력이 휴대전화 등 대

---

① 검사 또는 사법경찰관은 제200조의3에 따라 체포된 자가 소유·소지 또는 보관하는 물건에 대하여 긴급히 압수할 필요가 있는 경우에는 체포한 때부터 24시간 이내에 한하여 영장 없이 압수·수색 또는 검증을 할 수 있다.
② 검사 또는 사법경찰관은 제1항 또는 제216조제1항제2호에 따라 압수한 물건을 계속 압수할 필요가 있는 경우에는 지체 없이 압수수색영장을 청구하여야 한다. 이 경우 압수수색영장의 청구는 체포한 때부터 48시간 이내에 하여야 한다.
③ 검사 또는 사법경찰관은 제2항에 따라 청구한 압수수색영장을 발부받지 못한 때에는 압수한 물건을 즉시 반환하여야 한다.

용량 정보 저장 장치 내부에 저장되어 있는 정보(파일)에까지 미치는지'
가 주된 쟁점이다. 앞에서 살펴본 대로 대용량 정보 저장 장치에는 대부
분 체포 대상 범죄에 대한 정보는 물론, 사생활과 개인정보와 관련된 광
범위한 정보가 저장되어 있기 때문이다.

2) 견해의 대립

가) 긍정설(제1설)

통상 피체포자의 스마트폰 분석행위는 체포한 때로부터 사후영장 청
구시한인 '48시간' 이내에 휴대전화(스마트폰) 등 대용량 정보 저장장치
전부를 이미징하여 엑셀로 변환한 후 키워드 검색 등으로 이루어지며,
그 분석장소도 수사기관에 설치되어 있는 디지털 포렌식 센터로서, 처음
체포된 장소와 시간적·장소적 근접성이 인정되지 아니하여 동일 관리권
이 미치지 아니하므로, 휴대전화(스마트폰) 등 대용량 정보 저장장치에
저장되어 있는 전자정보에 대한 열람은 '체포현장에서의 압수수색(긴급
압수수색)'이 이미 종료된 단계에서 이루어지는 확인과정이라는 견해이
다.[179] 이는 디지털 압수수색에 있어 압수수색의 대상이 정보저장매체
즉 휴대전화(스마트폰) 등 대용량 정보 저장장치 자체라는 전제하에 휴
대전화(스마트폰) 등 대용량 정보 저장장치 자체를 압수함으로써 압수는
종료가 되고, 휴대전화(스마트폰) 등 대용량 정보 저장장치 안의 전자정
보를 확인하는 것은 단순한 압수물 분석이라는 것이다. 따라서 결과적으
로 긴급압수의 효력이 휴대전화(스마트폰) 등 대용량 정보 저장장치 내
에 저장된 전자정보파일에까지 미치게 된다는 생각을 전제로 하고 있는
것으로 보인다.[180]

---

179) 김영규, '미국 연방대법원의 "휴대폰에 저장된 개인정보 보호"에 대한 판결의
    의의', 형사정책연구 제25권 제4호, 한국형사정책연구원, 2014, 265면.
180) 황성민, '스마트폰에 대한 긴급압수·수색의 효력 범위에 관한 고찰', 법학논총
    제44권 제3호, 단국대학교 법학연구소, 2020, 82면.

나) 원칙적 부정설(제2설, 이익형량설)

디지털 압수수색에 있어 압수수색의 대상을 전자정보 자체로 보는 전제하에, 원칙적으로 영장 없는 전자정보 압수수색의 절차는 허용될 수 없되, 조직폭력범죄 사건에서 공범이 현장으로 오고 있는지 여부를 체포된 피의자의 휴대전화 검색을 통하여 확인할 수 있는 경우, 피체포자의 휴대전화에 납치된 유아의 행방을 알 수 있는 정보가 포함되어 있는 경우, 피체포자가 가까운 시일 내에 다른 공범들과 함께 범죄의 실행을 계획하였음이 밝혀졌고 그 일시, 장소를 알 수 있는 정보가 휴대전화에 저장되어 있다고 추단되는 경우, 범인을 체포하여 휴대전화를 압수하더라도 공범이 다른 휴대전화나 컴퓨터 프로그램을 통해 대상 휴대전화에 원격 접속하여 자료를 삭제할 것으로 예상되어 증거 확보가 긴급한 경우[181] 등 범죄 예방 또는 안전의 도모 등 긴급한 수사의 필요가 있는 경우에는 휴대전화(스마트폰) 등 대용량 정보 저장장치에 대한 영장 없는 전자정보 압수수색이 예외적으로 허용될 수 있다는 견해이다.[182]

이 견해에 따를 경우 수사기관이 피의자 체포현장에서 영장 없이 휴대전화(스마트폰) 등을 압수하고, 그 휴대전화(스마트폰) 등에 범죄사실과 관련한 전자정보가 저장되어 있을 가능성이 있어 이를 압수수색할 필요가 있는 경우, 휴대전화(스마트폰) 등 기기 자체에 대하여는 계속 압수의 필요성을 소명하여 형사소송법 제217조 제2항에 따라 체포한 때로부터 48시간 이내에 사후 압수수색영장을 청구하여야 하고, 그에 저장된 전자정보에 관하여는 별도로 사전 압수수색영장을 청구하여야 한다고

---

181) 필자 주) 메신저 기능 상 일정 시간이 지나면 메시지들이 자동으로 삭제되는 경우도 포함될 것이다.

182) 최윤정, '전자정보 압수수색에 적용되는 영장주의 원칙과 그 예외에 관한 법적 검토-휴대폰 등 모바일 기기를 중심으로-', 저스티스 통권 153호, 한국법학원, 2016, 138-139면 참조. 이종근, '적법한 체포에 부수한 휴대폰의 수색과 영장주의-미연방대법원의 판례를 중심으로-', 법학논총 제33집 제1호, 한양대학교 법학연구소, 2016, 72-73면도 같은 취지로 보임.

한다.[183]

다) 포렌식 필요에 따른 구별설(제3설)

디지털 포렌식 작업 없이, 압수된 휴대전화(스마트폰) 등 대용량 정보 저장장치의 자연적인 이용과정(예: 휴대전화 메신저에서 송수신되는 메시지 확인 등)에서 육안으로 확인할 수 있는 정보에 대해서는 추가적인 사전 압수수색영장이 필요 없고,[184] 디지털 포렌식 작업을 통해 별도 추출 파일이 생성되는 경우에 대해서는 사전 압수수색영장이 필요하다는 견해이다.[185]

3) 미국의 관련 판례(Riley v. California 사건)

2014년 미국 연방대법원의 Riley v. California 사건 판결[186]에서 체포에

---

183) 최윤정, 앞의 논문, 139면.

184) 이 이유에 대하여는 '이 부분 정보까지 추가로 사전 압수수색영장을 필요로 한다고 보기는 어렵다. 이 부분까지 사전 압수수색영장을 필요로 한다고 봄은 마치 회사의 영업서류를 긴급압수 하였는데, 그 영업서류의 내용을 지득하기 위해 또 다시 사전 압수수색영장이 필요하다는 논리와 같기 때문이다'라고 근거를 설시하고 있다(황성민, 앞의 논문, 86면). 또한 이 경우의 압수수색 방법에 대하여는 '이 경우 해당 피의자의 참여하에 스마트폰의 창을 띄어 사진을 찍어 이를 컬러프린터를 통해 출력하는 방식으로 수사서류가 작성될 것이다'라고 서술하고 있다(황성민, 위의 논문, 86면).

185) 황성민, 위의 논문, 86-87면; 김종구, '영장주의의 예외와 휴대폰 전자증거 수색의 한계 – 미국의 United States v. Cano 판례 (2019)와 관련하여 – ', IT와 법 연구 제21집, 경북대학교 IT와 법 연구소, 2020, 288면.

186) Riley v. California, 573 U.S. 373 (2014). 이 사건의 사실관계와 1, 2심의 판단은 이하와 같다.

피고인 Riley는 2009년 8월 22일 등록기간이 만료된 차를 타다가 경찰의 단속을 받게 되었다. 그 때 그의 운전면허가 정지되어 있었다는 사실이 밝혀졌다. 이에 따라 차량은 몰수되었고, 차량 수색(inventory search)의 결과 차량 후드 속에 권총 두 자루가 발견되었다. 발견된 총은 조사결과 2009년 8월 2일의 갱

수반하여 휴대전화에 저장되어 있는 디지털 증거의 수색과 압수가 문제
되었다. 디지털 기술의 발달로 대부분의 사람들이 휴대전화를 소지하게
되었고, 과학수사기법의 발달로 포렌식 수사에 의해 휴대전화에 저장된
정보를 수집할 수 있게 되었기 때문에 디지털 증거의 수색과 압수는 계
속 문제가 될 것인데, 위 Riley v. California 판결(이하 'Riley 판결'이라고
한다)은 그에 대한 대략의 기준을 설정해 주었다고 평가되고 있다.

종래 미국 법원들은 체포에 수반한 수색의 법리를 그대로 적용하여,
휴대전화에 대해서도 체포 현장에서의 영장 없는 수색과 압수가 가능한
것으로 해석하여 왔다. 그러나 미국 연방대법원은 Riley 판결에서 '체포
현장에서 압수된 휴대전화에 저장된 디지털 증거를 수색하기 위해서는
영장이 필요하다'는 취지로 판단했다. 즉 체포 현장에서 영장 없이 휴대
전화를 압수할 수 있다고 하더라도, 휴대전화에 저장된 디지털 정보의
수색에는 영장이 필요하다는 것으로, 휴대전화라는 유체물 자체와 휴대
전화 내에 저장된 전자증거는 별개라는 것이다.

이 사건에서 미국 연방대법원은 디지털 기기는 일반적인 유체물과는
다음과 같은 두 가지 점에서 다르다는 점을 지적하였다. 첫째, 체포 당
시에 드러나지 않은 유체물은 비록 사소한 것일지라도 법을 집행하는
경찰관에게 위험을 야기할 수 있지만 디지털 데이터는 알려지지 않은
정보라고 할지라도 유체물과 같은 위험을 야기하지 않기 때문에 경찰관
에게 적법한 체포에 부수하여 영장 없는 수색을 허용한 법리는 디지털

단 살인사건에 쓰인 것과 같은 것으로 밝혀졌다. Riley는 그 살인사건의 용의
자로 지목되었으나, 확실한 증인이 없는 상황이었다. Riley의 차를 정지시켜
조사하던 경찰관은 권총과 함께 갱단들이 쓰는 물품을 발견하고 Riley를 체포
하였다. 그러면서 체포에 수반하여 영장 없이 Riley의 휴대전화를 수색했다.
휴대전화 수색의 결과 Riley가 링컨 파크 갱단의 멤버임이 밝혀졌고, 갱단살
인 사건에 관한 차량 사진과 비디오물이 발견되었다. 휴대전화에서 발견된
차량 사진과 비디오물 그리고 갱단 멤버라는 사실 등을 증거로 Riley는 기소
되었고, 1심과 2심에서 유죄판결을 받았다. 2심까지 Riley는 휴대전화 수색으
로 발견된 증거는 증거능력이 없다고 주장했으나, 이는 배척되었다.

정보라는 맥락에서는 더 이상 적용될 수 없다는 점이다. 그리고 일단 경찰관이 휴대전화를 압수하여 점유를 확보하고 나면 더 이상 혐의자 자신이 범죄의 증거를 삭제할 위험도 존재하지 않는다. 둘째, 오늘날 개인의 사회생활에서 휴대전화는 미국 연방대법원이 종래의 사건에서 영장없는 수색의 허용 여부를 다루었던 물건들과는 비교가 안 될 정도로 고도의 사생활 관련 정보를 포함하고 있다는 점이다. 그리하여 미국 연방대법원은 Riley 판결이 법집행의 실효성을 떨어뜨릴 것이라는 것을 예견하면서도 사생활의 보호를 위해서는 영장주의를 적용해야 한다는 결론에 이르렀다.187)

4) 검토 및 소결

대용량 정보 저장장치에는 개인에 대한 거의 모든 정보, 심지어 그 개인도 망각하고 있거나 모르는 자신에 대한 정보가 들어있다고 보아도 과언이 아니며, 따라서 대용량 정보 저장장치는 사생활 및 개인정보 보호와 밀접한 연관이 있다. 이러한 전제에서, "사생활·개인정보·영장주의의 중요성"과 "영장주의의 예외를 인정하게 되는 '긴급성'의 중요성"간의 조화를 꾀하는 위 원칙적 부정설(원칙적으로 영장 없는 전자정보 압수수색의 절차는 허용될 수 없되, 조직폭력범죄 사건에서 공범이 현장으로 오고 있는지 여부를 체포된 피의자의 휴대전화 검색을 통하여 확인할 수 있는 경우, 피체포자의 휴대전화에 납치된 유아의 행방을 알 수 있는 정보가 포함되어 있는 경우, 피체포자가 가까운 시일 내에 다른 공범들과 함께 범죄의 실행을 계획하였음이 밝혀졌고 그 일시, 장소를 알 수 있는 정보가 휴대전화에 저장되어 있다고 추단되는 경우, 범인을 체포하여 휴대전화를 압수하더라도 공범이 다른 휴대전화나 컴퓨터 프로그램

---

187) 이종근, '적법한 체포에 부수한 휴대폰의 수색과 영장주의-미연방대법원의 판례를 중심으로-', 법학논총 제33집 제1호, 한양대학교 법학연구소, 2016, 65면.

을 통해 대상 휴대전화에 원격 접속하여 자료를 삭제할 것으로 예상되어 증거 확보가 긴급한 경우[188] 등 범죄 예방 또는 안전의 도모 등 긴급한 수사의 필요가 있는 경우에는 영장 없는 전자정보 압수수색이 예외적으로 허용될 수 있다)에 찬성한다.

물론 예외적인 영장 없는 전자정보 압수수색을 한 경우, 위 원칙적 부정설에 따른 영장 없는 전자정보 압수수색의 예외적 허용요건인 '긴급한 수사의 필요가 있는 경우'는 수사기관이 객관적으로 증명해야 할 것이며, 사후영장은 받아야 할 것이다.

한편 당연하게도, 체포대상 범죄와 무관한 전자정보는 원칙적으로 체포에 수반한 압수의 대상이 되지 못할 것이다. 만약 수사기관이 위 무관한 전자정보의 압수를 원한다면 진정한 임의성에 기초한 임의제출을 받거나, 따로 압수수색영장을 받아야 할 것이다.[189]

---

188) 필자 주) 메신저 기능 상 일정 시간이 지나면 메시지들이 삭제되는 경우도 포함될 것이다.

189) 이와 관련하여 2021. 6. 3. 제21대 국회에 형사소송법 일부개정법률안이 발의되었다. 최기상 의원이 대표발의한 의안번호 10539호가 그것이다. 휴대전화의 압수·수색을 통한 수사기관의 무분별한 별건수사를 방지하기 위해서는 유체물인 휴대전화의 압수와는 별도로 이에 저장된 전자정보를 탐색·복제·출력하는 경우에는 별도의 영장을 발부받아 집행하도록 명시하는 것이 필요하고, 이를 통해 개인정보 및 사생활을 보호하고, 피의자의 방어권을 더욱 두텁게 보장하고자 한다는 것 등이 제안이유이다. 즉, 압수수색의 효력이 휴대전화 등 대용량 정보 저장 장치 내부에 저장되어 있는 정보(파일)에까지 미치지 않음을 전제로, 위 정보의 탐색·복제·출력을 위해서는 별도의 영장이 필요하다는 취지이다. 위 발의안은 2021. 6. 4.에 소관상임위인 법제사법위원외에 회부된 후 2021. 9. 24. 소위회부 결정된 상태이다(2023. 5. 10. 현재 기준). 이에 대하여 법제사법위원회 수석전문위원 박장호는 2021. 9. 위 일부개정법률안에 대한 검토보고에서 개정안은 검사 또는 사법경찰관이 유체물인 정보저장매체 등을 적법하게 압수하였다고 하더라도 그 속에 저장된 전자정보를 탐색·복제·출력하기 위해서는 별도의 영장을 발부받아야 한다는 것을 명확히 함으로써, 개인정보 및 사생활의 무분별한 침해와 정보저장매체의 압수·수색을 통한 수사기관의 별건수사를 방지하고, 피의자의 방어권을 두텁게 보장하려

는 것으로 그 입법취지는 긍정적인 것으로 사료된다는 취지의 긍정적인 의견
을 밝혔다(박장호(법제사법위원회 수석전문위원), '형사소송법 일부개정법률
안 검토보고 〈전자정보 탐색·복제·출력을 위한 별도영장 발부 의무화〉 ▣ 최
기상의원 대표발의(의안번호 제2110539호)', 법제사법위원회, 2021. 9.; 접근:
의안정보시스템 사이트 중 http://likms.assembly.go.kr/bill/billDetail.do?billId=PRC
_R2I1P0O3V0F5T1E4R3M5D1C711J9T8 중 '위원회 심사' 항목 중 '소관위 심사정
보'에서 '문서'란에서 파일 내려받기. 주로 위 검토보고, 11면 등 참조). 위 개
정안은 아래와 같다.

(형사소송법 제215조 제3항 신설)

제215조(압수, 수색, 검증)
③ 검사 또는 사법경찰관은 압수한 정보저장매체 등을 조사하여 전자정보를
　　탐색·복제·출력하기 위해서는 별도의 영장을 발부받아 집행하여야 한다.

제4장

결 론

한국 헌법과 형사소송법은 영장주의와 그 예외에 대하여 규정하고 있고, 그 예외 중 하나가 형사소송법 제218조, 제108조에서 규정하고 있는 임의제출물 압수이다.

임의제출물 압수는 실무상 오랜기간 별다른 문제없이 이루어져 왔다. 임의제출은 제출자의 '임의성(자발성)'을 핵심으로 하는 것이고, 오랜기간 '정보'가 아닌 '유체물인 물체'에 대한 임의제출이 이루어졌기 때문이다. 그래서 매우 단순한 조문만으로도 임의제출 제도는 큰 문제없이 활용되어 왔다. 즉 임의제출은 실무상 빈번하게 이루어지나, 대부분의 형사소송법 저서들에서 간략하게 관련된 설명을 마치는 등 그 동안 관련 논의가 확장 및 성숙되지 않은 면이 있다.

그러나 과학기술의 발달로 인하여 수사기관의 정보 수집 가능 방법이 증가하고, 한편으로는 범죄자들의 범죄 수단이 증가하면서 임의제출의 경우에도 어떤 경우에는 영장이 필요하고, 어디까지 영장주의의 예외를 인정할 수 있는지가 계속 논란이 되고 있다. 특히 스마트폰, 컴퓨터, 외장하드 등 대용량 정보 저장장치(정보저장매체)의 등장은 이러한 논란을 가속화시키고 있다.

따라서 이 논문에서는 한국의 임의제출의 현실과 나아갈 길에 대하여 논의해 보았다. 그 주요 내용은 아래와 같다. 한마디로 정리하자면, "임의제출은 그 '임의성(자발성)'이라는 특수성 상 영장주의 예외 제도로 규정되어 있다. 따라서 제출자나 피의자, 피고인의 임의성과 예측가능성을 보장하는 방향으로 해석·개선되어야 한다"는 것이다. 필자의 생각으로는, 임의제출은 애초에 '임의성'에 근거하여 영장 없는 압수가 가능했던 것이기에, 전자정보 임의제출 시 '범죄사실', '압수할 물건', '압수수색검증을 요하는 사유' 등이 기재되어 수사에 대한 예측이 가능한 영장에 의한 전자정보의 압수보다 더 엄격하게 해당 범죄와의 관련성 등을 따져야 한다.

임의제출의 본질 내지 효과에 대하여 보자면, 임의제출은 '압수'의 효과를 부여하지 않으면 그 존재 가치가 퇴색되므로 일단은 '압수'의 효과가 부여되어야 하는데(현행 형사소송법 제218조에 의하더라도 임의제출은 법문상 명백한 '압수'이다), '압수'라는 효과상 임의수사가 아니라 강제처분(강제수사)라고 볼 것이어서, 영장주의 예외제도에 해당한다고 볼 것이다. 따라서 임의제출 제도는 영장주의 잠탈을 방지하고 인권을 보장하는 취지로 해석되어 운영되어야 할 것이다. 임의제출의 근거가 '임의성(자발성)'이 있는 점에 비추어 보면 더욱 그러하다.

그리고, 현행 제도상 임의제출은 사후영장 발부를 요구받지 않는데, 이는 '임의성'이라는 특수성에 있다. 결국 사후영장의 통제도 받지 않는 임의제출에서 임의성이 인정되려면 임의동행에 대한 대법원 판례의 취지와 유사하게 수사기관에 의한 엄격한 임의성 증명이 있어야 할 것이다. 또한 영장주의의 중요성을 고려할 때, 영장주의의 예외는 엄격하게 인정되어야 한다. 이상과 같은 이유로 수사기관이 임의제출을 받을 때 임의제출 거부권 고지가 필요하다고 할 것이며, 이 점을 법문에도 명확하게 규정할 필요가 있다(본문에 개정안 제시).

또한, 임의제출은 필요범위 내에서 비례성과 적법절차를 지키며 이용되어야 한다는 점(수사기관과 피의자, 피고인, 참고인 등의 임의제출 활용 남용 금지) 등 고려 시 임의제출 대상은 증거물 또는 몰수대상물에 한정된다고 해석하여야 할 것이다. 형사소송법 법문의 구조에 따르더라도 그러하다.

한편, 체포현장에서의 압수수색검증 등(한국 형사소송법 제216조 제1항 제2호 등) 긴급압수수색 관련하여, '영장 없는 긴급 압수수색(주로 긴급 압수)의 효력이 휴대전화 등 대용량 정보 저장 장치 내부에 저장되어 있는 정보(파일)에까지 미치는지'에 대한 논의가 있다. 대용량 정보 저장 장치는 사생활 및 개인정보 보호와 밀접한 연관이 있기에 "사생활·개인정보·영장주의의 중요성"과 "영장주의의 예외를 인정하게 되는 '긴급성' 의 중요성"간의 조화를 꾀해야 한다. 따라서 원칙적으로 영장 없는 전자 정보 압수수색의 절차는 허용될 수 없지만, 긴급한 수사의 필요가 있는 경우(공범이 현장으로 오고 있는지 여부를 체포된 피의자의 휴대전화 검색을 통하여 확인할 수 있는 경우, 피체포자의 휴대전화에 납치자의 행방을 알 수 있는 정보가 포함되어 있는 경우, 정보 삭제의 위험이 있 는 경우 등 범죄 예방 또는 안전의 도모 등)에는 영장 없는 전자정보 압 수수색이 예외적으로 허용될 수 있다고 보는 것이 타당하다.

체포현장에서 체포된 사람이나 소지자로부터 임의제출에 의한 영장 없는 압수(형사소송법 제218조)가 가능할 수 있는지에 대하여, 형사소송 법 제218조에서는 임의제출자의 자격을 소유자·소지자 또는 보관자로 제한하고 있을 뿐, 달리 장소를 제한하는 별도의 내용이나 규정은 없는 점 등을 고려할 때, 법문상 체포된 자가 자신이 소유, 소지 또는 보관하 는 물건을 체포되는 현장에서 임의로 제출하는 것 자체는 가능한 것으 로 보인다. 다만 그 '임의성'은 전술한대로 임의동행에 대한 대법원 판례 의 취지와 유사하게 엄격하게 판단할 필요가 있다.

또한 위법한 압수가 있은 후에 임의제출이 이루어지는 경우에도 임 의성이 인정될 수 있는지, 그에 따라 임의제출된 물건에 증거능력을 인 정할 수 있는지도 문제된다. 생각건대 이미 수사기관이 위법하게 사실상 압수한 상태에서 그 직후에 이루어진 제출에 임의성을 인정하는 것은 헌법상 영장주의의 원칙을 잠탈할 위험이 상당하다. 위법한 압수 이후에 이루어진 사후적 동의를 통해 증거능력을 부여할 수 없다는 점 등을 고 려해 보면,[1] 위법한 압수상태에 의한 영향이 완전히 배제되고 제출자의 의사결정의 자유가 확실하게 보장되었다고 볼 만한 특별한 사정이 없는 이상 위법압수와 임의제출 사이의 인과관계가 단절된 것으로 보기는 어 렵다고 해야한다. 이러한 특별한 사정을 고려함이 없이 증거능력을 부정

---

1) 대법원 2011. 4. 28. 선고 2009도2109 판결 등.

하자는 견해도 있을 수 있으나, 전적인 자유 하에 수사기관에 증거를 제출하는 것까지 인정하지 않을 이유는 없다는 점에서 위법압수와 임의제출 사이의 인과관계가 단절된 경우까지 임의제출을 부정할 것은 아니다. 물론 '위법한 압수상태에 의한 영향이 완전히 배제되고 제출자의 의사결정의 자유가 확실하게 보장되었다고 볼 만한 특별한 사정'은 매우 엄격하게 해석되어야 할 것이고, 공판단계에서는 검사가 이를 합리적 의심을 배제할 수 있을 정도로 증명하여야 할 것이며, 결국 '위법압수와 임의제출 사이의 인과관계가 단절된 경우' 및 '임의성'이 인정될 확률은 매우 적을 것이다.

최근에는 휴대전화 등 대용량 정보 저장장치도 임의제출 받을 수 있는지에 대한 논의가 있는데, 형사소송법에 '어떠한 물건에 대한 임의제출은 불가능하다'는 규정이 전혀 없는 점, 개인이 수사기관에 증거를 자유롭게 제출하는 것을 막을 이유는 없는 점 등을 고려할 때, 제출자가 진정한 임의성을 가지고 제출한 경우에도 임의제출을 부정할 필요는 없다. 다만 전술한대로 그 '임의성' 판단은 엄격하게 하여야 하며 수사기관이 증명하여야 한다.

또한 대용량 정보 저장장치 임의제출 시 그 정보 탐색 가능 범위 관련하여, 제출 시 문제된 범죄사실과 관련된 정보에 대한 압수수색은 적법하다고 보아야 할 것이지만, 위 범죄사실과는 다른 내용의 혐의 관련 정보에 대해서는, 휴대전화 임의제출자의 의사가 언제나 휴대전화에 저장된 모든 정보를 제공하겠다는 의사로 볼 수 없는 점, 이에 대하여 임의제출자가 예상하기도 어려울 수 있다는 점, 영장주의의 예외는 엄격히 해석되어야 하는 점 등을 고려할 때, 원칙적으로 압수수색, 복원, 분석이 불가능하다고 보아야 한다. 즉 제출자가 자발적으로 동의한 범위 내에서 압수수색 할 수 있다고 보는 것이 타당하다.

대법원은 2021. 11. 18. 선고 2016도348 전원합의체 판결로 대용량 정보 저장장치 임의제출 시 그 정보 탐색 가능 범위에 대하여 입장을 밝혔다. 그러나 그 후속 판례들에 비추어 보면, 대법원은 제출 시 문제된 범죄사실과 관련된(관련성) 정보를 너무 넓게 인정하여 그에 대한 압수수색을 적법하다고 보고 있고, 참여권 및 전자정보 압수목록 교부의 보장도 약화시키고 있다. 이러한 대법원의 태도는 영장주의 원칙, 법적안정성, 예측가능성을 심히 저해할 우려가 있다.

대법원과 같이 판단하는 것은 지양해야 하고, 임의제출에 의한 압수의 관련성은 원칙적으로 '당해 사건(해당 사건)'에 한정된다고 보아야 한다. 당해 사건과 밀접한 시간 내의 행위는 관련성을 부여하자는 논의도 있을 수 있으나 그 '밀접한 시간'의 판단은 어렵다. 다만 피해자가 있는 범죄의 경우, 같은 피해자에 대한 증거라면 피해자 보호의 측면에서 압수할 수 있도록 하는 것이 바람직하다. 명확성과 예측가능성을 위하여 이러한 관련 입법이 가능하다면 입법을 하여도 좋을 것이다(본문에 개정안 제시). 또한 참여권 및 전자정보 압수목록 교부도 높은 수준으로 보장하여야 한다.

또한 대법원은 적법한 전자정보 탐색 과정에서 별도의 범죄혐의와 관련된 전자정보를 우연히 발견한 경우라면, 법원으로부터 별도의 범죄혐의에 대한 압수수색영장을 발부받으면 별도의 범죄혐의와 관련된 정보에 대하여도 압수수색을 할 수 있다고 하는데, 이때 '우연히 발견한 경우'에 대하여 엄격하게 판단하여야 하고, 수사기관이 '우연히 발견한 경우'였다는 것을 입증하여야 할 것이다.

나아가, 현행법상으로는 인정하기 어렵지만, 개정을 통하여 '임의제출 후 제출자 내지 소유자에게 탐색 중단·폐기권 내지 회수권(철회권)'도 일정 범위에서 인정하는 것이 타당할 것이다. 다만 제출자 내지 소유자의 탐색 중단·폐기권 내지 회수권(철회권)을 인정한다면 수사 안정성과 증거 확보에 큰 불안정성이 생기기에, 그 탐색 중단, 폐기 내지 회수의 효력이 발생하는 시점을 제출자의 권리 행사로부터 '일정기간' 후로 설정하는 것이 필요하며, 이렇게 제도를 설계한다면 제출자 내지 소유자와 수사기관의 입장을 절충할 수 있을 것이다. 위 '일정기간'은 수사기관의 대응 시 필요 시간과 제출자의 상황을 절충할 때 72시간 내외가 적절하다고 생각하며, 수사기관은 임의제출물의 계속 압수가 필요하다면 위 일정기간 안에 법원의 영장을 발부받아야 할 것이다. 또한 기소(공소제기)가 이루어진 경우 그 임의제출물이 증거로 제출될 예정이라면, 그 임의제출물은 대립 당사자인 수사기관이 아닌 중립적인 법원이 관리할 수 있다는 점, 공소유지 내지 공판의 중요성 등 고려 시 제출자 내지 소유자의 탐색 중단·폐기권 내지 회수권(철회권)을 인정하기는 어려울 것이다(본문에 개정안 제시).

이상과 같이 '임의제출 제도의 운용현실과 나아갈 길'에 대하여 논의해 보았다. 결론적으로 인권 존중에 뿌리를 둔 영장주의와 적법절차의 이념을 공고히 지킴과 아울러, 법 자체와 법 해석(판례)을 정비하여 임의제출의 '임의성'을 보장하고, 전자정보에 대한 임의제출 및 압수의 범위를 명확히 하여야 할 것이다. 앞서 살펴본 대로 한마디로 정리하자면, "임의제출은 그 '임의성(자발성)'이라는 특수성 상 영장주의 예외 제도로 규정되어 있다. 따라서 제출자나 피의자, 피고인의 임의성과 예측가능성을 보장하는 방향으로 해석·개선되어야 한다"가 이 논문의 주제이다.

이상의 논의 중에는 학계, 법원, 수사기관, 변호사계 등에서 유념하거나 주의하거나 활용 가능한 부분이 있을 것이다.

미약하지만 이상의 논의가 임의제출의 해석과 제도를 정비하는 작은 계기가 되기를 기원하며 본 글을 마무리한다.

참고문헌

[한국 문헌]

1. 단행본

김정한, 『실무 형사소송법(2020년 개정판)』, 준커뮤니케이션즈, 2020.
김희옥·박일환, 『주석 형사소송법(5판)』, 한국사법행정학회, 2017. 11.
배종대·이상돈·정승환·이주원, 『형사소송법(제2판)』, 홍문사, 2016.
배종대·홍영기, 『형사소송법 제2판』, 홍문사, 2020,
백형구·박일환·김희옥(편집대표), 『주석 형사소송법(I) 제4판』, 한국사법행정학회, 2009.
백형구·박일환·김희옥(편집대표), 『주석 형사소송법(II) 제4판』, 한국사법행정학회, 2009.
법무부, 『개정 형사소송법』, 2007.
법무부, 『독일형사소송법』, 법무자료 제220집, 1998.
법무부, 『미국의 사법제도』, 법무자료 제239집, 2001.
법무부, 『일본의 형사절차법』, 법무자료 제241집, 2001.
법원행정처, 『법원실무제요 형사 I』, 2014.
법원행정처, 『법원실무제요 형사 II』, 2014.
사법개혁위원회, 『사법개혁위원회 자료집』, 2005.
사법제도개혁추진위원회, 『사법제도개혁추진위원회 자료집 1권, 11권』, 2006.
사법발전재단(독일법연구회 역), 『독일 형사소송법』, 2018.
사법연수원, 『수사절차론』, 사법연수원 출판부, 2016.
손동권·신이철, 『새로운 형사소송법(5판)』, 세창출판사, 2022.
신동운, 『간추린 형사소송법(14판)』, 법문사, 2022.
신동운, 『신형사소송법(제5판)』, 법문사, 2014.
신동운, 『형사소송법제정자료집』, 한국형사정책연구원, 1990.
신양균, 『형사소송법 제·개정자료집(상, 하)』, 한국형사정책연구원, 2009.
신양균·조기영, 『형사소송법』, 박영사, 2020.
안성수, 『형사소송법』, 박영사, 2009.

오기두, 『전자증거법 제1판』, 박영사, 2015.

윤해성·최호진·박희영·이권일, 『영장주의의 현대적 한계와 개선방안에 관한 연구-수사효율성과 인권보장의 미래지향적 조화를 중심으로』, 한국형사정책연구원, 2020.

이상돈, 『사례연습 형사소송법』, 법문사, 2006.

이재상, 『형사소송법연습』, 박영사, 2013.

이재상, 『신형사소송법(제2판)』, 박영사, 2009.

이재상·조균석·이창온, 『형사소송법(14판)』, 박영사, 2022.

이주원, 『형사소송법(4판)』, 박영사, 2022.

이창현, 『형사소송법 제6판』, 정독, 2020.

임동규, 『형사소송법(제16판)』, 법문사, 2022.

조국, 『위법수집증거배제법칙』, 박영사, 2005.

지원림, 『민법강의(제9판)』, 홍문사, 2011.

허황·최민영·권오걸, 『국민의 인권보호를 위한 형사소송법상 체포·구속제도 개선방안 연구』, 한국형사정책연구원, 2020.

2. 학술논문

강동범, "동의나 영장 없는 혈액압수의 적법성", 고시계 통권 514호, 1999.

강동범, "체포현장에서 임의제출한 휴대폰의 압수와 저장정보의 수집", 형사소송 이론과 실무 제13권 제3호, 한국형사소송법학회, 2019. 9.

강동욱, "디엔에이감식시료의 채취, 관리 및 검색과 영장주의", 법학논총 제33권 제2호, 국민대학교 법학연구소, 2020.

강수진, "별도 범죄혐의 관련 전자정보의 압수·수색에 관한 대법원 2015.7.16.자 2011모1839 결정의 검토", 안암법학 제50호, 안암법학회, 2016. 5.

강우예, "임의수사에 있어서 자발성에 관한 연구", 중앙법학 제9권 제3호, 중앙법학회, 2007.

강지현·김해원, "헌법상 형사절차에 관한 규정의 해석", 공법학연구 제22권 제1호, 한국비교공법학회, 2021.

권순민, "의식 없는 피의자에 한 혈액채취와 영장주의", 법학논총 제35권 2호, 단국대 법학연구소, 2011.

김기준, "수사단계의 압수수색 절차 규정에 대한 몇 가지 고찰", 형사법의 신동향 통권 제18호, 대검찰청, 2009. 2.

김병준, "전자정보에 관한 압수수색의문제점과 개선방안", 비교형사법연구 제18권 제3호, 비교형사법학회, 2016.

김성룡, "디지털 증거의 수색과 압수에서 쟁점들", 형사법연구 제30권 제3호, 한국형사법학회, 2018. 9.

김성룡, "압수·수색 관련 최근 개정 제안과 독일 형사소송법·실무의 비교 검토", 형사법의 신동향 통권 제31호, 대검찰청, 2011. 6.

김성룡, "전자정보에 대한 이른바 '별건 압수·수색' – 대법원 2015. 7. 16. 선고 2011모1839 전원합의체 결정의 평석을 겸하여 – ", 형사법의 신동향 통권 제49호, 대검찰청, 2015. 12.

김성룡, "현행 압수·수색제도의 문제점 및 개선방안", 법무부 형사법 개정 연구 자료집 IV, 법무부, 2011.

김시원, "임의제출물 압수에 있어서의 임의성 심사 및 적법요건 – 대상판결: 대법원 2019. 11. 14. 선고 2019도13290 판결", 사법 제56호, 사법발전재단, 2020.

김영규, "미국 연방대법원의 "휴대폰에 저장된 개인정보 보호"에 대한 판결의 의의", 형사정책연구 제25권 제4호, 한국형사정책연구원, 2014.

김재윤, "(토론문) 영장에 의하지 아니한 압수의 의의", 2021년 한국비교형사법학회 동계학술회의 '증거법의 현재와 미래' 자료집 중 토론문, 한국비교형사법학회, 2021.

김재중·이승준, "압수·수색 범위와 범죄사실과의 관련성", 형사정책연구 제27권 제2호(통권 제106호), 한국형사정책연구원, 2016.

김정한, "임의제출물의 압수에 관한 실무적 고찰", 형사법의 신동향 통권 제68권, 대검찰청, 2020.

김종구, "과학기술의 발달과 영장주의의 적용범위", 법학연구 통권 제61집, 전북대학교 법학연구소, 2019.

김종구, "영장주의의 예외와 휴대폰 전자증거 수색의 한계 – 미국의 United States v. Cano 판례 (2019)와 관련하여 – ", IT와 법 연구 제21집, 경북대학교 IT와 법 연구소, 2020.

김종구, "휴대전화 위치정보 수집과 영장주의에 관한 비교법적 고찰 – 미연방대법원의 Carpenter v. United States(2018) 사례를 중심으로 – ", 형사법의 신동향 통권 제60호, 대검찰청, 2018. 9.

김태명, "미국법상 압수·수색의 법리와 우리나라에 대한 시사점", 법학논총 제27권 제3호, 국민대학교 법학연구소, 2015.

김태명, "체포현장에서 피의자가 임의제출한 휴대전화기의 압수와 휴대전화기에 저장된 정보의 탐색·수집", 경찰법연구 제19권 제1호, 한국경찰법학회, 2021.

김하중, "혈액수집과 적법절차", 형사법의 신동향 통권 제35호, 대검찰청, 2012.

김학신, "미국의 디지털 범죄와 헌법상 영장주의", 미국헌법연구 제20권 제1호, 미국헌법학회, 2009.

김혁돈, "영장없는 압수수색과 관련한 대법원의 태도에 대한 고찰", 법학논고 제50집, 경북대학교 법학연구원, 2015.

김현수, "적법한 압수수색의 요건에 관한 고찰", 인권과 정의 제490호, 대한변호사협회, 2020.

김형준, "수사기관의 혈액압수", 고시연구 통권 359호, 2004.

김형준, "압수·수색의 목적 외 유용에 관한 연구", 중앙법학 제12집 제2호, 중앙법학회, 2010.

남정아, "미국 연방헌법 수정증보 제4조의 압수 및 수색의 범위에 관한 고찰 - 연방법원 판례의 동향을 중심으로-", 서울법학 제27권 제3호, 서울시립대학교 법학연구소, 2019.

노명선, "전자적 증거의 수집과 증거능력에 관한 몇 가지 검토", 형사법의 신동향 제16호, 대검찰청, 2008. 10.

노수환, "디지털 증거의 압수·수색 절차상 당사자의 참여권 및 별건 관련성 없는 증거의 압수 요건 - 2015. 7. 16.자 2011모1839 전원합의체 결정-', 법조 제718권, 법조협회, 2016. 8.

노승우·조성자, "미국의 법리상 휴대폰의 전자정보의 압수수색과 형사소송법 개정 제안", 강원법학 제64권, 강원대학교 비교법학연구소, 2021. 8.

노정환, "현행 압수수색제도에 대한 비판적 고찰 - 실무상 문제점을 중심으로", 법조 제59권 제4호, 2010.

민수영, "압수수색에서 범죄사실과의 관련성 및 다른 범죄에 대한 증거사용의 문제 - 대법원 2019도14341판결을 중심으로-", 홍익법학 제22권 제1호, 홍익대학교 법학연구소, 2021.

민영성, "영장주의의 예외이론과 명인법리 - 미국연방대법원의 판례를 소재로-", 법학연구 제40권 제1호, 부산대학교 법학연구소, 1999.

박강우, "무영장 무동의 채혈의 적법성에 관한 각국 판례의 동향", 형사정책연구 제16권 제4호, 한국형사정책연구원, 2005.

박민우, "수사기관의 압수에 있어 관련성 요건의 해석과 쟁점에 대한 검토", 경찰학연구 제16권 제1호, 경찰대학 경찰학연구편집위원회, 2016.

박병민·서용성, "디지털 증거 압수수색 개선방안에 관한 연구 - 법률 개정에 관한 논의를 중심으로-", 대법원 사법정책연구원, 2021.

박석훈·함영욱·백승철, "전자증거의 압수수색 및 임의제출 과정에서의 데이터 범위 한정가능성에 대한 고찰", 법조 제64권 제6호, 법조협회, 2015.

박용철, "임의제출물 제도의 개선방안-휴대전화를 중심으로", 홍익법학 제23권 제1호, 홍익대학교 법학연구소, 2022.

박용철, "정보저장매체 임의제출 압수의 의의", 외법논집 제46권 제1호, 한국외국 어대학교 법학연구소, 2022.

박정난, "임의제출된 휴대폰 내 전자정보의 압수범위 및 피압수자의 참여권 보장 -대법원 2021. 11. 18. 선고 2016도348 판결-", 법조 제71권 제2호(통권 제752호), 법조협회, 2022. 4.

박형식, "현행범 체포시 핸드폰 압수수색의 한계와 효율성 제고 방안", 경찰학논 총 제13권 제2호, 2019.

서주연, "정보저장매체에 저장된 디지털 증거의 압수·수색에 대한 고찰-미국 법 제와의 비교를 중심으로-", 경찰학연구 제15권 제3호(통권 제43호), 경 찰대학 경찰학연구편집위원회, 2015.

설민수, "피의자 보관 전자정보의 압수·수색에서 미국과 한국 법원의 영장주의 적용과 변화과정: 이미징을 중심으로", 형사법의 신동향 통권 제53호, 대 검찰청, 2016.

성중탁, "스마트폰 압수, 수색에 대한 헌법상 쟁점", IT와 법 연구 제18집, 경북대 학교 IT와 법 연구소, 2019.

손동권 "새로이 입법화된 디지털 증거의 압수·수색제도에 관한 연구", 형사정책 제23권 제2호, 한국형사정책학회, 2011.

손동권 "수사절차상 긴급 압수·수색 제도와 그에 대한 입법 개선론", 경희법학 46 권 3호, 경희법학연구소, 2011.

손지영·김주석, "압수·수색 절차의 개선방안에 관한 연구", 대법원 사법정책연구 원, 2016.

송구슬, "형사소송법상 유류물 또는 임의제출물 압수에 대한 형사법적 한계 연 구", 서울대학교 석사학위 논문, 2021.

송진경, "헌법적 형사소송의 관점에서 바라본 동의에 의한 수색에 대한 소고", 동 아법학 제91호, 동아대학교 법학연구소, 2021.

송관호, "불법촬영 현장에서의 휴대폰 임의제출의 법적평가", 인권과 정의 제490 호, 대한변호사협회, 2020.

신동운, "2006년 형사소송법 개정안에 대한 검토의견", 형사정책 제18권 제2호, 한 국형사정책학회, 2006.

신동운, "가인 김병로 선생과 법전편찬-형법과 형사소송법을 중심으로-", 전북대학교 법학연구 제25집, 전북대학교 법학연구소, 2007.

신동운, "가인 김병로 선생과 형법 및 형사소송법의 편찬," 가인 김병로와 21세기 사법부, 법원행정처, 2014.

신동운, "미국법이 한국형사법에 미친 영향", 미국학 제16권, 서울대학교 미국학연구소, 1993.

신동운, "사법개혁추진과 형사증거법의 개정", 서울대학교 법학 제47권 제1호, 서울대학교 법학연구소, 2006. 3.

신동운, "제정형사소송법의 성립경위", 형사법연구 제22호, 한국형사법학회, 2004.

신상현, "임의제출물 압수의 적법요건으로서의 임의성-대법원 2019. 11. 14. 선고 2019도13290 판결 및 대법원 2020. 4. 9. 선고 2019도17142 판결-", 형사법의 신동향 통권 제67호, 대검찰청, 2020.

신상현, "최근 개정된 독일 형사소송법상 압수·수색 관련 규정에 대한 검토-2021. 6. 25. 자 '형사소송법의 지속적 발전 및 기타 규정들의 개정에 관한 법률'을 중심으로-", 형사법의 신동향 통권 제72호, 대검찰청, 2021.

신이철, "영장주의 예외인 형사소송법 제216조 제1항 제2호의 적용 요건과 효과", 사법 제53호, 사법발전재단, 2020.

신이철, "형사소송법 제218조의 유류물 또는 임의제출물의 압수에 대한 소고", 형사법의 신동향 통권 제67호, 대검찰청, 2020.

안성수, "당사자의 동의에 의한 압수수색", 비교형사법연구 제10권 제1호, 한국비교형사법학회, 2008.

안성조, "임의제출물 압수에서 '임의성' 요건: 자백배제법칙과 미란다 판결의 함의", 형사법연구 제33권 제1호, 한국형사법학회, 2021.

윤현석, "스마트폰 디지털증거의 압수·수색 문제점과 개선방안", 한국컴퓨터정보학회 하계학술대회 논문집 제28권 제2호, 한국컴퓨터정보학회, 2020.

원혜욱, "과학적 수사방법에 의한 증거수집-전자증거의 압수·수색을 중심으로-", 비교형사법연구 제5권 제2호, 비교형사법학회, 2003.

원혜욱, "정보저장매체의 압수·수색-휴대전화(스마트폰)의 압수·수색", 형사판례연구 [22], 박영사, 2014.

이경렬, "디지털정보 관련 증거의 압수·수색 규정의 도입방안 연구", 홍익법학 제13권 제3호, 홍익대학교 법학연구소, 2012.

이관희, "디지털 저장매체에서 Plain View 원칙을 적용하기 위한 조건-미 연방판례를 중심으로-", 범죄수사학연구 제6권 제2호(통권 제11호), 경찰대학 범죄수사연구원, 2020.

이관희·이상진, "파일 열람 행위에 의한 영장집행의 문제점과 디지털 저장매체 수색압수구조의 개선방안", 법조 제69권 제4호(통권 제742호), 법조협회, 2020.

이기리, "'유동적 위법'개념을 통한 영장, 임의제출에 의한 디지털 증거의 압수수색과 증거능력의 이해", 사법 통권 제54호, 사법발전재단, 2020.

이상수, "압수수색에서 영장제도에 관한 한국과 미국의 비교법적 검토", 법학논총 제39권 제2호, 전남대학교 법학연구소, 2019.

이상원, "『서울대학교 法學』 50년의 회고 : 형사법 분야", 서울대학교 법학 제50권 제2호, 서울대학교 법학연구소, 2009. 6.

이순옥, "현행범인 체포 및 임의제출물 압수와 관련한 대법원의 태도에 대한 연구-대법원 2016. 2. 18. 선고 2015도13726 판결-", 중앙법학, 제18집 제4호, 중앙법학회, 2016.

이숙연, "전자정보에 대한 압수수색과 기본권, 그리고 영장주의에 관하여", 헌법학연구 제18권 제1호, 2012.

이순옥, "2021년도 형사소송법 중요 판례에 대한 검토", 형사소송 이론과 실무 제14권 제1호, 한국형사소송법학회, 2022. 3.

이순옥, "디지털 증거의 역외 압수·수색-대법원 2017. 11. 29. 선고 2017도9747 판결을 중심으로-", 중앙법학 제20집 제1호, 중앙법학회, 2018. 3.

이완규, "디지털 증거 압수수색과 관련성 개념의 해석", 법조 통권 제686호, 법조협회, 2013.

이영돈, "영국의 경찰과 형사증거법(PACE)상 경찰의 정지·수색권-경찰관직무집행법상 불심검문과 비교를 중심으로-", 경찰법연구 제8권 제2호, 한국경찰법학회, 2010.

이영돈, "영국의 「경찰과 형사증거법」상 유치관리관 제도 연구", 법학논문집 제43집 제1호, 중앙대학교 법학연구원, 2019.

이용식, "자백배제법칙의 근거와 임의성의 판단-위법배제설의 관점에서 본 형사소송법 제309조의 의미 재검토-" 외법논집 제35권 제3호, 한국외국어대학교 법학연구소, 2011.

이은모, "대물적 강제처분에 있어서의 영장주의의 예외", 법학논총 제24권 제3호, 한양대학교 법학연구소, 2007.

이존걸, "위법한 임의동행이 그 후의 절차에 미치는 영향", 비교형사법연구 제5권 제2호, 한국비교형사법학회, 2003.

이종근, "적법한 체포에 부수한 휴대폰의 수색과 영장주의-미연방대법원의 판례를 중심으로-", 법학논총 제33집 제1호, 한양대학교 법학연구소, 2016.

이주원, "디지털 증거에 대한 압수수색제도의 개선", 안암법학 제37호, 안암법학
　　회, 2012. 1.
이창현, "2021년 형사소송법 중요판례평석", 인권과 정의 제505호, 대한변호사협
　　회, 2022.
이흔재, "형사절차상 휴대전화의 강제처분에 대한 연구", 연세대학교 박사학위
　　논문, 2020.
이흔재, "휴대전화 압수·수색관련 문제점에 대한 비교법적 고찰", 법조 통권 730
　　호, 법조협회, 2018. 8.
임정호, "미국 연방대법원 판례상 영장없는 압수 수색제도", 강원법학 제47권, 강
　　원대학교 비교법학연구소, 2016.
장석준, "임의제출된 정보저장매체에 저장된 전자정보의 증거능력", 사법 제59호,
　　사법발전재단, 2022.
전승수, "디지털 정보에 대한 압수수색영장의 집행", 법조 통권 670호, 법조협회,
　　2012. 7.
정대희·이상미, "디지털증거 압수수색절차에서의 '관련성'의 문제", 형사정책연구
　　제26권 제2호, 한국형사정책연구원, 2015.
정지혜, "압수된 휴대전화에 저장된 정보를 영장 없이 열람하는 것의 위법성 논
　　의 : Riley v. California, 134 S.Ct. 2473 (2014) 판결을 중심으로", Ewha Law
　　Review 제4권 제2호, 이화여자대학교 법학전문대학원, 2014.
조광훈, "압수·수색절차에서 '관련성'에 관한 고찰", 사법 통권 제33호, 사법발전
　　재단, 2015.
조광훈, "정보저장매체 등의 압수·수색에서 참여권", 저스티스 제151호, 한국법학
　　원, 2015. 12.
조규홍, "영장에 의한 압수·수색의 위법 및 증거능력에 관한 고찰", 형사법의 신
　　동향 통권 제32호, 대검찰청, 2011. 9.
조국, "수사상 검증의 적법성: 사진 및 무음향 비디오 촬영과 신체침해를 중심으
　　로", 형사법연구 제20권, 한국형사법학회, 2003.
조국, "압수수색의 합법성 기준 재검토", 비교형사법연구 제5권 제2호, 한국비교
　　형사법학회, 2003.
조국, "'자백배제법칙'의 근거와 효과 그리고 '임의성' 입증", 서울대학교 법학 제
　　43권 제1호, 서울대학교 법학연구소, 2002. 3.
조국, "재량적 위법수집증거배제의 필요성, 근거 및 기준", 서울대학교 법학 제45
　　권 제2호, 서울대학교 법학연구소, 2004. 6.
조국, "위법수집증거배제법칙 재론", 사법 제3호, 사법발전재단, 2008. 3.

조국, "컴퓨터 전자기록에 대한 대물적 강제처분의 해석론적 쟁점", 형사정책 제
22권 제1호, 한국형사정책학회, 2010. 7.

조기영, "사전영장 없는 휴대전화 압수수색의 허용여부", 동북아법연구 제9권 제3
호, 전북대학교 동북아법연구소, 2016.

조석영, "디지털 정보의 수사방법과 규제원칙", 형사정책 제22권 제1호, 2010. 7.

조성훈, "디지털 증거와 영장주의-증거분석과정에 대한 규제를 중심으로", 형사
정책연구 통권 95호, 한국형사정책연구원, 2013.

조은별, "디지털 증거의 압수·수색에 대한 참여권의 보장", 서울대학교 박사학위
논문, 2021.

전승수, "디지털 정보에 대한 압수수색영장의 집행", 법조 통권 670호, 법조협회,
2012. 7.

전치홍, "대법원의 참여권 법리에 대한 비판적 검토-대법원 2021. 11. 18. 선고
2016도348 전원합의체 판결을 중심으로-", 형사소송 이론과 실무 제14권
제1호, 한국형사소송법학회, 2022. 3.

전치홍, "임의제출된 정보 저장매체에 대한 적법한 압수수색 절차", 형사정책 제
34권 제1호(통권 제69호), 한국형사정책학회, 2022. 4.

전치홍, "대법원의 참여권 법리에 대한 비판적 검토-대법원 2021. 11. 18. 선고
2016도348 전원합의체 판결을 중심으로-", 형사소송 이론과 실무 제14권
제1호, 한국형사소송법학회, 2022. 3.

정문경, "원격지 저장매체에 저장된 전자정보에 대한 압수·수색", 대법원판례해
설 제114호, 법원도서관, 2018.

차종진, "이메일 원격지 압수·수색의 적법성에 관한 소고-대법원 2017. 11. 29.
선고 2017도9747 판결의 비판적 분석-", 비교형사법연구 제21권 제2호,
한국비교형사법학회, 2019. 7.

최대호, "피체포자의 휴대전화 압수와 그 내용확인의 적법성", 중앙법학 21집 1호
(통권 71호), 중앙법학회, 2019. 3.

최병각, "휴대폰의 압수와 저장정보의 탐색", 비교형사법연구 제22권 제3호, 한국
비교형사법학회, 2020.

최우규, "영장에 의하지 아니하는 강제처분의 특수문제로써 스마트폰에 저장된
정보에 대한 수색-Riley v. California 판결 평석-", 안암법학 통권 제47
권, 안암법학회, 2015. 5.

최윤정, "전자정보 압수수색에 적용되는 영장주의 원칙과 그 예외에 관한 법적
검토-휴대폰 등 모바일 기기를 중심으로-", 저스티스 통권 제153호, 한
국법학원, 2016. 4.

최창호, "미국법상 동의에 의한 수색에 관한 연구", 가천법학 제6권 제3호, 가천
　　대학교 법학연구소, 2013.
최호진·김현조, "수사기관 및 사인에 의해 촬영된 CCTV 촬영물과 영장주의", 형
　　사소송이론과 실무 제9권 제2호, 한국형사소송법학회, 2017.
한영수, "음주측정을 위한 '동의 없는 채혈'과 '혈액의 압수'", 형사판례연구 Ⅸ, 박
　　영사, 2001.
한인섭, "형사소송법 제정과정과 김병로", 충남대학교 법학연구 제28권 제2호, 충
　　남대학교 법학연구소, 2017.
한상훈, "임의제출물의 영치와 위법수집증거배제법칙-대법원 2016. 3. 10. 선고
　　2013도11233-", 법조 최신판례분석 제65권 제8호, 법조협회, 2016.
허준, "제3자 동의에 의한 디지털 증거 압수·수색의 한계", 비교형사법연구 제20
　　권 제4호, 한국비교형사법학회, 2018.
홍영기, "2021년 형사법분야 대법원 주요판례와 평석", 안암법학 통권 제64권, 안
　　암법학회, 2022. 5.
홍영기, "영장 없는 압수, 수색의 합법성 기준-형사소송법 제216조 제1항 제2호
　　해석론", 고려법학 63권, 고려대학교 법학연구원, 2011.
홍영기, "형법·형사소송법 2019년 대법원 주요판례와 평석", 안암법학 통권 제60
　　권, 안암법학회, 2020.
황성민, "스마트폰에 대한 긴급압수·수색의 효력 범위에 관한 고찰", 법학논총 제
　　44권 제3호, 단국대학교 법학연구소, 2020.

3. 보고서(연구용역보고서 등)

고려대학교 산학협력단(연구책임자: 하태훈), "영장제도의 현황 및 개선방안 연구",
　　국가인권위원회 2013년도 인권상황 실태조사 연구용역보고서, 2013. 9.
김대근·승재현, "미국형사소송제도의 시행현황 및 우리 사법 환경과의 합치 여부
　　연구", 대검찰청 연구용역보고서, 2012.
박지영, "정보저장매체에 관한 압수수색 제도의 문제점과 개선방안", 국회현안보
　　고서, 2015.
박장호(법제사법위원회 수석전문위원), "형사소송법 일부개정법률안 검토보고
　　〈임의제출 방식의 압수 시 '명시적 동의' 명시 등〉 ▣ 백혜련의원 대표발
　　의(의안번호 제8098호)", 법제사법위원회, 2021. 6.
박장호(법제사법위원회 수석전문위원), "형사소송법 일부개정법률안 검토보고

〈전자정보 탐색·복제·출력을 위한 별도영장 발부 의무화〉 ▣ 최기상의
　　원 대표발의(의안번호 제2110539호)", 법제사법위원회, 2021. 9.
이상원, "전자영장제도의 도입방안에 관한 연구", 법무부 용역과제, 2012. 12. 15.
이윤제, "각국의 효율적 압수수색 제도 및 공판정에서의 증거능력 인정을 위한
　　제도적 방안", 대검찰청 연구보고서, 2009.
인하대학교 산학협력단, "압수·수색 관련 판례의 태도 및 외국 증거법제 도입가
　　능성 연구", 대검찰청 연구용역보고서, 2014.
전상수(법제사법위원회 수석전문위원), "형사소송법 일부개정법률안 검토보고",
　　2019. 7.

4. 보도자료

대법원, "대법원 2016도348 준강제추행 등 사건 보도자료", 대법원 공보연구관실
　　2021. 11. 18.자 보도자료, 2021. 11. 18.

5. 기사

법률신문(이상원), '[2018년 분야별 중요판례분석] 형사소송법', 2019. 5. 2.
　　(https://www.lawtimes.co.kr/Legal-News/Legal-News-View?serial=152741)
법률신문(이상원), '[2021년 분야별 중요판례분석] 형사소송법', 2022. 3. 17.
　　(https://www.lawtimes.co.kr/Legal-News/Legal-News-View?serial=177059)
연합뉴스, '조국·정경심 재판부 "동양대 PC 증거능력 인정 안 해"(종합)', 2021. 12.
　　24. (https://www.yna.co.kr/view/AKR20211224067501004?input=1195m)

6. 사전

국립국어원 표준국어대사전 (https://stdict.korean.go.kr)
네이버 옥스퍼드 영어사전(https://en.dict.naver.com/#/entry/enko/365e2d1d0e6a4415a
　　e58f837b1fefaa1)
네이버 지식백과 법률용어사전 (https://terms.naver.com/entry.naver?docId=3654532&
　　cid=42131&categoryId=42131)
다음 일본어 사전(일본 고지엔(広辞苑) 사전 연계 제공)
(https://dic.daum.net/index.do?dic=jp)

7. 웹사이트(한국, 외국 포함)

국회 의안정보시스템(likms.assembly.go.kr/bill/main.do)

국회정보시스템(입법통합지식관리시스템, http://likms.assembly.go.kr)

독일 법령 사이트(기본법, 헌법)(http://www.gesetze-im-internet.de/gg/index.html)

독일 법령 사이트(형사소송법)(https://www.gesetze-im-internet.de/stpo/)

법무부 형사법제과 발간 독일 형사소송법(번역본 포함, 2012. 6. 발간)
      (http://mojhome.moj.go.kr/bbs/moj/175/423302/artclView.do)

법무부 형사법제과 발간 일본 형사소송법·규칙(번역본 포함, 2009. 12. 발간)
      (http://mojhome.moj.go.kr/bbs/moj/174/423256/artclView.do)

법무부 형사법제과 발간 프랑스 형사소송법(번역본 포함, 2011. 11. 발간)
      (http://www.moj.go.kr/bbs/moj/175/423298/artclView.do)

법제처 국가법령정보센터 홈페이지(http://www.law.go.kr)

법제처 세계법제정보센터 독일 기본법(https://world.moleg.go.kr/web/wli/lgslInfoRea
      dPage.do?CTS_SEQ=37924&AST_SEQ=1145&)

법제처 세계법제정보센터 일본 헌법(https://world.moleg.go.kr/web/wli/lgslInfoRead
      Page.do;jsessionid=223220NURFzv8G6YajkjDTzSZxhgKalBIPHknE2jxfKW6R0g0N
      QfZb1eVtRNabow.eduweb_servlet_engine6?CTS_SEQ=42403&AST_SEQ=2601)

법제처 세계법제정보 일본 형사소송법(https://world.moleg.go.kr/web/wli/lgslInfoRea
      dPage.do?A=A&searchType=all&searchPageRowCnt=10&CTS_SEQ=3437&AST_SE
      Q=2601&ETC=10)

영국 법령 사이트(https://www.legislation.gov.uk/ukpga/1984/60/part/I#commentary-key
      -a08d46033ef7afa228f48aece51c1f91 및 https://www.gov.uk/guidance/police-an
      d-criminal-evidence-act-1984-pace-codes-of-practice)

일본 법령 사이트(헌법)(https://elaws.e-gov.go.jp/document?lawid=321CONSTITUTION)

일본 법령 사이트(형사소송법) (http://www.japaneselawtranslation.go.jp/law/detail/?ft
      =2&re=01&dn=1&yo=%E5%88%91%E4%BA%8B%E8%A8%B4%E8%A8%9F%E6%B
      3%95&x=0&y=0&ia=03&ja=04&ph=&ky=&page=1)

프랑스 법령 사이트(형사소송법)(https://www.legifrance.gouv.fr/codes/section_lc/LEG
      ITEXT000006071154/LEGISCTA000006182886/#LEGISCTA000006182886)

헌법재판연구원(https://ri.ccourt.go.kr/cckri/cri/world/selectLawList.do)

헌법재판소 전자헌법센터(https://ecourt.ccourt.go.kr/coelec/websquare/websquare.html?
      w2xPath=/ui/coelec/dta/casesrch/EP4100_M01.xml&eventno=2015%ED%97%8C%

EB%A7%88370&viewAccid=0)

https://www.coloradoindependent.com/2010/05/04/colorados-new-informed-consent-bill-c
elebrated-as-tool-to-fight-racial-profiling/

https://legistar.council.nyc.gov/LegislationDetail.aspx?ID=2015555&GUID=652280A4-40A6-
44C4-A6AF-8EF4717BD8D6&Options=ID%7cText%7c&Search=541

https://beck-online.beck.de/Home

http://www.d1-law.com

http://go.westlawjapan.com

http://ipos.lawlibrary.jp

http://uk.westlaw.com

https://www.juris.de/r3/search

http://www.westlaw.com

scholar.google.co.kr

[외국 문헌]

1. 영미문헌

Adam Lamparello, RILEY V. CALIFORNIA: A PYRRHIC VICTORY FOR PRIVACY?, University of Illinois Journal of Law; Technology and Policy, Board of Trustees of the University of Illinois, 2015.

Andrew E. Taslitz/Margaret L. Parisl Lenese C. Herbert. Constitutional Criminal Procedure, 4th ed. Thomson Reuters/Foundation Press. 2010.

Anthony Gregory, American Surveillance: Intelligence, Privacy, and the Fourth Amendment, Madison: The University of Wisconsin Press, 2016.

Craig M. Bradley, Criminal Procedure, Carolina Academic Press, 2nd ed. 2007.

Denis Clark, The investigation of Crime, 3rd edition, LexisNexis, 2004.

Esther George, Obtaining evidence from mobile devices and the cloud, Computer and Telecommunications Law Review, Sweet & Maxwell/ESC Publishing, 2015.

H. Marshall Jarrett/Michael W. Bailie/Ed Hagen, Seizing Computers and Obtaining Electronic Evidence in Criminal Investigations, Ofce of Legal Education Executive Ofce for United States Attorneys, 2009.

John M. Scheb Ⅱ, Criminal Procedure, Stamford: Cengage Learning, 2015.

Robert M. and Bloom/Mark S. Brodin, Criminal Procedure(The Constitution and the Police), 5th ed., Aspen Publishers, 2006.

Roseanna Sommers & Vanessa K. Bohns, The Voluntariness of Voluntary Consent: Consent Searches and the Psychology of Compliance, 128 The YALE LAW JOURNAL, 2019.

Taylor Deciano, Riley v. California and Exigent Circumstances: Why Cell Phones Should Top the Fourth Amendment Food Chain, John Marshall Law Journal Vol. XII, 2018.

2. 독일문헌

Dölling/Duttge/Rössner (Hrsg.), Gesamtes Strafrecht, Handkommentar, Nomos, 2011.

Göbel, Strafprozess, 8. Aufl., C.H.Beck 2013.

Haller/Conzen, Das Strafverfahren, 6. Aufl., 2011.

Rolf Hanmmick, Karlsruher Kommnetar zur Strafprozessordnung mit GVG, EGGVG und EMRK 8. neu bearbeitete Auflage, C.H.BECK, 2019.

Volk(김환수·박노섭·문성도 옮김), 독일형사소송법, 박영사, 2009.

클레스제브스키(김성돈 옮김), 독일형사소송법, 성균관대학교출판부, 2012.

3. 일본문헌

堀田尚徳, 搜査機関が, マンション内のごみ置場に捨てられたごみ袋及びその内容物について, 当該マンションの管理会社職員等から任意提出を受けて領置したことの適法性が争われた事例(平成30. 9. 5東京高判)＜判例研究＞, 広島法科大学院論集, 広島大学法学会, 2021.

三井 誠·河原俊也·上野友慈·岡 慎一 編, 別冊法學セミナー 新基本法コメンタール 刑事訴訟法, 日本評論社, 2011.

上口 裕, 刑事訴訟法 第4版, 成文堂, 2015.

松本時夫·土本武司·池田 修·酒卷 匡, 條解 刑事訴訟法 第4版 増補版, 弘文堂, 2016.

柳川重規, 逮捕に伴う搜索·押収の法理と携帯電話内データの搜索─合衆国最高裁 Riley 判決の檢討─, 法学新報, 法学新報編集委員会, 2015.

川島享祐, 警察官がマンション内のゴミステーションに捨てられたごみ袋の任意提出を受けて領置し，これを開封してその内容物を確認するなどした捜査手続が適法とされた事例(平成30．9．5東京高判) (刑事裁判例批評405, 刑事法ジャーナル, 刑事法ジャーナル, 2020.

미츠이·사카마키(신동운 옮김), 입문 일본형사수속법, 법문사, 2003.

히라라기 토키오(조균석 옮김), 일본형사소송법, 박영사, 2013.

Abstract

A study on the seizure of a voluntarily submitted item

Kim Hwangwan

Seizure of a voluntarily submitted item occurs frequently. However, the related discussion is not mature. In this paper, we discussed the reality and path of voluntary submission in Korea. The main contents are as follows. In short, 'voluntary submission' is defined as an exception system for warrantism due to its special nature of 'voluntariness'. Therefore, it should be interpreted and improved in the direction of ensuring the voluntary and predictability of the submitter, suspect, or defendant. In my opinion, since voluntary submission was originally possible without a warrant based on 'voluntariness', the relevance of electronic information to the crime should be more strictly considered than the seizure of electronic information by the warrant.

With regard to the seizure by voluntary submission(Criminal Procedure Act Article 218), strict certification by the investigative agency will be required to be recognized as 'voluntariness'. This is especially true in light of the fact that in principle, the submission has the effect of 'seizure', in which the submission cannot be returned freely. Considering the above circumstances and the importance of warrantism, it would be necessary to notify the right to veto voluntary submission when an investigative agency receives a voluntary submission. This notice of veto needs to be clearly defined in the legal text.

Regarding the scope of information searchable, it is lawful to search and seize information related to the crime in question at the time of submission. However, for information related to allegations that are different from criminal facts, in principle, seizure, search, restoration, and analysis should be considered impossible. In other words, it is reasonable to view that search and seizure can be carried out only within the scope of the submitter's voluntary consent. In this regard, Article 198 (4) of the Korean Criminal Procedure Act, newly established as Law No. 18862 on May 9, 2022, prohibits unreasonable investigation of separate cases without rational grounds and prohibits coercion of statements about unrelated cases.

The Supreme Court of Korea announced its position on the scope of information search when arbitrarily submitting a large amount of information storage device on November 18, 2021(2016Do348). However, the Supreme Court recognizes too widely information related to the criminal facts in question at the time of submission. And the guarantee of the right to participate is also weakening. This attitude of the Supreme Court may undermine the principle of warrantism, legal stability, and predictability.

Therefore, the judgment of the Korean Supreme Court is not correct. In principle, the relevance of seizure should be considered to be limited to 'the very case'. However, in the case of a crime with a victim, it is desirable to seize the evidence for the same victim in terms of victim protection. These related legislation are necessary for clarity and predictability. In addition, the right to participate should be guaranteed at a high level.

In addition, the case of 'accidental discovery' must be strictly judged, and it must be proved that it was a case of accidental discovery by an investigative agency.

Furthermore, Although it is difficult to recognize under the current law, it would be reasonable to recognize the right to stop searching, the right to discard, the right to recover, and the right to withdraw through amendment.

In conclusion, warrantism and due process must be observed. In addition, the 'voluntariness' of voluntary submission should be guaranteed, and the scope of seizure of electronic information should be clarified.

keywords

Voluntary submission, Seizure and Search by Consent, Warrantism, Exception of Warrantism, Comparative review about Voluntary submission, Legislative Theory of Voluntary submission, Supreme Court of Korea Decision 2016Do1348

서울대학교 법학연구소 법학 연구총서